더 빨라진
미래의
생존원칙

9

더 빨라진
미래의
생존원칙

9
[나인]

Whiplash
How to Survive
Our Faster Future

MIT 미디어랩 소장
조이 이토,
제프 하우

이지연 옮김

민음사

최고의 원칙은 결코 바뀌지 않는다는 것을
보여 준 M.과 A., A., F.에게 바친다.

"아직까지 우리의 여정은
즐겁고, 길도 순탄하고,
식량도 풍족해.
사실 이제껏 겪은 것보다
훨씬 심한 일이 없는 한,
제일 어려운 건 역시
출발인 것 같아."

1846년 6월 16일,
미국 서부 개척 시대 캘리포니아로 향하는 마차단에서
탬슨 도너가 친구에게 쓴 편지

차례

서론

　　1895년 12월 28일. 파리의 그랑 카페(Grand Café) 앞에 사람들이 웅성웅성 모여 있었다. 단돈 1프랑만 내면 인류 역사상 처음으로 '살아 있는 사진'을 보여 주겠다고 흥행업자는 호언장담했다. 요즘 사람들에게야 서커스단의 호객용 멘트처럼 들릴지 몰라도 19세기 말 파리지앵은 단번에 혹하지 않을 수 없었다. 바야흐로 센세이션의 시대였다. 유령을 불러들이는 강신회(降神會)가 열리고, 피리로 코브라를 불러냈으며, 사람이 곰과 씨름을 벌이고, 원주민 전사와 마술사, 파노라마 극장, 심령술사가 등장해 각양각색의 볼거리를 제시했다. 이런 불가사의한 일들이 진짜 과학적 발견이나 공학적 발전과 나란히 신문 헤드라인을 장식한 시기가 1890년대였다. 귀스타브 에펠이 전 세계에서 가장 높은 인공물을 파리 한복판에 세우고, 전기가 들어와서 파리를 '빛의 도시'로 변모시키고, 파리의 대로에서 마차들 옆으로 자동차가 쌩쌩 달리기 시작한 것이 불과 몇 년 전이었다. 산업 혁명은 일상을 바꾸어 놓았다. 신기한 일들이 가득했고 많은 것이 빠르게 변했다. 파리지앵이라면 누구나 하루아침에 무슨 일이든 일어날 수 있다고 생각하는 것이 당연했다. 실제로 그랬기 때문이다.

마침내 최초의 '살아 있는 사진'의 첫 관람자가 될 사람들이 어둡고 좁은 계단을 따라 그랑 카페의 지하로 안내되었다. 그곳에는 접이식 의자가 가지런히 줄 맞춰 놓여 있었다. 방 한가운데 한 남자가 단 위에서 작은 나무 상자를 만지작거리고 있었다. 어색한 몇 분이 흐른 뒤 장치에서 불이 번쩍하더니 리넨 천으로 만든 스크린에 환하게 이미지가 나타났다. 공장 그늘 위로 흐릿하게 여자들의 이미지가 떠올랐다. 감동을 주기에는 좀 부족한 장면이었다. 사람들이 공장에서 나오는 모습이야 파리 시내 어디서나 볼 수 있는 게 아닌가. 그때 이미지가 기묘하게 깜박거리더니 갑자기 살아 움직이기 시작했다. 스크린 속 여인들이 공장에서 줄지어 나오고 있었다. 혼자서, 둘이서 무더기로 쏟아졌다. 지금 보면 이 조야한 영상은 웃음이 날 만큼 원시적이지만, 그날 밤 파리 한가운데 그랑 카페 지하에 모여 있던 관객들은 숨을 죽였다. 그리고 박수를 치다가, 웃음을 터뜨리다가 했다. 개중에는 할 말을 잃고 멍하니 앉아 있는 사람들도 있었다. 정확히 50초 뒤 관람은 끝이 났다. 이 17미터짜리 필름이 역사상 최초로 영화를 상영한 오귀스트 뤼미에르와 루이 뤼미에르 형제가 그들의 '시네마토그래프(Cinématographe)'에 넣을 수 있는 최대치였다.

빛이 움직이는 이미지로 전환되는 광경을 최초로 목격한 사람들은 어떤 기분이었을까? 분명히 팽팽한 스크린을 보고 있는데도 치마가 바람에 살랑거리는 모습이 보이는 그 기분은? "관객들이 과연 어디까지 흥분할 수 있는지 알고 싶다면 이 스릴 넘치는 상영회에 꼭 참석해 봐야 했다." 최초의 영사 기사 중 한 명이 후일 회상한 내용이다. "한 장면, 한 장면 지날 때마다 우레와 같은 박수가 뒤따랐다. 여섯 번째 신이 끝나고 나는 홀의 불을 켰다. 관객들은 심하게 동요하고 있었다. 울음이 터져 나왔다."[1]

이 경이로운 센세이션은 금세 소문이 퍼졌다. 그랑 카페 밖에 모인 군중이 얼마나 아우성이었는지 질서 유지를 위해 경찰을 요청했을 정도였다.[2] 한 달 만에 뤼미에르 형제는 상영 목록을 두 배로 늘렸고, 수십 편의 새로운 '광경(views, 당시에는 50초짜리 영화를 이렇게 불렀다.)'을 상영했다. 봄이 되었을 때는 발명가들뿐만 아니라 발 빠른 사업가들이 유럽과 아메리카 전역에서 자신들이 만든 것으로 전시회를 개최하고 있었다. 그럼에도 뤼미에르 형제는 영화의 발명가(토머스 에디슨을 비롯해 다른 이들이 바로 뒤따랐다.)라기보다는 「기차의 도착(L'Arrivée d'un Train)」이라는 한 편의 영화를 만든 사람으로 기억된다. 정확히 말하면, 이 영화가 처음 상영되면서 일으킨 소동으로 더 많이 기억된다.

「기차의 도착」이라는 제목을 들으면 기차가 도착하는 장면을 담았으려니 짐작될 것이다. 하지만 처음 이 영화를 본 관객들은 아무 예고도 받지 못했다. 비좁은 자리에 서로 끼어 앉아 스크린을 보던 관객들은 갑자기 기차가 스크린을 뚫고 나와 자신들을 깔아뭉개는 줄 알고 미친 듯이 출구 쪽으로 달려나가다 서로 걸려 넘어지고 굴렀다. 불이 켜졌을 때는 수많은 사람이 비좁은 계단에 갇혀 옴짝달싹 못하고 있었다. 참사의 정도에 대해서는 말하는 사람에 따라 조금씩 다르다. 하지만 요즘 학자들은 정말로 그런 일이 있기나 했는지 의문을 품는다.

사실이건 아니건 이 이야기는 금세 영화계의 전설이 되었고, 비평가 마르틴 로이페르딩어(Martin Loiperdinger)가 '영화계의 건국 신화'라 부르기에 이른다.[3] 이 도시 전설은 불가능한 일이 바로 눈앞에서 벌어질 때의 그 야릇한 기분을 정확히 전달했다는 점에서 중요한 역할을 했다. 단순한 '사실'만으로는 이 센세이션의 대담함을 제대로 묘사할 수 없으니, '진실'을 말하려면 '신화'를 만들어 내야 했던 것이다. 기술이 우리의 이해 범위를 뛰어넘은 사건이었고, 그런 일은 이후에도 벌어졌다.

　　사람들은 아마 뤼미에르 형제가 상영 목록을 계속 늘려 세계적 명성을 얻고, 어마어마한 갑부가 되어 영화라는 매체의 진화에 크게 공헌했으리라 짐작할 것이다. 하지만 1900년에 벌써 뤼미에르 형제는 영화 상영을 그만두었다. 오귀스트 뤼미에르는 "영화는 미래가 없는 발명품"이라 선언했고, 두 형제는 안정적인 컬러 사진 현상 기술을 개발하는 데 전념했다.

　　뤼미에르의 선언이 정말로 놀라운 점은 영리한 두 사업가가 어마어마한 착오를 저질렀다는 점 때문이 아니다. 오히려 당시로서는 그런 결정이 확실히 똑똑한 투자였을 거라는 점이 실로 놀라운 부분이다. 20세기가 시작될 무렵 뤼미에르 형제가 종사하던 분야에는 사람들이 대거 몰렸고, 두 사람의 영화를 그대로 따라 하는 사람도 수없이 많았다. 그때까지만 해도 초기 영화는 단일 앵글로 장면들을 촬영했다. 상하좌우 팬 촬영이나 화면 전환 같은 것도 없었고, 플롯이라고 해 봐야 걸어가다 갈퀴 끝을 밟아 튀어오른 갈퀴에 코를 맞으면 마구 웃음이 터지는 정도였다. 당시 다른 센세이션들이 그랬듯 영화도 참신함이 줄어들면서 길 가다 잠깐 한눈파는 구경거리로 전락했다. 영화라는 '기술'은 만들어졌지만, 영화라는 '매체'는 아직 만들어지지 않았다. 초창기 영화들을 지금 우리가 보면 '움직이는 사진'이지 '영화'는 아니다.

──────

　　자신이 발명한 것의 중요성을 제대로 이해하지 못했던 사람은 뤼미에르 형제 말고도 아주 많다. 가장 추앙받는 발명가와 엔지니어, 기술 전문가 중에도 자신이 만들어 낸 것의 잠재력을 제대로 이해하지 못한 사람이 여럿 있었다. 실제로 역사를 보면 기술에 가장 가까이 있는 사람이 그 기술의 궁극적 쓰임새를 예측해 내는 경우는 아주 드물다. 1844년 새뮤얼 모스(Samuel Morse)는 세계 최초의 상업적 통신 체계를 발표했다. 모스는 미국 국회 의사당 지하에 서서 61킬로미터 정도 떨어진 볼티모어의 한 기차역에 메시지를 보냈다. 메시지 내용은 구약 성경에 나오는 한 구절이었다. "하나님의 행하신 일이 어찌 이리 크뇨." 그로부터 몇 년 사이에 미국의 모든 대도시에서 즉각적 통신이 가능해졌고, 10년 후에는 최초의 대서양 횡단 케이블이 깔렸다.

성경에 나오는 것처럼(「민수기」 23장 23절) "하나님의 행하신 일이 어찌 이리 크뇨."는 감사의 표현으로 통한다. "아빠가 널 위해 이런 걸 다 하셨어!"처럼 말이다. 당시 모스는 이 구절을 택한 의도가 "창조자의 이름으로 미국의 전신(電信)에 세례를 주기 위해서"라고 했다. 그가 말한 창조자란 자신이 아니라 전지전능한 하나님을 뜻했다. 그런데 나중에 후세를 위해 작은 종이에 이 문구를 기록하면서 모스는 문장 끝에 물음표를 덧붙였고, 그 바람에 문구의 의미가 완전히 바뀌고 말았다.[4] 원래 모스는 독실한 척 떠벌리고 다닌다는 소리를 들었으나, 물음표를 더한 이후에는 보다 생각이 깊은 사람이라는 평을 들었다. 수천 년간 정보의 전달 속도는 말이 달리는 속도보다 빠를 수가 없었다. 정보를 전하는 사람이 왕이든, 왕의 요리사든 똑같았다. 그런데 이제는 정보가 우주의 힘과 같은 속도로 이동할 수 있었다. 그러니 모스가, 아니 그 누구라도 앞으로 세상에 무슨 일이 닥칠지 어떻게 알았겠는가?

모스는 몰랐다. 그는 죽을 때까지 통신 분야에서 벌어질 다음번의 획기적 발전은 '전화'가 아니라 '여러 메시지를 동시에 전달하는 전신선'이라고 굳건히 믿었다. 모스는 알렉산더 그레이엄 벨의 발명품이 최초로 전시된 것을 보고 "전기를 사용한 장난감"이라고 일축했다. 수십 년 후 토머스 에디슨도 모스보다 썩 나은 통찰을 보여 주지는 못했다. 에디슨은 최초의 축음기, 그의 표현에 따르면 "말하는 기계"를 시장에 내놓으면서 "비즈니스맨이 서신의 내용을 구술할 수 있는 기기"라고 소개했다. 에디슨은 자신의 축음기를 '에디폰'이라 불렀는데, 이후 오랫동안 이 기기를 음악 연주에 사용할 사람은 거의 없을 거라고 주장했다. 독학으로 공부한 엔지니어 엘드리지 존슨(Eldridge Johnson)이 등장하고서야 모든 가정집과 술집에서 음악을 듣게 해 주는 축음기의 잠재력이 현실화될 수 있었다. 존슨은 1901년 빅터 레코드를 설립해 엔리코 카루소 같은 유명 음악가들을 자신의 레이블에 영입했다. 축음기를 발명한 것은 에디슨일지 몰라도 존슨은 에디슨보다 더 큰일을 해냈다. '레코드 산업'을 발명했으니 말이다.[5]

　　　이런 전략상의 실수들을 비웃는 것은 어렵지 않다. 마치 에디슨은 버스터 키튼 영화에 나오는 답답한 조연 배우처럼 역사 속에서 우연히 엉덩방아를 찧은 사람에 불과하고, 즉각적인 통신 체계와 방대한 양의 축적된 정보를 자랑하는 우리는 앞을 내다보지 못하는 그런 대실수는 결코 저지르지 않을 것처럼 말이다. 하지만 도시에 온 타잔처럼 인간은 자신이 창조한 것의 중요성을 파악하지 못하는 실수를 계속해서 저지른다. 19세기 말 공장에서 사용된 증기 기관은 예외 없이 터빈에 연결된 중앙의 대형 차축을 중심으로 배치되었다. 경제학자 폴 데이비드(Paul David)가 최초로 전기를 사용했던 공장들을 조사해 보니, 공장 설계자들은 전기 엔진도 계속 불필요하게 중앙에 모아 놓고 있었다. 공장을 처음부터 완전히 새로 지을 때조차 말이다. 그 결과 생산성을 높였어야 마땅할 이 혁신이 당시에는 아무 효과도 없는 것처럼 보였다. 공장장들이 전기 엔진의 융통성을 활용해 작업 흐름에 맞는 공장을 조직함으로써 두 배, 때로 세 배의 생산성을 달성하는 데는 그 후로도 30년이라는 세월이 걸렸다.[6]

지금도 예외가 아니다. 1977년 당시 세계에서 가장 크고 성공한 컴퓨터 회사 중 하나였던 디지털 이큅먼트(Digital Equipment Corporation)의 회장 켄 올슨(Ken Olson)은 어느 강연에서 "개인들이 가정에 컴퓨터를 구비할 이유는 전혀 없다."라고 말했다.[7] 그는 1980년대까지도 같은 견해를 고수했는데, 이때는 이미 마이크로소프트와 애플이 나와서 그가 틀렸다는 사실을 증명한 지 오래였다. 그로부터 30년 후 마이크로소프트에서 CEO를 지낸 스티브 발머(Steve Ballmer)는 《유에스에이 투데이》와의 인터뷰에서 이렇게 말하기도 했다.[8] "아이폰이 유의미한 시장 점유율을 차지할 가능성은 전혀 없다."

———

아는 사람들 사이에서는 재미있기도 하고 놀랍기도 한 이런 일화들을 꺼낸 것은 이미 오래전에 고인이 된 미국의 발명가들을 웃음거리로 만들기 위해서가 아니다. 실제로 이 일화들은 중요한 시사점을 갖고 있다. 바로 누구나 기술의 미래를 자칫 잘못 해석하기 쉽고, '보편적 사고방식'에 따라 시야가 좁아져 있다는 점이다. 우리의 두뇌는 많이 바뀌기도 했지만(이 책이 바로 '급격한 변화'에 대한 기록에 다름 아니다.) 크게 보면 여전히 대체로 똑같은 기관이다. 자동차를 그냥 '한때의 생각'이라 믿었고, 불은 우리를 따뜻하게 해 주고 동굴 벽에 흥미로운 그림자를 만들어 내는 기술이라 생각한 신체 기관인 것이다.

이 책은 한 가지 확신에서 출발했다. 인간 발달사의 그 어느 기간을 떼어 놓고 보더라도, 각 기간은 당시 사람들이 보편적으로 갖고 있던 가정과 신념 체계의 집합으로 특징지을 수 있다는 확신이다. 여론이나 이데올로기를 말하는 것이 아니다. 그보다 더 아래에 놓인 일련의 생각들, 무의식적 가정들, 좀 더 정확히는 본질적으로 전(前)의식적인 가정이라 할 수 있는 것들을 얘기하는 것이다. 예컨대 '장점이 약점보다 낫다', '아는 것이 모르는 것보다 낫다', '개인의 재능이 차이보다 바람직하다' 같은 생각 말이다. 이렇게 한번 상상해 보자. 나의 견해와 정치적 신념, 이 세상과 세상 속 내 위치에 대한 모든 의식적 생각은 집 안에 있는 가구와 같다. 우리는 장기간에 걸쳐 이런 것들을 꽤나 의식적으로 습득하고, 일부는 내다버리고, 일부는 간직하며, 필요해지면 새로운 것을 습득한다. 하지만 이 책은 좀 다른 것에 관한 책이다. 이 책은 우리의 의식적 생각들을 떠받들고 있는, 기둥과 들보와 못으로 이루어진 '뼈대'에 관한 책이다. 다시 말해 이 책은 여러분이 아는 것에 대한 책이 아니다. 이 책은 여러분이 '알고 있다는 것조차 모르고 있는' 사실들에 대한 책이며, 문제가 되는 이런 가정들을 의심해 보는 일이 왜 중요한가에 대한 책이다.

　　프랑스의 철학자 미셸 푸코는 이런 신념과 편견과 기준과 관습의 매트릭스가 일련의 규칙을 구성하고, 그 규칙들이 우리의 사고, 궁극적으로 우리의 의사 결정을 이끈다고 믿었다. 푸코는 이것을 '에피스테메'라고 불렀는데, 이런 사고 체계를 통해 역사적 시기들을 구분할 수 있다고 믿었다. 마치 고고학자들이 시대별로 어떤 도자기가 사용되었는지로 역사의 단계를 구분하는 것처럼 말이다.[9] 미국의 과학 철학자 토머스 쿤은 고전이 된 저서 『과학 혁명의 구조』에서 그처럼 모든 것을 포괄하는 신념 체계를 '패러다임'이라 했다.[10]

　　쿤은 앞서 수백 년간 이뤄진 과학적 사고와 관행의 진화 과정을 면밀히 조사한 결과 화학이나 물리학과 같은 과학 분야가 새로운 아이디어를 받아들이는 데에는 패턴이 있음을 확인했다. 아무리 꼼꼼한 과학자라 해도 지배적인 패러다임과의 '일관성'을 유지하기 위해 데이터를 무시하거나 잘못 해석하는 일이 반드시 벌어진다는 것을 알게 된 것이다. 과학자들은 과학 이론 속에 들어 있는 오류의 첫 신호라고 할 수 있는 이상(異常) 현상을 다른 식으로 해명하여 무시하려 들었다. 예컨대 뉴턴 시대 물리학자들은 천문 관측 결과에서 보이는 이상 현상들을 해명하려고 온갖 지식을 동원해 별의별 묘기를 다 부렸지만 결국 그 이상 현상들로부터 아인슈타인의 상대성 이론이 나왔다. 이런 격변 내지는 과학 혁명, 혹은 쿤이 '패러다임의 전환'이라 부른 것이 일어나면 뒤이어 잠깐 혼돈의 시기가 따라오지만, 시간이 지나면 새로운 패러다임을 중심으로 새로운 과학적 공감대가 형성되어 안정기에 이르게 된다.[11]

　　　이 책은 호기심 넘치는 모든 사람을 위한 책이고, 용어를 둘러싼 논란은 피해 가려고 한다. 어쩌면 그 옛날 1830년대의 알렉시 드 토크빌(Alexis de Toqueville)의 표현이 가장 잘 들어맞을지도 모르겠다. 미국만이 갖고 있는 이상한 특이성과 놀라운 번영의 원천이 무엇인지 밝혀내려고 했던 토크빌은 미국인에게 예컨대 지독한 실용주의같이 독특한 '정신적 습관'이 있다고 보았다. 미국은 특유의 정신적 습관 덕분에 산업 혁명에서 주도적 역할을 할 수 있었다는 것이다.

　　　우리 자신의 정신적 습관을 들여다보면 내용은 다를지 몰라도 '고질적인' 점은 한결같다. 이 책은 암호학, 유전학, 인공지능과 같은 몇몇 복잡한 주제를 다루기는 하지만 간단한 전제가 하나 있다. '우리의 기술이 사회 전체로서 우리의 이해 능력을 앞지르고 있다. 이제는 따라잡아야 한다.'

　　　우리는 운 좋게도, 혹은 운 없게도 흥미로운 시대를 살고 있다. 고등학생이 유전자 편집 기술을 사용해 새로운 생명체를 발명하는가 하면, 정책 입안자는 인공지능의 발달 덕분에 광범위하고 영구적인 실업에 대해 심사숙고해야 할 처지다. 석탄과 철의 시대, 쉽게 번영할 수 있었던 시대에 형성된 우리의 오랜 정신적 습관으로는 부족한 것도 놀랄 일이 아니다. 더 이상 강한 자가 반드시 살아남는 것도 아니고, 리스크라고 해서 모두 다 완화해야 하는 것도 아니며, 희소한 자원에 맞는 최적의 조직 형태가 회사라 할 수도 없다.

디지털 시대에 위의 가정들은 구닥다리일 뿐만 아니라 쓸모없는 것으로도 모자라 생산성을 '적극적으로' 방해하는 요소다. 이 책에서 우리는 지금의 인지적 툴 세트로는 통신에서 전투에 이르기까지 빠르게 발전하는 모든 것의 그 심오한 함축을 이해하기 어렵다는 얘기를 할 것이다. 따라서 몇 가지 새로운 툴을 제공하는 것이 이 책의 과제다. 우리는 이것들을 '원칙'이라 부른다. 왜냐하면 '규칙'처럼 융통성 없는 것은 죄다 깨부수는 것이 바로 더 빨라진 미래의 특징이기 때문이다.

쉬운 과제는 아니다. 우리가 '이런저런 것을 생각하라'고 말해 줄 수는 없다. 지금 인간과 인간이 만든 기술 사이의 단절은 앞서 말한 패러다임이나 우리의 신념 체계 배후에 있는 기초적 가정 같은 더 깊은 수준에 존재하기 때문이다. 대신 이 책은 우리의 두뇌를 현대로 데려다줄 아홉 가지 원칙을 제시함으로써 그런 부조화를 바로잡도록 도와줄 생각이다. 개인도, 기관도 이 원칙들을 활용한다면 여러 난관이 도사리는 불확실한 미래를 헤쳐 나가는 데 도움받을 수 있을 것이다.

이렇게 깊숙한 곳에 자리한 신념들은 시간이 지나면서 서서히 진화한다고 생각하는 사람도 있을 것이다. 곤충이라는 종이 주어진 환경에서 경쟁력을 가지는 특징들을 서서히 개발하는 것처럼 말이다. 하지만 신념 체계는 그런 식으로 변화하는 것 같지 않다. 실은 살아 있는 생물의 진화조차도 마찬가지다. 두 경우 다 비교적 안정적인 시기가 장기간 이어진 다음, 뒤이어 외부 환경의

급속한 변화로 촉발된 맹렬한 격변의 시기가 따라온다. 정치 혁명도, 새로운 파괴적 혁신 기술도, 안정적인 생태계에 새로운 포식자가 출현하는 것도 모두 그렇다.[12] 진화 생물학자들이 '종 분화기'[13]라 부르는 이런 이행 과정은 아름답지 않다. 지금 우리가 아주 특별한 이행기에 와 있다는 강력한 근거가 있다. 우리 자체 생태계에 극적인 변화가 일어나고 있는 것이다. 간단히 말해 살아 있는 것 자체가 대단한 시기가 될 것이다. 여러분이 다가오는 지각 변동 중 하나에 휩쓸리지 않는다는 가정하에서 말이다.

이 책이 소개하는 원칙들은 '인터넷 사업을 시작하는 법'이라든가 '더 좋은 관리자가 되는 법' 같은 단순한 레시피가 아니다.(물론 두 경우에도 이 책이 도움을 줄 수 있지만 말이다.) 이 책에 나오는 원칙들을 이렇게 생각하면 쉽다. '이 세상의 새로운 운영체제(OS)를 사용하는 방법에 대한 전문가들의 팁.' 이 새로운 운영체제는 지난 수백 년간 사용해 온 운영체제의 사소한 업그레이드 버전이 아니라, 대대적으로 변화한 완전히 새로운 신제품이다. 완전히 새로운 운영체제가 등장할 때마다 그렇듯 우리는 그것에 익숙해져야 한다. 새 운영체제는 기존과는 다른 논리로 움직인다. 그러나 사용 매뉴얼은 없을 것이다. 솔직히 말해 개발자들이 매뉴얼을 발행한다 해도 그 매뉴얼을 손에 넣을 즈음에는 이미 시대에 뒤처진 것이기 때문이다.

이 책이 제공하는 것은 매뉴얼보다 오히려 더 유용한 것이다.(저자들은 그렇게 희망한다.) 우리가 제시하는 원칙들은 새로운 체제에 저용된 새 논리에 관한 간단하지만 강력한 가이드라인이다. 이 원칙들은 하나하나 개별로 이해할 수도 있지만, 합쳐 놓고 보면 원칙들의 전체는 부분의 합보다 크다. 왜냐하면 근본적으로 새 운영체제는 더 이상 단순화할 수 없는 두 가지 사실에 기초하기 때문이다. 이 두 가지는 새 운영체제가 탑재된 기계의 심장부에 있는 코드, 즉 '네트워크 시대의 핵심'이다. 첫 번째는 무어의 법칙(Moore's law)이다. 디지털로 된 것은 무엇이든 기하급수적인 속도로 더 빠르고, 값싸고, 작아진다.[14] 두 번째는 인터넷이다.

기술 측면과 통신 측면에서의 두 가지 혁명이 결합되면서 생겨난 폭발력은 혁신의 본거지를 중심부(정부와 대기업)에서 변방(스물세 살의 펑크록 뮤지션과 일본 오사카에 살고 있는 회로기판 취미 생활가)으로 옮기며 혁신의 본질 자체를 바꿔 버렸다. 상상해 보라. 다윈이 '자연 선택'이라는 개념을 처음으로 생각해 낸 것은 스물세 살 때였다. 식물학자로서 영국 군함 비글 호에 탑승해 표본들을 수집해 와서 검토했던 것이다. 이후 다윈은 자신의 주장을 뒷받침할 자료를 수집하는 데만 30년 이상을 보냈다. 과학적 방법을 위해 수도승처럼 헌신한 다윈의 참을성과 조심성이 요즘 사람들 눈에는 그저 딴 세상 일처럼 느껴질 것이다.[15]

그런데 그때는 정말로 딴 세상이었다. 애서니엄 클럽이나 대영 박물관의 도서관, 왕립 학회 같은 전문 기관에 의존해야 했고, 해외에서 책을 배송받으려면 몇 달이 걸릴 수도 있었다. 그러니 다윈이 접근할 수 있었던 정보란 지금 과학자들에 비하면 극히 일부에 불과했다. 인터넷은 물론 전화도 없던 시대에 동료들이 도움을 줄 수 있는 방법은 지극히 빅토리아 시대적인 통신 네트워크 '우편'뿐이었다. 연구와 발견은 빙하처럼 느릿느릿 진행되었고, 진짜 혁신에는 상당한 정도의 돈이 필요했으니 부유한 가문이나 기관의 후원이 있어야 했다. 그 모든 과정에 '정치'가 필요했음은 말할 것도 없다.[16] 오늘날 유전학자는 빙하 얼음 샘플에서 추출한 DNA만 가지고도 신석기 시대의 생태계 전체를 그려 보며, 글로벌 커뮤니티의 동료들과 결과를 논의하는 데 여름 방학 기간이면 충분하다. 이것은 단순히 정도의 변화가 아니라 현상태의 무지막지한 변화다.

그래서 다음은 어떻게 된다는 걸까? 이게 바로 끝없이 반복되는 우리 시대의 질문이다. 하지만 앞서 더 단순하고 느린 시대를 살았던 사람들조차 이 질문에 답할 수 없었는데 과연 우리가 답을 찾을 수 있을까? 쉽지 않은 질문이다. 핵분열은 인류가 달성한 가장 놀라운 업적 중 하나다. 하지만 동시에 이것은 우리 '종'이 여지껏 맞닥뜨린 가장 큰 생존의 위협이기도 하다. 암모니아를 합성하는 방법인 '하버 법'은 합성 비료 제작으로 곡물 수확량을 증대시켰다. 하버 법을 발명한 프리츠 하버(Fritz Haber)는 수십억 명의 사람들을 기아에서 구했다는 평을 들으며 그 공로를 인정받아 노벨상을 수상했다. 하지만 하버는 화학전을 발명하기도 했다. 그는 제1차 세계대전에서 6만 7000명의 사상자를 낸 독가스 살포를 직접 감독했다.[17] 이런 식이다. 미래 범죄 연구소의 설립자이자 보안 전문가인 마크 굿맨(Marc Goodman)은 사이버 보안 기술 중 일부는 해커를 막으려는 사람들뿐 아니라 해커들도 사용한다는 사실을 지적했다. 항상 그래 왔다는 것이다. "최초의 기술이라 할 수 있는 불은 우리를 따뜻하게 해 주고 음식을 조리하는 데도 사용되었지만 옆 동네에 불을 지르는 데도 쓸 수 있었다."[18]

다시 말해 기술 그 자체로는 아무 의미도 없다. 하버의 연구에서 나온 또 다른 산물인 지클론 B는 그냥 가스일 뿐이다. 그 요긴한 살충제가 홀로코스트에서는 수백만 명을 학살하는 데 사용되었던 것이다.[19] 원자핵 분열은 흔한 원자 반응이다. 인터넷은 정보를 해체해 다른 장소에서 재조립하는 하나의 방법일 뿐이다. 기술이 실제로 무슨 일을 할지, 결국 사회에 어떤 영향을 미칠지는 우리의 예상과 완전 딴판인 경우가 많다.

여러분이 이 문장을 읽을 때쯤에는 오큘러스 VR에서 이미 가상현실 헤드셋 오큘러스 리프트(Oculus Rift)의 소비자 버전을 출시했을 것이다. 우리는 이 물건을 어떻게 사용하게 될까?

개발자들은 이미 오큘러스 리프트가 제공하는 강력한 몰입도를 활용할 비디오 게임 개발에 착수했다. 1조 달러 규모의 포르노 산업도 머지않아 그 뒤를 따를 것이다. 가상현실 헤드셋으로 의사들이 원격 외과 수술을 할 수도 있고, 그저 병원에 갈 수 없는 환자의 건강 상태를 확인하는 데 이용할 수도 있을 것이다. 우리는 화성이나 남극 또는 실물을 못 본 채 구입해야 하는 덴버의 아파트를 방문할 수도 있을 것이다. 그러나 실제로는 이 기술의 2세대, 3세대, 혹은 10세대 제품을 인간이 어떻게 이용할지는 전혀 모른다는 것이 우리의 현실이다. 이 기술의 활용 방법에 대한 아이디어나 진척은 전혀 예상치 못한 곳에서 나타날 것이다. 만약 전화기를 발명할 사람을 찾아내라는 임무를 받는다면 농아 학교를 뒤질 사람은 없을 것이다. 그렇지만 이제 와 생각해 보면 귀머거리인 어머니와 아내를 두었고, 음파 및 진동선을 이용해 들을 수 없는 사람에게 소리를 전달하는 시스템을 선구적으로 연구 중이던 벨 교수야말로 전화기를 발명할 만한 완벽한 후보다.[20]

'새로움의 충격'이라는 말은 전신의 발명 이후 수많은 경이로운 것들이 나타난 시대에 늘 반복적으로 사용된 표현이다. 재봉틀에서 안전핀까지, 엘리베이터에서 증기 터빈에 이르기까지 인류는 그 어느 때보다 빠르게 앞으로, 앞으로 돌진했고, 기술은 언제나 우리의 이해 능력을 뛰어넘었다. 유전공학은 암을 뿌리 뽑을까, 아니면 값싼 대량 살상 무기가 될까? 아무도 모를 일이다. 무어의 법칙이 보여 주듯 기술은 기하급수 법칙에 따라 10배, 100배씩 성큼성큼 발전해 나간다. 우리의 두뇌는, 혹은 적어도 수많은 연구소와 회사, 정부, 기타 여러 집합적 노력의 형태로 함께 일하고 있는 두뇌들의 총합은 '하느님 또는 인간이 행하신 일'이 뭐가 될지 이해하려 애쓰며 그 뒤를 터벅터벅 따라갈 뿐이다.

SF 작가 윌리엄 깁슨은 언젠가 이렇게 말했다. "미래는 이미 여기 와 있다. 다만 고르게 분포되어 있지 않을 뿐이다."[21] 이 말은 단순히 위트 있는 발언이 아니라 반박할 수 없는 '진실'이다. 이 책의 두 저자가 고향이라 부르는 보스턴에서조차 활기 넘치는 MIT의 실험실에서 차를 타고 바로 강 건너 재정난에 시달리는 공립 초등학교로 이동하는 순간, 수십 년의 진보는 다 어디로 가 버렸나 싶을 정도다.

잠시 뤼미에르 형제의 신나지만 어설펐던, 움직이는 사진 사업으로 되돌아가자. 상황은 거의 10년 가까이 현상태 그대로 진행되었다. 그러다 1903년에 영화라는 새로운 매체를 발 빠르게 받아들인 영국의 최면술사, 영매이자 사업가 조지 앨버트 스미스가 등장한다. 스미스는 단정하게 차려입은 두 아이가 아픈 고양이를 돌보는 영화를 촬영 중이었다. 스미스의 주 관객층인 빅토리아 시대의 중산층들이 딱 좋아할 만한 집안 풍경이었다. 그런데 문제가 있었다. 이불로 꽁꽁 감싼 고양이에게 숟가락으로 음식을 떠먹여 주고 있는 여자 아이가 화면에 잘 보이지 않을 것 같았다. 그래서 그는 획기적인 시도를 했다. 카메라를 촬영 대상에 가깝게 붙여서 오직 고양이와 아이의 손만이 화면에 잡히게 만든 것이다. 그때까지만 해도 사람들은 이런 식으로 촬영을 하면 영화를 보러 온 일반 대중들이 '아이는 대체 어떻게 된 거야? 아이가 둘로 쪼개진 거야?' 하면서 존재론적 위기에 봉착할 줄 알았다. 스미스는 과감하게도 이 장면을 최종본에 삽입하는 모험을 감행했다. 관객들의 반응은 호의적이었고, 그렇게 해서 스미스는 '클로즈업'이라는 영화 촬영 기법을 빌명하게 된다.[22]

잠시만 생각해 보자. 장장 8년 동안 수백 명의 영화 제작자가 수천 편의 영화를 촬영한 후에야 2차원적 전개를 벗어난 새로운 기법을 처음으로 생각해 낸 사람이 나타났다. 이 간단한 혁신 덕분에 이후 영화계에는 다양한 실험과 진보의 시기가 열리게 된다. 그럼에도 요즘 관객들이 '영화'라 부를 만한 영화인 D. W. 그리피스의 「국가의 탄생(Birth of a Nation)」이 등장하기까지는 12년이 더 걸렸다.[23] 기술이 존재하지 않았기 때문이 아니다. 결국에 기술은 그저 도구에 불과하기 때문이다. 기술은 인간의 아이디어로 생명을 불어넣기 전까지는 꼼짝 않는 쓸모없는 물건일 뿐이다.

―――――――

　　지구 역사상 대부분의 기간 동안 변화는 언제나 공급 부족이었다. 생명이 나타난 것은 40억 년 전이다. 성별이 나타나기까지는 다시 28억 년이 걸렸고, 뇌를 가진 생물이 등장하는 데는 다시 또 7억 년이 필요했다. 최초의 양서류가 꼬물꼬물 육지로 기어 올라온 것은 그로부터 3억 5000만 년 뒤다. 복잡한 생명체가 이 행성에 나타난 것은 꽤나 최근에 일어난 현상이다. 지구의 역사를 1년으로 압축한다면 육지 동물은 12월 1일 등장하고, 공룡은 크리스마스 다음 날에야 멸종했다. 인류의 조상이 두 발로 걷기 시작한 것은 12월 31일 밤 11시 50분 무렵이고, 기록된 역사는 자정이 되기 겨우 몇 나노초(1나노초는 1초의 10억분의 1) 전에 시작되었다.

　　심지어 그 시절에도 변화는 빙하처럼 더디게 움직였다. 그러면 이제 그 마지막 10분, '행태학적 현대 인류'가 살았던 시대를 1년으로 셈해 보자. 이번에도 12월이 될 때까지는 아무 일도 일어나지 않는다. 12월 첫 주에 이르러서야 수메르인이 청동을 녹이기 시작하고, 기록된 최초의 언어가 나타나는 것은 12월 중순경이며, 기독교가 퍼지기 시작한 것은 12월 23일이다. 하지만 대부분의 사람들에게 삶은 여전히 끔찍하고 잔인하며 짧다. 12월 31일 동트기 직전이 되어서야 변화의 속도는 조금씩 빨라지기 시작해 대량 생산이 산업화 시대로 안내한다. 그날 아침 대륙 횡단 철도가 놓이고, 마침내 인간이 말보다 빨리 이동한다. 그리고 남은 하루는 흥미진진하다. 오후 2시쯤 항생제의 도입으로 1월의 아프리카 대탈출 이래 큰 변화가 없었던 영아 사망률과 기대 수명이 모두 개선된다. 오후 늦게는 비행기가 지구를 돌고 있고, 저녁 식사 시간쯤 돈 많은 기업들은 메인프레임 컴퓨터를 구입하기 시작한다.

　　10억 명의 인류가 지구를 돌아다니는 데는 364일이 걸린다. 저녁 7시쯤 되자 지구 위에는 30억 명의 사람이 있고 우리는 처음으로 샴페인을 터뜨린다! 자정이 되기 전 이 숫자는 다시 두 배가 되고, 이 속도라면 우리는 새해 첫날 새벽 2시 지구의 인류 수용 한계로 예상되는 지점에 도달할 것이다.[24] 벌새의 심장 박동이 한 번 뛰었을 정도로 가까운 최근의 어느 시점에 여행에서부터 인구 증가, 우리 종이 현재 보유한 정보의 양에 이르기까지 모든 것의 속도가 전염되기 시작했다. 간단히 말해 우리는 기하급수 시대에 접어들었다.

　　하지만 큰 파장을 불러왔던 2009년 《하버드 비즈니스 리뷰》 기사의 제목 '대전환(The Big Shift)'은 오후 10시쯤 앞서 언급한 두 혁명과 함께 일어났다.[25] 인터넷과 집적 회로 칩. 이 두 가지는 전에 일어난 그 어떤 사건보다 산업화 시대와 뚜렷이 구분되는 네트워크 시대의 시작을 알렸다.

　　한 가지 점점 더 분명해 보이는 사실은 네트워크 시대의 기본 조건이 단순히 '빠른 변화'가 아니라 '끊임없는 변화'라는 점이다. 1년 비유법을 적용하자면 오후 10시 이후라고 할 수 있는 몇 세대 동안 안정기는 점점 더 짧아졌고, 점점 더 빈번히 새로운 패러다임으로 파괴적 전환이 이루어졌다.[26] 유진학이나 인공지능, 제조, 운수, 의학 등의 분야에서 곧 일어나게 될 여러 획기적 돌파구들은 이런 움직임을 더욱 가속화할 것이다. 「대전환」의 저자들은 「새로운 현실: 끊임없는 파괴적 혁신」이라는 또 다른 기사에서 이렇게 묻고 있다. "안정화 다음에 파괴적 혁신이 따라오는 역사적 패턴 자체에 파괴적 혁신이 일어난다면 어떻게 될 것인가?"[27]

사이버 보안이나 소프트웨어 설계 분야에서 일하는 사람이라면 변화 자체가 두 배, 또 두 배가 되는 무어의 법칙을 따르는 듯한 업계와 씨름하는 일이 어떤지 말하지 않아도 알 것이다. 이것은 질적인 영향을 수반하는 양적 현상이다. 칩이 그토록 작고 빨라지면 웨어러블(wearable) 컴퓨터가 생긴다. 로봇이 로봇을 만든다. 금융 공황을 초래할 수 있는 컴퓨터 바이러스가 나타난다. 여러분은 뇌 이식을 받을 준비가 되었는가? 잠깐, 대답하지 마라. 변화는 여러분이 준비가 되었는지 아닌지를 따지지 않는다. 변화는 이미 지난 세기말 어디쯤에선가 인류를 앞질렀다. 지금은 기하급수의 시대. 그래서 출현한 것이 다음과 같이 우리 시대를 정의하는 세 가지 상황이다.

비대칭성

아날로그 시대에는 다소 조야한 뉴턴 물리학이 인간의 활동 영역을 지배하고 있었다. 역사적으로 거대한 힘들은 똑같은 크기와 강도를 가진 힘에 의해서만 상쇄될 수 있다. 자본은 노동의 견제를 받았고 모두 불완전하기는 해도 정부의 제지를 받았다. 큰 군대는 작은 군대를 무찔렀고 코카콜라는 펩시가 걱정되었을 뿐 다른 것들은 그다지 신경 쓰지 않았다. 이런 거대한 힘들이 충돌할 때 마찰(종종 유혈 사태를 포함한 대재앙적인 마찰까지)은 있었지만 그 결과는 모두가 이해할 만한 일종의 질서에 수렴되었다.

그러다가 겨우 20년 남짓 만에 모든 게 바뀌었다. 가장 극적인 사례는 뭐니 뭐니 해도 미국 중서부 농촌 마을보다 작은 인원의 테러리스트 조직이 세계 무대의 강자들에게 반기를 든 사건일 것이다. 하지만 그 외에도 사례는 많다. 소규모 해커 팀이 미국 정부 데이터베이스에 침투해 아수라장을 만든 일도 있었고,[28] 크레이그 뉴마크(Craig Newmark)라는 사람이 혼자서 '크레이그리스트(Craigslist, 온라인 벼룩시장)'라는 것을 만들어 미국 신문업에 막대한 손상을 입히기도 했다.[29] 2010년에는 너빈더 싱 서라오(Navinder Singh Sarao)라는 실업 상태의 단타 투자자가 런던에 있는 자신의 아파트 컴퓨터에 '스푸핑(spoofing)'이라는 알고리즘을 깔아 미국 주식 시장을 1조 달러 가까이 날려 버린 일도 있었다.[30]

'이제는 작은 것이 곧 큰 것'이라고 표현하면 가장 간결하겠지만, 한 가지 반박할 수 없는 사실은 인터넷과 빠르게 향상되는 디지털 기술이 좋은 목적 못지않게 사악한 목적에도 이용될 수 있는 환경을 만들어 놓았다는 점이다. 이 중 어느 하나도 좋으냐 나쁘냐의 문제는 아니다. 여러분이 작은 사업체를 운영하든, 정부 기관의 어느 부서를 운영하든, 혹은 크고 작은 조직 내에서 특정 책임을 맡고 있든 간에 중요한 것은 '비대칭성'이라는 간단한 사실이다. 더 이상 비용이나 이득이 크기에 비례할 거라고 가정해서는 안 된다. 오히려 그 반대를 가정하는 편이 옳을 것이다. 오늘날 현상태에 대한 가장 큰 위협은 스타트업이나 떠돌이, 이탈자나 독립 연구소 같은 가장 작은 곳에서 시작된다. 이런 사실만으로도 충분히 벅찬데 우리는 몰려드는 이 새로운 경쟁자들을 상대해야 하는 한편으로 그 어느 때보다 복잡한 문제들과 씨름 중이다.

복잡성

복잡성(complexity), 혹은 일반적으로 과학자들이 '복잡계(complex system)'라 부르는 것은 전혀 새로운 개념이 아니다. 사실 복잡계는 호모 사피엔스보다 30억 년은 더 전으로 거슬러 올라간다. 동물의 면역 반응이 복잡계다. 개미 군체(群體)나 지구 행성의 기후, 생쥐의 뇌, 모든 살아 있는 세포에서 볼 수 있는 복잡한 생화학적 작용도 마찬가지다. 인류 발생의 복잡성이나 알지도 못하는 사이 인간의 개입으로 훨씬 더 복잡해진 기후, 수도수원(水道水源)의 화학적 구성 같은 다른 시스템들도 마찬가지다. 다시 말해 기후 변화를 일으킨 것은 우리일 수도 있지만 그렇다고 우리가 그 과정까지 아는 것은 아니다.

경제는 복잡성의 온갖 전형적 특징들을 갖고 있다. 경제는 몇 개의 간단한 규칙을 따르는 수많은 개별 부분으로 구성된다. 예컨대 브로커가 매도 주문을 내면 그에 따른 행동과 반대 행동이 일어나 아찔한 연쇄 반응이 시작된다. 이런 사고, 팔고, 보유하는 몇 안 되는 간단한 행동 수백만 개가 모여 시장의 '자기 조직화 경향'의 기초를 이룬다.[31] 개미 군체가 거의 단일의 '초개체(超個體, super-organism)'로 간주될 수 있는 이유도 동일하다. 개미 군체는 시스템 내에 있는 어느 개미 한 마리의 능력을 훨씬 뛰어넘는 모습을 보여 주기 때문이다. 복잡계는 또한 많은 경우 '적응적'이다. 한 예로 시장은 새로운 정보에 반응해 끊임없이 변화한다. 개미 군체가 새로운 기회나 위협에 대해 즉각적으로 떼 지어 반응하는 것처럼 말이다.[32] 실제로 일부 복잡계의 경우 정보를 생산하고 처리하는 것이 본질인 경우도 있다.[33]

복잡성 연구는 과학 연구 중에서도 가장 촉망받는 분야의 하나가 되었다. 복잡성 연구는 본질적으로 여러 학문 분야를 넘나들 수밖에 없고, 물리학자와 정보 이론가, 생물학자와 기타 과학자가 팀을 이뤄 단일 학문 분야에서는 결코 파악할 수 없는 것을 이해해 보려 만들어진 분야다.

복잡성의 양 혹은 수준은 네 가지 요소의 영향을 받는

다. 이질성, 네트워크, 상호 의존성, 적응이 그것이다. "이 네 가지를 네 개의 볼륨 조절 단추라고 생각하라."라고 미시간 대학 복잡계 연구 센터의 소장 스콧 페이지(Scott Page)는 말한다. 페이지는 한때는 이 단추가 모두 '0'에 맞춰져 있었다고 말한다. 우리는 빠르게 적응하는 환경에 적응할 준비가 잘 되지 않은, 고립되고 동질적인 공동체에 살았고, 수천 년간 그 점은 큰 문제가 되지 않았다. 예컨대 로마 제국이 해체되는 데는 수백 년이 걸리지 않았는가. "우리는 최근 들어 이 볼륨들을 전부 11까지 올렸다."[34] 페이지의 진단이다. "그리고 그 결과가 뭐가 될지는 짐작조차 할 수 없다."[35] 그렇기 때문에 다음의 세 번째 요소가 등장한다.

불확실성

그러면 다시 백만 달러짜리, 아니 억만 달러짜리 질문으로 돌아가 보자. '다음에 오는 것은 무엇인가?' 아무도 모른다. 값비싼 매킨지 앤 컴퍼니의 컨설턴트들도, 미국 국가 안보국의 일급 보안 시설 어딘가에 숨어 있을 분석가들도 모른다. 이 책의 저자들은 말할 것도 없다. 앞서 보았듯이 지난 수백 년간 인간은 미래 예측에 관해서라면 아주 한심한 실적을 기록했다. 실제로 전문가나 미래학자들은 무작위 추출보다도 못한 실적이라는 최악의 기록을 보유하고 있다.[36] 《월스트리트 저널》에 오랫동안 실렸던 인기 기사를 보면, 주식 종목을 펼쳐 놓고 무작위로 다트를 던지는 것과 종목 추천 전문가의 실적을 대결시켰을 때 거의 항상 다트가 이겼다.) 미래를 예측해 보는 일이 예전에는 그냥 바보짓이었다면, 세상의 복잡성 지수를 몇 배로 증가시킨 지금은 더더욱 부질없는 것이다.

기후학자들이 지적하듯 '지구 온난화'라는 명칭은 다

소 잘못 붙인 이름이다. 모든 지역에서 기온 상승을 경험하지는 않을 것이기 때문이다. 오히려 많은 지역이 경험하게 될 사태는 잦은 기상 이변이다.[37] 그 이유는 광범위한 지역에서 온도가 상승할 경우 어디든 기존의 날씨 패턴에 가변성이 증가해 일부 지역은 더 건조해지고, 일부 지역은 더 습해지고, 거의 모든 지역에서 폭풍우가 늘어날 것이기 때문이다. 지구 온난화는 단순히 전반적인 기온 상승만 초래한 것이 아니라 기후 시스템의 변동성을 극적으로 증가시켰다. 온난화는 기상학적 불확실성 증가의 시작에 불과하다.

오랜 역사 동안 인간의 성공은 정확한 예측 능력과 직결되었다. 중세의 장사치는 아는 것은 별로 없었어도, 라인 지방에 가뭄이 심했다는 사실을 알게 된 경우 그곳에 가면 밀을 가장 좋은 값에 팔 수 있다는 것 정도는 예측했을 것이다. 그러나 복잡성의 시대에는 뜻밖의 전개로 며칠 만에 게임의 규칙이 바뀔 수 있다.

바로 그렇기 때문에 이 책은 비대칭성, 불확실성, 복잡성이라는 상황을 단순히 관찰하는 데서 그치지 않고 어떻게 대응해야 할지 처방전을 내놓으려 한다. 모르는 것은 상관없다. 사실 우리가 들어선 이 시대에는 미래의 사건을 예측하려는 분과 위원회, 싱크 탱크, 판매 예상 같은 부질없는 목표에 자원을 쏟아붓느니, 차라리 모르는 것을 인정하는 편이 전략적 우위를 제공한다.

모른다는 것을 원칙으로 놓고, 기업이나 정부 기관, 대학 학과나 자신의 커리어를 재설계하려면 어떻게 해야 할까? 알 수도 없고, 답도 없는 황당한 선문답처럼 들릴 것이다. 그러나 윌리엄 깁슨 식의 사고로 돌아가면, 현재를 살면서도 미래에 먼저 도착해 있는 사람들을 통해 몇 가지 교훈을 끌어낼 수 있을 것이다. 군대, 생명과학, 기술, 뉴스 미디어까지 포함한 다양한 분야의 사람들이 이미 복잡성과 예측 불가능성을 상대하기 위해 전문 조직을 만들기 시작했다. 이들은 생각보다 많은 공통점을 갖고 있다.

MIT 미디어랩은 이렇게 미래를 사는 사람들을 엿보기에 꽤나 훌륭한 전초 기지다. 앞서 말한 원칙들이 미디어랩에는 DNA처럼 박혀 있기 때문이다. '미디어'라는 단어는 늘 폭넓게 해석되어 왔다. '정보 소통의 방법'이나 '예술가, 작가, 음악가가 사용하는 재료 또는 형식', '무언가가 존재하거나 자라나는 토양' 혹은 그냥 '특정한 목적을 위해 사용되는 어떤 것'이라는 뜻까지 말이다.[38]

MIT 미디어랩에는 이렇게 널찍한 우산이 필요하다. 미디어랩은 새로운 기술을 창조하는 예술가, 유전학 분야에서 일하는 공학자, 교육 제도를 쇄신하고 싶은 컴퓨터 과학자처럼 늘 '어디에도 낄 수 없는 장난감들의 섬' 같은 곳이었기 때문이다. 미디어랩의 문화는 여러 학과 사이를 넘나드는(interdisciplinary) 것으로도 모자라 반(反)학과적(antidisciplinary)인 것을 자랑으로 삼는다. 교수진과 학생들은 분야를 뛰어넘어 협업하는 데 그치지 않고, 학문과 학문 사이, 혹은 그 너머에 있는 공간을 탐구할 때가 많다.

이것은 MIT 미디어랩의 공동 설립자 니컬러스 네그로폰테(Nicholas Negroponte) 시절부터 시작된 접근법이다. 미디어랩의 시작은 네그로폰테가 공동 설립한 아키텍처 머신 그룹(Architecture Machine Group)이었다. 이 그룹에서 MIT의 건축가들은 첨단 그래픽 컴퓨터를 이용해 CAD(컴퓨터 이용 설계)를 실험했다. 네그로폰테는 실리콘밸리의 스티브 잡스와 함께 컴퓨터가 개인용 기기가 되는 시대를 꿈꾸었다. 또한 온갖 학문 분야들 합치고 예술과 과학을 잇는 대대적인 융합(convergence)을 예상했다. 미디어랩의 교육 프로그램 과정명은 '미디어 아트와 과학'이다.

네그로폰테나 MIT 미디어랩 입장에서는 다행스럽게도 세상은 이런 메시지를 받아들일 준비가 되어 있었고, 미디어랩은 기업들(다수가 서로 경쟁자였다.)의 컨소시엄이 자금을 지원하고 모든 지적 소유권은 서로 공유하는 독특한 사업 모형을 내놓을 수 있었다. 그 결과 학생들이나 교수진, 객원 연구원들이 어마어마한 자유를 가지고 별다른 지침 없이 연구를 진행할 수 있는 공간이 마련되었다. 컨소시엄 모형 덕분에 미디어랩 내부에 있는 모든 사람은 서로가 서로의 것을 공유할 수 있었다.[39]

MIT 미디어랩 초창기에는 디스플레이 기술과 터치스크린, 가상현실, 홀로그래피, 사용자 인터페이스, 센서, 햅틱(haptics, 컴퓨터를 통해 촉각이나 힘을 느낄 수 있는 기술), 학습, 개인용 로봇, 인공지능, 소프트웨어와 컴퓨팅, 3D 프린팅과 제조 등이 발전하면 세상이 어떤 방향으로 나아갈지 구상할 수 있게 했다. 1980년대에 상당 기간 애플의 CEO를 지낸 존 스컬리(John Sculley)는 약 10년간 미디어랩의 초청위원회 위원이었다. 그는 최근 이런 말을 했다. "결국 우리가 애플에서 하게 된 많은 아이디어가 MIT 미디어랩에서 나왔다."[40]

네그로폰테의 예상 중 많은 부분이 현실화하면서 세상은 디지털화했고, 컴퓨터는 인간과 사물이 서로 효과적이고 저렴하면서도 세련된 방식으로 연결될 수 있게 해 주었다. 이에 따라 세상은 더 개방적이고 서로 연결되고 복잡한 곳이 되었고, MIT 미디어랩도 소셜 네트워크나 빅 데이터, 경제학, 시민학, 도시, 암호화 화폐 등 기타 새로운 분야로 진출하게 되었다. 이 분야들이 더 구체적이고 접근 가능하게 된 것은 인터넷, 컴퓨터, 기기들이 이 영역들에 새로운 사고와 혁신의 길을 열어 준 덕분이다.

한편 인터넷과 컴퓨터는 발명과 공유, 협업, 분배에 들어가는 비용도 극적으로 낮추었다. 그 덕분에 흥미로운 일들이 벌어지는 장소가 늘어났으며 작업 간 상호 연결성도 크게 증가했다.

최근 들어서는 미디어랩이 자연과학 분야로 진출하면

서 더 많은 프로젝트와 인원이 생물학 분야의 일을 하고 있다.[41] 알고 보니 MIT 미디어랩의 극히 실용주의적인 '반학과적' 기조는 과학 분야에 적용될 때 놀라울 만큼 효과적이었다. 미디어랩에서는 컴퓨터 과학자들이 건축학을, 또 건축학은 전기 공학을 자유롭게 차용할 수 있다. 다 같이 하나로 합쳐지기만 하면 된다. 또한 실제로 나날이 복잡해지고 학과 사이의 교류도 많은 빠르게 움직이는 세상에서는 이것이 유일하게 적합한 방식일 수도 있다. 반학과적 접근법에 내재하는 실용주의는 특히 인간을 이해하려는 과학 영역의 최전방에서 매우 유익한 것으로 드러났다. 에드 보이든(Ed Boyden)은 MIT 미디어랩에서 최대 규모인 45명의 연구진과 함께 합성 신경생물학(synthetic neurobiology) 그룹을 운영하고 있다. 보이든 팀은 임상 연구나 이론 작업에 초점을 맞추기보다 뇌과학자 세대가 쓸 수 있는 툴을 만드는 데 집중하고 있다. 이제 막 출발하는 인간의 신경계에 관한 연구를 활성화하기 위해서이다. 이런 미션은 신경생물학 영역을 한참 벗어나는 여러 분야의 전문 지식을 동원하지 않고는 결코 성공시킬 수 없을 것이다.

그동안 여러 변화가 수많은 회사(미국의 팜 사에서 1997년 출시한 2세대 PDA 제품인 팜파일럿이 기억날 것이다.)와 연구소(제록스는 자사의 연구소 제록스 파크에서 내놓은 수많은 근사한 혁신적 아이디어들을 무시한 것으로 유명하다.)를 몰락시켰다. 그러나 MIT 미디어랩은 변화에 성공적으로 적응해 왔다.[42] 이렇게 적응할 수 있었던 것은 네그로폰테를 비롯한 이들이 설립 당시부터 마련해 놓은 강력한 핵심 가치와 원칙 덕분이다. 세상도, 미디어랩도 많은 실실적 변화를 겪었지만 이 핵심 원칙들은 끄떡없었다.

이 원칙들은 서로 겹치기도 하고 서로를 보완해 주도록 설계되어 있어 중요도에 따라 순서를 매길 수 없다. 어쩌면 MIT 미디어랩의 미션에 가장 가까운 원칙은 이 책에 전혀 나열되어 있지 않을지 모른다. 그러나 책을 읽어 나가면서 모든 챕터에 면면히 흐르고 있음을 알게 될 원칙은 바로 교육보다는 학습을 우선시하는 인식이다. 학습은 내가 스스로 하는 것이다. 반면 교육은 누가 시키는 것이다. MIT 미디어랩의 교육 정신은 미디어랩의 창설을 도왔던 시모어 페퍼트(Seymour Papert)의 제자 미치 레스닉(Mitch Resnick)에게서 큰 영향을 받았다. 레스닉은 평생유치원(Lifelong Kindergarten)이라는 연구 그룹을 운영하고 있는데, 그가 창의적 학습의 '4P'라 부르는 프로젝트(Project), 동료(Peer), 열정(Passion), 놀이(Play)는 이 책에도 많은 영감을 주었다. 우리는 이 책의 원칙들이 앞으로 비옥한 땅을 찾으려면 우리의 교육 체계가 똑같은 철학을 일정 부분 받아들여야 한다고 굳게 믿고 있다.

이 책의 아홉 가지 원칙은 MIT 미디어랩의 핵심 원칙에 대한 우리의 해석을 여러모로 드러낸다. 이 원칙들은 미디어랩의 길잡이가 되어 왔고, 대대로 미디어랩 연구소장에게 주어진 일이란 슬쩍슬쩍 밀고 당기며 미디어랩이 올바른 방향으로 가도록 돕는 것이었다. 미디어랩의 방향은 곧 미디어랩의 생태계라 할 수 있다. 미디어랩 그 자체가 툰드라나 열대 우림처럼 스스로 적응하는 하나의 복잡계이기 때문이다. 연구소장은 이 정원을 잘 가꾸고 키워 무언가 아름답고 새로운 것들의 세상으로 거듭나게 만든다.

그 역시 이 책의 목적이다. 비록 그 과정은 때로 정원의 봄날 오후라기보다는 소란스럽고 고될 때도 있을 거라 짐작되지만. 그것이 바로 우리가 살고 있는 시대다. 이 책의 원칙들은 그 새로운 세상을 어떻게 빚어내고 또 어떻게 그 안에서 잘 살아갈 수 있을지에 관한 청사진을 제공해 줄 것이다.

1

권위보다
창발

Emergence
over
Authority

한때 우리는 지식이 만들어지고 전파되는 방식을 아주 일차원적으로 생각했다. 지식은 하느님으로부터 비롯되어 성직자, 예언자, 사제, 신정 국가의 지도자 등을 통해 누설되는 것이었다. 당시에는 지식이 고대 버전의 '중간 관리자'들을 통해 교리의 형태로, 보다 세속적으로는 '정책'이라는 형태로 대개 무비판적인 대중에게 전파되었다.

파라오나 구약 성서가 생각날 만큼 오래된 얘기로 들릴 것이다. 마르틴 루터의 등장으로 이 시스템에는 균열이 가기 시작했고, 또 종교적 진리는 교회가 아닌 일부 '형제들'의 공동체에서 나왔다는 급진적 생각도 있었다. 하지만 지식을 생산하고, 조직하고, 분배하는 기본 패턴으로서 이 모형은 대체로 변하지 않은 채 남아 있었다.

그런데 이제 그러한 권위의 시스템이 사라지고, '창발(創發, emergence)'이라는 새로운 시스템이 자리 잡으려 한다. 창발적 시스템들은 권위를 '대체'하는 것은 아니다. 갑자기 경찰이 모두 없어진다거나 일제히 무법천지의 공동체를 형성하는 일은 없을 것이다. 바뀐 것은 정보를 대하는 기본 태도다. 더 이상 소수의 뜻과 명령이 아니라 다수의 뜻과 명령을 전달하도록 정보의 가치와 역할이 바뀐 것이다. 이 부분에서 인터넷은 핵심적인 역할을 했다. 인터넷은 대중의 목소리를 전달할 뿐만 아니라 최근까지만 해도 직업 정치가들의 영역이던 토론과 숙고와 조정에 참여할 방법을 마련해 주었다. 2007년이 되자 갑자기 아마추어들이 쓴 블로그가 저명한 뉴스 기관들의 권위와 경쟁할 수 있게 되었다. 그때 조이 이토는 인터넷이 새로운 정치 현상을 탄생시킬 것이라고 예견하는 글을 온라인에 올렸다. 꿀벌과 같은 군체 생물이 개별 개체의 능력을 훨씬 뛰어넘는 자질을 갖춘 것처럼, 일종의 집단 지성이 탄생하고 있다고 말이다. 이러한 '창발적 민주주의(emergent democracy)'는 2011년 중동의 독재 정부들을 전복했던 '아랍의 봄'에서도 일부 목격되었지만, 애석하게도 쿠데타를 넘어 정부를 세우는 데까지는 이르지 못했다. 어쩌면 핵티비스트(hacktivist, 해커와 운동가(activist)의 합성어) 그룹 어나니머스(Anonymous, 막강한 힘을 발휘하고 있지만 리더 비슷한 것은 전혀 없는 조직이다.)는 창발적 민주주의가 발현된 가장 순수한 형태일지 모른다. 2016년 미국 대선에서는 창발적 민주주의의 요소들이 특히 두드러졌다. 버니 샌더스도, 도널드 트럼프도 운동을 '이끌고' 있지 않았고, 오히려 유권자들의 집단 이드(id)가 결국에는 자신을 안전한 해안에 데려다주기를 바라고 또 기도하면서, 파도타기 하듯 운동을 타고 있었음은 누구나 쉽게 감지할 수 있었다.

과학 저술가 스티븐 존슨(Steven Johnson)은 『이머전스』에서 이런 아이디어들을 일반인에게 다수 소개했다. 그는 새로운 아이디어의 진화를 점균류(粘菌類)에 비유했는데 단세포 생물인 점균류는 식량이 부족하면 서로 모여들어 일종의 '초개체'를 형성한다. 그런데 뇌도 없는 점균류가 어떻게 알고 이렇게 행동하는 것일까? 정답은 이렇다. 흙더미에 사는 개미들처럼 점균류도 간단한 몇 가지 규칙을 따르면서 가는 곳마다 페로몬 자국을 남겨 둔다. 그렇게 개체들이 남긴 페로몬이 충분히 많아지면 "배고파!" 경보가 발령되면서 가장 가까운 곳에 있는 썩어 가는 나무 둥치에 모두를 집합시킨다. 개별 점균류 세포들은 생의 대부분을 고립된 상태로 보내면서 식량을 찾아 인접 환경을 끊임없이 탐사한다. 그러나 세포들이 떼 지어 모여들기 시작하면 강력한 집합적 신호가 발생하면서 기존과는 완전히 다른 무언가를 형성한다. 그 어느 점균류 세포도 계획하지 않았고, 결코 이해하지 못할 무언가가. 존슨은 똑같은 현상이 아이디어에도 일어난다고 쓰고 있다. "그런 아이디어를 베스트셀러로 출간하거나 그 아이디어를 탐구할 연구 센터를 설립하는 등의 방식으로 더 많은 사람을 시스템에 연결시켜서 그들의 작업이 더 오래, 더 길게 흔적을 남기게 해 준다면 오래지 않아 시스템은 국면 전환을 맞게 된다. 혼자만의 예감이나 개인적 집착들이 합쳐져 수천 명이 공유하는, 세상을 보는 하나의 새로운 방식이 된다."[1] 지금 우리는 그런 국면 전환의 한가운데, 말하자면 고체가 갑자기 녹아 액체가 되고, 대기 중의 수증기가 충분히 식어 폭풍우가 될 지점에 와 있다.

　　창발은 작은 것들(뉴런, 박테리아, 사람)이 다수가 되면서 개별 능력을 훨씬 뛰어넘는 어떤 속성을 드러낼 때 나타나는 현상이다. 개체들은 몇 가지 아주 기본적인 선택을 내렸을 뿐이다. 좌냐, 우냐? 공격할 거냐, 무시할 거냐? 살 거냐, 팔 거냐? 그 전형적인 예는 당연히 개미 군체다. 개미 군체라는 메타 유기체(meta-organism)는 단순한 부분의 합보다 훨씬 큰 능력과 지능을 갖고 있다. 군체는 식량이 언제 가까이 있는지, 언제 회피 행동을 할 것인지, 그리고 놀랍게도 그날의 식량을 구하기 위해서나 공격을 막아 내기 위해 몇 마리의 개미가 군체를 떠나야 하는지까지 알고 있다.[2]

　　우리의 뇌도 창발을 보여 주는 놀라운 사례다. 인간 게

놈을 구성하는 약 2만 개의 유전자 중 3분의 1가량이 뇌에서 발현
되어 수백억 개의 뉴런을 발달시킨다. 뉴런 하나하나는 상대적으
로 보면 복잡한 편이지만 의식이 있거나 아주 똑똑하지는 않다. 그
런데 이 뉴런들이 서로 연결되면 놀라운 네트워크가 만들어진다.
이 네트워크는 부분들의 합보다 클 뿐만 아니라 '의식'을 갖게 되
어 우리는 사고에 관해 사고할 수 있을 정도가 된다. 뇌가 실제로
어떻게 작동하는지에 관해서는 아직도 열띤 논쟁이 있지만, 정교
함이 떨어지는 각 부분이 서로 제대로 연결되어 만들어지는 네트
워크를 통해 사고와 의식, 즉 정신이 나타난다는 점만은 분명하다.
　　자연계에는 집합적 인지 과정을 보여 주는 사례가 넘쳐
난다. 물고기 떼, 새 떼, 메뚜기 떼 모두 창발적 속성을 보여 준다.
생명 자체도 창발적 속성이다. 탄수화물, 지질, 단백질, 핵산 등의
분자가 각자 맡은 일을 열심히 해서 만들어 낸 결과물이기 때문이
다. 지질은 절대로 단백질더러 이렇게 얘기하지 않는다. "우리는
조직화될 필요가 있어. 다 함께 모여 털이 없고 두 발로 걷는 '제
프'라는 애를 만들자!" 지질은 그냥 에너지를 저장하고 다른 지질
과 연합해 세포막을 만들 뿐이다.
　　물론 창발적 시스템은 새로운 것이 아니다. 창발적 시스
템에 대한 연구는 고대 그리스까지 거슬러 올라간다. 또 창발은 자
연에만 있는 현상도 아니다. 크게 보면 인간도 개미처럼 도시 전체
에 어떤 영향을 주게 될지에 대한 생각 없이, 그냥 이리저리 돌아
다니며 소소한 의사 결정들을 내린다. 실제로 도시가 그토록 마법
과 같은 환경이 되는 것은 이 때문이다. 뉴올리언스 바이워터의 떠
들썩함이나 도쿄 시부야 지역의 번화함을 한 사람의 지능으로 빚
어낼 수는 없다. 로터리의 교통 상황도 창발에 의존하며, 인간의
의사소통이 꾸준히 진화하는 것 역시 창발 덕분이다. 다시 말하지
만, 모든 언어의 그 수많은 형태에 딱 맞는 언어적 혁신이 그렇게

계속해서 일어나는 것은 혼자 힘으로는 결코 가능하지 않다.(어쩌면 윌리엄 셰익스피어는 예외일지도 모르겠지만.) 인간이 만들어 낸 창발적 시스템의 가장 확실한 사례는 경제다. 경제는 어느 한 개인이 결코 통제할 수 없는 속성들을 뚜렷이 보여 준다. 우리는 흔히 시장을 구매자와 판매자가 만나 거래를 하는 장소 정도로 생각한다. 하지만 1945년 오스트리아의 경제학자 프리드리히 하이에크(Friedrich Hayek)가 정보 이론의 토대를 세운 한 논문에서 밝힌 것처럼 시장은 훨씬 더 중요한 역할을 수행한다. 바로 "개인들 사이에 광범위하게 흩어져 있는" 지식을 모으고 활용하는 일이다. 하이에크는 이렇게 쓰고 있다. "사회의 각 구성원은 모두가 소유한 지식의 극히 일부밖에 갖고 있지 못하다. 그리고…… 그렇기 때문에 개인은 사회가 작동하는 데 기초가 되는 사실들을 거의 알지 못한다." 하이에크에 따르면 시장은 인간이 "정보를 정복하기 위해" 우연히 만들어 낸 집계 기구다.[3]

하이에크의 관점에 따르면 주식 가격은 '그 순간 그 회사에 관해 알려진 모든 정보'에 '세상 자체의 상대적 안정성에 관한 이해'가 합쳐진 결정판이다. 인터넷이 나타나기 전까지 주식 시장은 역사상 가장 훌륭한 정보 시스템이었다. 지금 우리 시대에는 인터넷이 수십억 명에게[4] 시장과 똑같은 능력을 부여하고 있다. 어마어마한 양의 정보를 집계하고 그것을 이용해 제대로 된 의사 결정을 내리도록 말이다. 세상의 상대적 안정성 자체가 점점 더 이 수십억 명의 공포 또는 자신감으로부터 도출되면서, 주식 가격과 해당 기업의 근본적 재료 가치 사이의 연관성이 점점 줄어들고 있다. 그 결과 변동성은 위험할 만큼 증폭되었다.

하지만 권위(기업은 선미의 갑판 높은 곳에 있는 소수의 사람이 현명하다고 생각하는 방향으로 항로를 정했다.)에서 창발(의사 결정은 '내려지는' 경우보다 수많은 직원 또는 이런저런 이해 관계자들로부터

'출현(창발)하는' 경우가 더 많다.)로의 이런 이행은 수많은 기업의 미래를 바꿔 놓고 있다. 처음에는 이런 현상을 두려워하거나 무시했던 기업들도 이제는 여러 창발적 시스템 때문에 자신들의 서비스가 쓸모없어질지도 모른다는 사실을 깨닫고 있다. 물론 창발적 시스템을 활용해 큰 것을 얻는 경우도 우리는 이미 목격하고 있다.

　　『브리태니커 백과사전』에서 위키피디아로(권위적인 전문가들의 집합 대 공익을 위해 자체 조직된 책벌레들의 커뮤니티) 권위가 옮겨 간 것을 비교해 보면 국면 전환이 어디까지 왔는지 잘 알 수 있다. 2005년《네이처》는 두 백과사전이 질적으로 비슷하다는 점을 밝혀낸 연구 결과를 게재했다.[5] 이후 우리는 위키피디아가 꾸준히 상승하는 것을 목격했다. 위키피디아는 유명 인사의 사망, 경쟁 파벌 사이 반목의 시작 등과 같은 새로운 정보에 즉각 반응하는데다가, 해당 정보가 어떤 식으로 제시되어야 하는지에 관해 반대 의견과 숙고를 통해 궁극적으로 합의에 이르도록 장려하기 때문이다.

　　아랍의 봄 운동과 핵티비스트 그룹 어나니머스는 아직은 권위주의적 권력 구조가 판치는 세상에서 예외처럼 보일 수도 있다. 하지만 그들은 이미 확고하게 자리 잡은 하나의 현상을 생생하게 보여 준다. 패러다임과 신념 체계, 편견은 모두 창발적 현상의 전형적 특징을 보인다. 개인도 획기적인 생각을 가질 수는 있다. 그러나 우리가 에퍼스베레라고 부르는 아이디어의 '시스템'이 나타나려면 '많은' 사람이 필요하다. 자신이 무슨 일을 하고 있는지 전혀 모르는 많은 사람들 말이다. 중력은 하나의 아이디어다. 갈릴레오의 영향을 받은 뉴턴이 중력을 처음으로 발견했다. 그러나 과학 혁명은 인류의 인식론적인 신념을 송두리째 뒤집어 놓은 사건이었다. 과학 혁명은 우리가 지식을 습득하고 자신의 신념을 정당화하는 방법을 바꾸어 놓았다. 간단히 말해 과학 혁명은 누구의 작품도 아니면서 모두의 작품이기도 한, 일련의 새로운 원칙이었다.

우리가 이 창발적 시스템에 푹 빠지게 된 것이 '지금'이라는 역사적 순간과 때를 같이하는 것은 결코 우연이 아니다. 우리는 자연계에서 창발적 속성이 어떻게 진화하는지를 이해하는 데 큰 진전을 보았고, 이는 다시 우리가 이토록 크게 의존하고 있는 창발적 시스템에 어떻게 접근해야 하는지를 알려 주었다. 개미를 떠올려 보자. 최근 스탠퍼드 대학의 두 교수가 협업하여 개미가 어떻게 먹이를 구하는지 연구했다. 한 명은 컴퓨터 과학자, 한 명은 생물학자인 두 사람은 개미 군체가 사실상 TCP/IP(인터넷을 통해 정보를 유통시키는 핵심 방법)를 발명해 냈다는 사실을 알아냈다. 인간보다 수백만 년이나 앞선 셈이다.[6]

인간이 자연에 이미 존재하는 패턴을 부지불식간에 모사하는 것은 드문 일이 아니다. 실제로 눈송이의 특징인 프랙탈 곡선처럼 더 이상 단순화할 수 없는 특정 패턴이 계속해서 반복되는 것은 그 자체로 창발적 속성이다. 20년 가까이 우리는 인터넷의 성장을 묘사할 때 '획기적'이고 '혁명적'인 뉴미디어라며 근본적 변화를 나타내는 용어를 사용해 왔다. 이것은 과장이 아니었다. 인터넷이라는 네트워크, 뻔한 일차원적 질서를 거부하는 노드(node, 연결점)와 뉴런의 창발적 시스템으로 구성된 구조의 성장이 우리의 가장 깊은 사고방식에 영향을 미친다고 해도 놀랄 일은 아니다.

생명 현상은 최초의 창발적 시스템이다. 직관적으로는 잘 이해되지 않겠지만 아주 자명한 사실이다. 우리는 타고난 본성상 모든 '오즈' 뒤에는 '마법사'가 있을 거라고, 그 행동을 지시하는 단일의 존재가 있을 거라고 생각하게끔 만들어져 있다. 거의 모든 문화의 중심에는 지구와 지구에서 가장 끈질긴 종인 인간이 어떻게 존재하게 되었는지에 관한 설화가 있다. 태초에 하나님이 있었다. 고대 아테네 출신이라면 가이아(Gaia)가, 중국 고전에 따르면 반고(盤古)가 있었다.

이렇게 중심에 있는 인지적 가정에 따라 우리가 세상에 대한 '지식'을 구조화하는 방법이 결정된다. 우리는 개미 군체가 여왕개미로부터 명령을 받는다고 생각하고, 세상이 너무나 복잡한 것은 무언가 조직적인 힘이 작용한 결과라고 믿는다. 그리고 이런 기초적인 오해는 사회 조직 속에도 새겨져 있다. 모든 부족에는 지도자가 있고, 모든 회사에는 CEO가 있다. 최근에 와서야 우리가 이해하게 된 '덜' 그럴듯한 설명에 따르면 은유적으로 '여왕벌'이라 표현되는 벌은 미천한 수벌보다 어떤 권력도 더 갖고 있지 않다고 한다. 그리고 수백 년간 믿어 온 것과는 정반대로, 우리 주위의 생명 형태에 다양성과 차이를 끊임없이 만들어 내는 종의 분화 뒤에는 그 어떤 중앙 권력도 없다. '권위보다 창발'이라는 원칙을 제일 앞에 놓는 이유는 이 원칙이 다른 원칙들의 초석이 되기 때문이다. 우리가 지난 시대의 오류를 계속해서 강화하는 대신 바로 이런 현실을 반영하는 제도와 정부를 구성한다면 무슨 일이 벌어질까? 그런데 실제로 우리는 이미 그렇게 하고 있다. 결핵을 뿌리 뽑기 위한 투쟁을 한번 생각해 보라.

결핵균은 공기 중의 입자를 통해 확산된다. 재채기 한 번에는 감염을 일으킬 수 있는 물방울이 4만 개나 들어 있고, 이런 물방울 열 개면 결핵에 걸릴 수 있다. 결핵균은 피해자의 폐 안에 자리를 잡는다. 인간의 면역 체계는 지역 경찰을 출동시켜 결핵균을 가둬 둔다. 대부분의 세포는 죽지만 교활한 결핵균은 때를 기다릴 줄 안다. 인류의 족히 3분의 1은 결핵에 감염되어 있는 것으로 추정되지만, 잠복기가 한 달일 수도 있고 어쩌면 1년, 혹은 평생일 수도 있다. 그러나 약 10퍼센트의 경우에는 결핵균이 우리의 면역 체계가 세워 놓은 보호벽을 탈출해 빠르게 번식하면서 결국에는 폐를 가득 채우고 감염된 사람의 절반가량을 죽이게 된다.[7]

결핵균은 인류만큼이나 오래되었지만 크게 확산된 것은 18세기에 와서다.[8] 결핵균은 숙주를 따라 인구가 밀집한 도시 빈민가로 이동했고, 이제 재채기 한 번으로 온 가족을 감염시킬 수 있게 됐다.[9] 1820년대에는 유럽인 네 명 중에 한 명이 결핵으로 죽었다. 제1차 세계대전 이후 결핵은 급격히 감소했는데, 위생이 개선되고 항생제가 정교해진 덕분이었다. 1985년이 되자 미국에서 결핵 발병률은 10만 명당 열 건도 안 되었다.[10] 결핵은 곧 박멸될 것처럼 보였다.

그러다가 다시 결핵균이 우리의 허를 찔렀다. 항생제가 잘못 처방되는 경우들이 있었다. 일부 환자는 투약 지시를 완전히 이행하지 않았다. 특히 교도소 수감자들이나 개발도상국 결핵 환자들은 약을 충분히 복용하지 않을 가능성이 컸다. 이런 부분적 치료는 약한 결핵균은 죽였지만 항생제에 내성을 갖게 하는 유전자 돌연변이가 있는 강한 결핵균은 번성시켰다. 이렇게 약물에 내성을 지닌 변종들은 번창하면서 자손을 많이 낳았는데, 다들 똑같은 돌연변이를 갖고 있었다.[11]

이런 식의 진화 경로를 따르는 병원균은 결핵만이 아니다. 세계 보건 기구(WTO)에 따르면 약물 내성 질병은 벌써 오랫동안 공중 보건상의 가장 큰 위기를 야기하고 있다. 세계 보건 기구의 보건 안보 담당 사무차장인 후쿠다 게이지 박사는 이렇게 말한다. "여러 이해 관계자들이 협조해서 긴급히 조치를 취하지 않는다면 세계는 후기항생제 시대로 치달을 것입니다. 그렇게 되면 수십 년간 치료할 수 있었던 흔한 감염과 경미한 부상으로도 우리는 다시 죽을 수 있습니다."[12]

　　2013년 그런 긴급한 조치 중 하나를 취한 사람들은 유럽 9개국 출신의 연구자 그룹이었다. 이들은 "현대적 질병을 퇴치하기 위해서는 현대적 무기가 필요하다."라고 선언했다.[13] 현대적 무기 중 하나가 창발적 방식으로 새롭게 연구를 조직하는 것이었다.

　　검색창에 '박테리오파지(bacteriophage)'를 입력해 보라. 가느다란 다리를 가진 것이 마치 달 착륙선처럼 생겨서 꿈에 나올까 무섭지만, 현재 박테리오파지는 착한 사람들이 사용 중이다.

　　유럽 연구자들은 프로젝트의 본거지인 파리에서 모임을 가진 후 베텐코트 팀(Team Bettencourt)이라 불리고 있다. 이들은 박테리오파지를 재프로그래밍 해서 유익한 일을 하게 만들었다. 먼저 박테리오파지가 결핵균에 단백질을 삽입한다. 이 단백질은 결핵균을 항생제 내성으로 만드는 돌연변이 유전자를 곧장 찾아가게 되어 있다. 문제의 유전자를 찾아낸 단백질은 그 염기 서열의 앞뒤에 있는 이중 나선 끈을 싹둑 잘라 버린다. 결핵균의 소스코드라고 할 수 있는 DNA를 이렇게 살짝 수정하기만 하면 결핵균은 다시 표준적인 약물 요법에 반응하게 된다. 베텐코트 팀은 즉석에서 결핵 진단이 가능한 특수 조직 세포를 만드는 방법도 시연했다. 이 방법은 결핵 발생으로 가장 큰 타격을 입은 지역에 많은 도움을 줄 것이다. 박테리아의 DNA에 있는 코드 몇 줄을 수정함으로써 인류를 가장 많이 죽인 박테리아 중 하나인 결핵균은 천연두가 간 길을 뒤따를 수 있을 것이다.

　　베텐코트 팀의 치료법을 일반인들이 이용하려면 몇 년

은 더 걸릴 수도 있다. 앞서 설명한 세포 전쟁은 아직까지는 결핵
균을 흉내 내게끔 설계된 '안전한' 박테리아를 쓰는 시험관 안에
서만 일어났다. 베텐코트 팀이 이 획기적인 치료법을 개발한 것
은 iGEM(아이젬), 즉 국제 합성 생물학 경진 대회(International
Genetically Engineered Machine)에 참가하기 위해서다.[14] 연구자 대
부분은 아직 학위 과정을 밟고 있는 학생들이다.

　　iGEM은 전통적인 과학 경진 대회가 아니다. 합성 생
물학(synthetic biology)이 전통적인 과학 분야가 아닌 것처럼 말이
다. 합성 생물학은 살아 있는 것들에게 새로운 속성이나 기능을 프
로그램 하려고 새로운 유전자 염기 서열을 만든다. 새로운 형태
의 초콜릿이나 말라리아 약을 만드는 이스트처럼 말이다. iGEM
창설에 한몫을 담당했던 MIT 출신의 과학자 랜디 렛버그(Randy
Rettberg)는 이렇게 말한다. "소규모 연구 팀을 실험실에 가둬 놓
고 작은 돌파구라도 만들게 하는 식으로 과학이 발전한 때도 있었
습니다. 하지만 미래의 과학은 그런 식으로 돌아가지 않을 겁니다.
합성 생물학은 지금도 그런 식으로 돌아가지 않고요."[15] 오픈 소스
소프트웨어와 위키리크스(wikileaks, 각종 정부나 단체 등의 비윤리적
행위를 폭로하기 위해 내부 문건 등을 공개하는 사이트) 시대에 출현한
합성 생물학은 학생과 교수, 그리고 스스로를 바이오해커라 부르
는 시민 과학자 군단의 철저한 협업으로 이뤄지고 있다. 창발은 이
미 실험실까지 진출했다.

　　학과로 치면 합성 생물학은 아직 걸음마 단계지만 잠재
력으로 치면 우리가 상상도 못 할 여러 방식으로 인류에 영향을 미
칠 수 있다. 핀 머리만 한 면적에 슈퍼컴퓨터를 올려놓는 분자 컴
퓨터(molecular computer)는 반도체 칩이 떠난 자리를 차지할 수도
있다. 인류 전체가 모든 바이러스에 면역되게끔 재프로그램 될 수
도 있다. 재설계된 대장균이 싸 놓은 배설물을 제트 연료로 사용하

는 대형 여객기가 대서양을 건널 수도 있다.[16] 화석 연료에 대한 전 세계의 갈증을 풀어 줄 박테리아가 배양 중인 거대한 연못을 상상해 보라. 색다른 애완동물을 갖고 싶은가? 커뮤니티 유전자 공장(GeneFab)에서 내놓은 맞춤식 0.5리터짜리 코끼리는 어떤가? 아니면 그냥 내 마음대로 프로그래밍 해도 된다.

"과학 분야의 미래는 예측이 불가능합니다." 하버드 대학과 MIT의 유전학자 조지 처치(George Church)의 말이다. 처치는 종종 합성 생물학이라는 분야를 과대 선전한다는 비난을 받고 있다. 네안데르탈인과 털북숭이 맘모스같이 멸종된 동물을 되살리는 아이디어를 광고해 왔기 때문이다.[17] 하지만 실제로 만나 보면 처치는 선동가라기보다 현실주의자처럼 보인다. 합성 생물학에 관한 더 기상천외한 아이디어들은 터무니없는 것이냐고 물었더니 처치는 어깨를 으쓱하며, 인간 게놈 지도를 이렇게 쉽고 빠르게 그려 내는 기술이 나올지 누가 알았겠느냐고 했다. "염기 서열 분석의 비용은 떨어지고 속도는 증가하고 있는데 그 속도가 무어의 법칙보다 여섯 배는 빠릅니다. 10년 전에는 누구도 이런 일이 벌어지리라고 예상하지 못했죠."[18] (무어의 법칙은 컴퓨터의 처리 속도가 2년마다 두 배가 될 거라고 본다.)

베텐코트 팀의 프로젝트는 기발했지만 대체로 이론적이었다. 하지만 전문 기술과 시간, 풍부한 자금만 주어진다면 결핵을 재프로그램 하는 바이러스를 만드는 일은 분명 가능할 것이다. 이런 방식이 도입될 현실적 가능성이 크게 증대하게 된 것은 이제는 바이오큐리어스(bio-curious)들에게 표준 절차라 할 수 있는 '유전자 편집(genetic editing)'이 빠르게 도입되면서다. 바이오큐리어스란 전 세계적으로 속속 생겨나는 바이오해킹 커뮤니티 실험실에 다니는 일반인들을 부르는 말이다.('BioCurious'라는 이름의 실험실도 있다.) 합성 생물학에서 쓰이는 여러 기술을 개척한 처치는 이렇게 말한다. "과학은 아주 빠르게 움직이고 있습니다. 우리 생전에도 충분히 많은 기적들이 일어날지 모르죠…… 아니면 열세 살짜리가 심심해서 바이러스를 조작했다가 인류를 깡그리 지워 버릴 수도 있고요. 뭐든 가능합니다. 문제는 우리가 운이 좋을 것이냐 하는 점이죠."

───────

　　발견과 혁신을 촉진할 새로운 방법으로 이행 중인 인간의 활동 영역은 낯선 과학 분야에 국한하지 않는다. 시민 과학이라 부르든 아니면 크라우드소싱(crowdsourcing)이나 개방형 혁신이라 부르든 간에, 합성 생물학의 부상이 보여 주는 것은 머지않아 우리가 그것을 표준 절차로 여기게 될 거란 사실이다. 권위에 대한 창발의 승리(전문 기술과 지식이 인터넷 같은 분산 네트워크로부터 나타난다.)는 곧 지식이 생산되고 분배되는 방식의 지각 변동을 뜻한다. 창발의 시대는 이미 권위의 시대를 대체했다. iGEM과 같은 조직은 어느 학문의 주변 장치가 아니라 필수 부분이다.

　　전통적 시스템에서는 물건 제조에서 정부 통치에 이르기까지 대부분의 의사 결정이 수뇌부에서 이루어졌다. 직원들에게 제품과 프로그램을 제안하라고 권하기는 했지만, 그중 무엇을 실행할지 전문가와 상담하고 결정하는 사람은 매니저와 기타 권한을 가진 사람들이었다. 그리고 그 과정은 보통 느릿느릿 진행될 수밖에 없었으니 겹겹이 둘러친 관료주의와 걸리적거리는 보수적 형식주의 탓이었다.

　　창발적 시스템은 시스템 내의 모든 개인이 집단 전체에 이익이 되는 각자 나름의 정보를 가지고 있다고 가정한다. 사람들은 이 정보를 공유하면서 지원할 아이디어 혹은 프로젝트를 결정하고, 더 중요하게는 그 정보를 받아들여 혁신에 이용한다.

이러한 변화가 가능해진 것은 새로운 툴들이 널리 보급되면서 혁신에 드는 비용이 급격히 줄어든 덕분이다. 값싸고 효과적인 3D 프린터들은 시제품 제작을 아주 쉽게 만들었다. 한때는 대기업이나 학술 기구에서만 접할 수 있었던 지식을 이제는 온라인 교재나 DIY바이오 같은 커뮤니티에서도 구할 수 있다. DIY바이오는 유전자 실험을 하는 일반인 과학자들의 모임이다. 이들은 얼마 전까지만 해도 정해진 사람만 출입할 수 있는 값비싼 실험실에서나 진행되던 실험을 직접 해 보고 있다.[19]

마지막으로 킥스타터(Kickstarter)나 인디고고(Indiegogo) 같은 크라우드펀딩 사이트가 있다. 이들 사이트는 작은 예술 프로젝트에서 대형 가전제품에 이르기까지 무엇이든 개발할 때 필요한 자금을 손쉽게 모집할 수 있게 플랫폼을 구축해 놓았다. 이 플랫폼들은 실시간으로 창발이 일어나는 사례다. 이런 플랫폼을 이용하면 제작자는 대규모의 잠재적 소비자를 대상으로 자신만의 정보가 유효한지(물병을 물총으로 만들어 드립니다!) 확인해 볼 수 있다. 이렇게 소셜적 측면이 포함되어 있기 때문에 프로젝트에 벤처 캐피털 등 다른 형태의 자금원이 있다 해도 크라우드펀딩은 여전히 유용한 도구가 된다. 다른 자금원이 없는 프로젝트에 귀중한 도구인 것은 두말할 나위도 없다. 또한 크라우드펀딩 사이트에서 일찌감치 성공하면 해당 프로젝트는 대중과 공명하고 있다는 신호를 전문 투자자들에게 보내게 되고, 혁신가들은 다른 방법으로는 감히 접근도 하지 못했을 자금원을 확보할 기회가 생긴다.[20]

자본을 손에 넣으면 혁신가이자 사업가인 제작자들은 크라우드소싱을 통해 손쉽게 자원을 확장하고, 자신에게 필요한 지조차 몰랐던 것들까지 발견할 수 있다. 스타트업이나 개인들은 엔지니어, 디자이너, 프로그래머를 잔뜩 고용해서 팀을 꾸리는 대

신, 필요한 기술을 제공해 줄 프리랜서와 자원자로 구성된 글로벌 커뮤니티를 활용할 수 있다.[21]

　　권위에서 창발로의 이동에 또 하나 중요한 요소는 무료 또는 저비용의 온라인·커뮤니티 교육의 확산이다. 여기에는 에드엑스(edX)와 같은 정식 수업뿐만 아니라 칸 아카데미(Khan Academy) 같은 교육 웹사이트, 메이커스페이스(makerspace)나 해커스페이스(hackerspace)에서의 실전 수업, 온라인 혹은 직접 만나서 가르쳐 주는 비공식적 튜터링 등이 포함된다. 새로운 기술을 배울 기회가 많아질수록 사람들은 더욱더 혁신적이 된다.[22]

　　이 모든 분야의 발전은 전 세계 사람들이 '창의적인 불복종' 행동을 배우고, 설계하고, 개발하고, 참여할 수 있는 일종의 시스템을 만들어 낸다. 점진적 변화만이 가능한 권위주의적 시스템과는 달리, 창발적 시스템은 일차원적이지 않은 '혁신'을 육성한다. 이러한 혁신만이 네트워크 시대의 특징인 빠른 변화에 신속히 반응할 수 있다.

────────

　　훌륭한 과학자의 자질 중에서 가장 과소평가되는 것 중 하나는 '기꺼이 바보처럼 보이려는 의지'다. 컴퓨터 발전 과정에서 여러 핵심 기술을 발명했고 상장 회사를 설립한 적도 있는 톰 나이트(Tom Knight)는 1995년 가을 MIT의 수석 연구원이었다. 그런데도 그는 9월의 어느 날 대학교 2학년생들 사이에서 생물학 개론 수업을 듣고 있었다. 나이트는 킥킥거리며 이렇게 말한다. "아마 학생들은 이 괴상한 아저씨가 누구인가 했겠죠. 그래도 저는 피펫(안약 삽입 기구를 아주 정교하게 만들었다고 생각하면 된다.)으로 하는 일도 배워야 했어요."[23] 나이트는 21세기의 중심이 될 사

실 하나를 이미 깨달은 사람이었다. '생물학이 곧 기술이다.' 이 사
실을 아는 사람은 나이트를 비롯해 손에 꼽을 정도였다.

나이트는 집적회로(IC) 설계로 박사 학위를 받았다. 집
적회로는 자동차부터 컴퓨터, 알람 시계까지 뭐든 작동시키는 데
필요한 기술이다. 1990년에 나이트는 자신의 수명이 반도체 칩의
수명보다 길 거라는 사실을 깨달았다. "2014년쯤 되면 무어의 법
칙도 한계에 부딪히리라는 걸 예상할 수 있었죠." 칩 위 트랜지스
터의 수가 2년마다 두 배가 될 거라는 주장은 50년 이상 확고히 유
지되고 있었다. "그러나 결국에는 물리 법칙에 부딪힐 것임을 알
수 있었어요." 다시 말해 트랜지스터가 원자의 폭 이상으로 많아
질 수는 없다는 얘기다. 실제로 그의 예상은 적중했다. 최근 무어
의 법칙은 정체기에 접어들었다.

"그동안에는 반도체를 만들 때처럼 물리적으로 물건을
조립해 왔죠. 하지만 이제는 화학적 조립으로 바꿔야 할 거라는 게
분명했어요." 세상에서 가장 훌륭한 화학은 세포 수준에서 일어나
는 화학임을 나이트는 깨달았다. 그리고 집적회로의 뒤를 이을 가
능성이 가장 높은 것은 살아 있는 세포라고 결론 내렸다. "저는 그
냥 생물학과 학부생이 되기로 결심했어요."

생물학은 언제나 너무 지저분하다는 것이 나이트의 생
각이었다. "아마 전 세계 공학도들은 다 그렇게 생각할 것 같은데,
제가 보기에 생명 활동은 너무 복잡해서 제정신인 사람은 누구라
도 다 토하고 '희망이 없다'고 말할 것 같았거든요." 그런데 우연
한 발견 하나가 그의 마음을 바꿔 놓았다. 동료 한 명이 해럴드 모
로위츠(Harold Morowitz)의 논문을 건네 주었던 것이다.[24] 생물학
에는 서열을 결정짓는 기준이 있었다. "내 유기체가 네 유기체보다
훨씬 복잡하다." 연구 지원이나 명예도 모두 같은 기준에 따라 정
해지곤 했다. 하지만 모로위츠는 진핵생물이나 다세포 생물, 아니

생물 자체에 관심이 없었다. 그는 지구 생명의 기원을 연구하는 데 평생을 바쳤다. 가장 단순한 형태의 생명체, 변변치 않은 단세포 생물인 마이코플라스마(Mycoplasma)를 연구한 것이다.

배경 설명을 좀 하자면, 인간 게놈은 약 32억 개의 염기쌍(우리의 유전 코드를 구성하는 가장 작은 기본 단위)을 포함하고 있다. 게놈 서열 분석 혹은 게놈 해독의 과학은 성큼성큼 발전해 왔다. 텍스트의 크기를 고려한다면 우리는 아직 우리가 읽어 낸 것을 대부분 이해하지 못한다. 반면 결핵은 염기쌍이 50만 개뿐이다. "거의 3000배나 간단한 거예요. 그러니 알아야 할 건 다 안다고 착각이라도 할 수 있죠." 나이트의 말이다.

1996년 여름 나이트는 미국 국방부 산하 R&D 그룹인 국방 고등 연구 계획국(DARPA) 주최 콘퍼런스에 참석했다. 여기에서 그는 '분자 컴퓨팅(cellular computing)'을 연구하자고 제안했다. 세포를 프로그래밍 해서 유용한 일을 시킬 수 있고, 어쩌면 나중에는 반도체칩이 떠난 자리를 이어받을 수도 있을 거란 아이디어였다. 그로부터 몇 년도 안 돼 나이트는 자신이 일하는 MIT 컴퓨터 과학부에 배양기와 시험관, 고압 멸균기를 완비한 연구소를 완성시켰다. 나이트는 웃음을 터뜨리며 이렇게 말했다. "동료들이 저더러 미쳤다고 하더군요. 컴퓨터 연구소 한가운데에 이상한 생화학 장비들을 잔뜩 가져다 놓았으니까요."

나이트에게 공학자는 단순히 직업이 아니다. 그것은 그의 소명이고, 열정이며, 분야고, 신념 체계다. 그는 공학자의 사고방식이 생물학자와는 다르다고 말한다. "생물학자인 제 친구들은 이런 식으로 말하죠. '톰, 우리는 대장균에 관해 알아낼 건 다 알아냈어. 그런데 왜 대장균을 연구하는 거야?' 번역하자면 이런 거예요. '대장균 연구를 통해 내가 알려고 했던 건 다 알아냈어. 나머지는 모두 하찮은 거라서 나는 관심 없어.'"

공학자들은 생각이 다르다고 나이트는 거듭 말한다. "복잡한 생물학을 연구하는 것이 목표라면 그래도 돼요. 하지만 목표가 이 아주 간단한 생물학적 시스템에 관해 알 수 있는 모든 것을 다 알아내고, 그 속으로 들어가 수정을 가하고, 그걸 바탕으로 뭔가 다른 일까지 하려는 거라면 관점이 완전히 달라지죠. 그러려면 여러 단계의 이해가 필요하고, 지금 아는 것보다 훨씬 더 깊이 있게 알아야 해요." 공학자에게 '이해'란 대상을 조각조각 분해했다가 다시 조립한다는 뜻이다.

1998년 나이트는 짧은꼬리오징어의 몸속에서 발견되는 '발광 박테리아'인 비브리오 피셔리를 연구하기 시작했다. 오징어는 박테리아에게 당분과 아미노산이라는 먹이를 공급한다. 그 대가로 박테리아는 달빛과 꼭 같은 정도의 빛을 발산해 밤에 오징어가 거의 보이지 않게 만들어 준다.

하지만 나이트의 관심을 끌었던 것은 발광을 일으키는 원리였다. 왜냐하면 비브리오 피셔리는 오징어 속에서만 빛을 내기 때문이다. "이 박테리아는 특정 화학 물질을 소량 분비하는데요. 물 밖에 나와 있으면 이 화학 물질이 씻겨 나가 버리지만, 오징어 속에 있으면 쌓이죠. 그러다 일정 농도가 되면 발광이 시작되는 거예요." 말하자면 세포들이 서로에게 신호를 보낸다는 얘기다. 나이트는 발광 작용을 관장하는 유전자 염기 서열을 따로 떼어 내서 "자연이 의도하지 않았던 방식으로 사용"할 수 있을 거라고 생각했다. 그런데 명령에 따라 움직이는 세포 간의 통신을 재현하기란 생각보다 쉽지 않았다.

이때쯤 나이트는 비슷한 생각을 가진 젊은 과학자들을 모으기 시작했다. 당시 나이트와 협업했던 두 과학자 드루 엔디(Drew Endy)와 론 와이스(Ron Weiss)는 이후 합성 생물학의 발전에 지대한 공헌을 하게 된다. 나이트가 종종 '합성 생물학의 아버지'로 불리는 것은 이 때문이다. 나이트처럼 엔디와 와이스도 프로그래밍 원칙들을 유전학에 적용한다는, 빠져들 수밖에 없는 가능성에 끌렸고, 둘 다 나이트처럼 생물학 교육을 받은 적은 없었다. 엔디는 원래 환경 공학자가 되려 했었다. 프로그래밍의 귀재인 와이스는 페인트나 도로와 같이 구부릴 수 있는 물질에 나노 크기의 컴퓨터를 내장하는 '스마트 더스트(smart dust)'를 연구하다 생물학으로 건너왔다. 나이트는 웃음을 터뜨리며 말했다. "그때 우리는 완전 아마추어였죠. 하지만 빠르게 배우고 있었습니다."

새로운 밀레니엄이 시작되었을 때에도 합성 생물학은 실용적이라기보다는 이론적인 공학 분야였다. 그 수는 적었지만 점점 더 많은 컴퓨터 과학자, 공학자, 물리학자가 언젠가는 유전자 물질 합성의 결과로 획기적인 여러 응용이 가능해지리라는 점을 인식하고 있었다. 그러나 이 콘셉트를 증명할 방법이 별로 없었다.

상황이 바뀐 것은 2000년 1월이었다. 보스턴 대학의 생명공학자 제임스 콜린스(James Collins)와 동료들은 대장균에 "유전자 스위치"가 있다는 사실을 보여 주었다.[25] 이들은 외부에서 신호를 보내 유전자가 전사(轉寫) 과정(유전자 발현의 첫 단계로, 이때 DNA가 RNA로 전사되고 이후 보통 단백질로 번역된다.)을 시작하게 만들었다. 다시 신호를 보내면 박테리아 안의 세포는 전등 스위치처럼 꺼졌다.

같은 달 《네이처》에는 또 하나의 기념비적인 논문이 게재되었다. 과학자들은 원하는 간격으로 단백질을 생산해 내는 진동 회로(oscillatory circuit)를 만들어 내고 '억제자(repressilator)'라 불렀다. 억제 유전자가 유전자 발현이 번갈아 일어나게끔 통제했기 때문에 붙인 이름이었다.[26] 두 논문은 복잡한 생물학적 과정을 처음부터 합성할 수도 있음을 보여 주었다.

그다음 해 나이트와 와이스는 비브리오 피셔리의 세포

들 사이에 통신을 조작하는 데 성공했다. 즉 박테리아의 불을 켤 수 있게 된 것이다. 지금은 이런 프로젝트를 고등학교 과학 수업 고급 단계에서도 진행할 수 있다. 그런데 나이트는 당시에도 이것이 생물학 분야에서는 대단한 일이 아니었다고 말한다. "하지만 공학적으로 보면 의미가 있었습니다. 어느 생물학자는 우리가 한 일을 보고 이렇게 말하더군요. '왜 그런 일을 하는 거예요?' 공학자들은 우리가 완전히 새로운 방향으로 첫걸음을 뗐다는 걸 알았죠."

이런 실험들을 다시 또 재현하는 것은 어마어마한 잡일이었다. 다행히 필요한 유전자 염기 서열을 합성하는 제작 연구소들이 우후죽순 생겨나 나이트 팀은 당면한 실험에만 집중할 수 있었다. 하지만 이런 일에는 어마어마한 돈이 들었다. 게다가 나이트나 그의 협업자들은 공학자였기 때문에 실험을 한 번만 재현하고 싶은 것이 아니라, 여느 공학 분야와 마찬가지로 두고두고 똑같은 일관성을 유지하며 재현하고 싶었다. 그러려면 실험 과정을 일련의 표준화된 부분으로 나누어야 했다.

그래서 나이트는 정해진 잘 아는 기능을 수행하는 DNA 염기 서열의 모음집을 만들기로 했다. 그러면 이 염기 서열들을 벽돌 삼아 무한한 조합으로 서로 결합할 수 있을 것이었다. 2003년 나이트는 논문을 발표하고 유전자 코드 집짓기 블록이 수록된 카탈로그를 만들자는 계획을 제시했다.[27] 그가 '바이오브릭(BioBrick)'이라 부르는 것들은 표준 생물학 부품 등록부(Registry of Standard Biological Parts)에 모이게 된다. 그러면 '기획자'는 DNA 일부의 전사를 시작하고, 다른 벽돌은 특정 단백질을 만들 수도 있을 것이다. 이렇게 예측 가능한 부품이 예측 가능한 기능을 갖는 식으로 하나씩 하나씩 쌓이는 것이다.

이 아이디어에 영감을 준 것은 전혀 관계없는 두 가지였다. 하나는 수천 개의 회로 부품이 그 기능과 함께 수록된 회로 부품 대장 'TTL 데이터북'이었다. "원하는 부품을 찾아서 부품 번호를 적어 주문하면 일이 엄청 빨라지죠." 또 하나는 훨씬 평범한 데서 영감을 받았다. "사람들은 마치 레고처럼 물건을 이리저리 손보고 끼워 맞추길 좋아하잖아요. 그렇게 재사용할 수 있는 부품들, 서로 조합할 수 있는 레고 블록이라는 아이디어가 나온 겁니다."

　　나이트와 협력자들은 생물학 연구에 마치 공학자처럼 접근했다고 말할 사람도 있을 것이다. 물건을 분해해서 구성 부분을 알아내고, 어떻게 재조합하면 더 개선할 수 있을지 알아보았다고 말이다. 하지만 이런 설명은 iGEM 속에 들어 있는 훨씬 더 대담한 목표를 간과하고 있다. 표준화된 바이오브릭 목록을 만든 일은 무엇보다 '사회 공학'적인 활동이었다. 레고가 있으면 건축가가 되지 않아도 형태와 공간의 만남에 대한 나만의 비전을 표현할 수 있다. 아직 걸음마 단계지만 합성 생물학에는 이런 평등주의적인 비전이 분명히 새겨져 있다. 나이트와 엔디, 렛버그는 새로운 과학 분야를 '창조'하고 '시작'한 것 못지않게, 처음부터 이 분야가 유기적으로 성장할 수 있는 환경을 조성하는 데 심혈을 기울였다. 자신들은 짐작조차 할 수 없는 사람들과 아이디어가 계속해서 유입되게끔 말이다. 합성 생물학은 이전에 나온 그 어떤 영역보다 분명한 창발의 산물이었다.

　　뜻밖의 일은 아니라고 데이비드 선 공(David Sun Kong)은 말한다. 데이비드 선 공은 MIT 미디어랩 박사 과정 학생으로 초창기 iGEM 경진 대회에 참가하기도 했던 전도유망한 젊은 과학자다. 어떻게 보면 합성 생물학의 시작은 모두 누군가의 초콜릿이 누군가의 땅콩버터에 떨어졌기 때문이라고도 할 수 있다. "처음에 이 분야를 개척한 것은 일반인 공학도, 컴퓨터 과학자, 전기 공학자 들이었어요." 개척자들에게는 이 비유가 마뜩잖을지 몰라도 점균류 세포 하나하나가 그렇듯 합성 생물학 역시 '전체가 부분의 합보다 커지는' 경우다.

진입 장벽을 낮추고 놀이라는 형식을 흉내 내면서 나이트를 비롯한 연구자들은 보다 다양한 창의적인 사람들이 이 분야에 기여할 수 있는 여건을 만들었다. "애초부터 생물학은 아주아주 민주적이어야 한다는 근본적인 믿음이죠. 생물학의 원리에 관한 지식도 그렇고, 어떻게 조작하는가에 관한 이해도 말이에요." 데이비드 선 공의 말이다. 그는 또한 MIT 근처에서 예술, 기술, 커뮤니티 센터인 EMW를 운영 중이다. EMW의 프로그램 중 하나인 스트리트 바이오(Street Bio)는 생명 공학과 길거리 사이의 접점을 탐구한다. 여기에서 '스트리트'란 생물학이 어떻게 실험실을 떠나 우리의 일상으로 진입할지를 결정짓게 될 사람, 문화, 제품을 말한다. "우리 분야 사람들은 다들 이런 생각을 하고 있습니다. 생물학 전반, 특히 생명 공학은 전문가들에게만 맡겨 두기에는 너무 중요한 분야라는 거죠."[28]

등록부를 만들자는 제안에 비해 그런 등록부를 실제로 만드는 일은 훨씬 더 어려웠다. 콘크리트 보강 철봉이나 서보모터, 집적 회로 같은 것들과는 달리, 살아 있는 생물을 구성하는 부품에는 '표준화'라는 것이 없었다. 모든 바이오브릭은 특성(예컨대 '가까운 세포가 발광하도록 만드는 능력')이 잘 알려진 유전자 염기 서열로 구성될 것이다. 그러면 뉴클레오티드(nucleotide, 핵산의 단위)로 이 염기 서열을 하나씩 합성하면 된다. 당시에는 우리가 그 '특징'을 알거나, 규정하거나, 이해하는 게놈이 아주 적었다. 심지어 원핵생물의 단순한 게놈조차도. 나이트와 그 협력자들에게 필요한 것은 실험실에서 더 많은 시간을 보내거나 더 많은 보조금을 받는 것이 아니었다. 그들에게 필요한 것은 '군대'였다. 그리고 얼마 지나지 않아 그들은 군대를 갖게 된다.

PS.

다시 추를 뒤로 놓기

인터넷에 블로그라는 것이 생긴 지 몇 년 후인 2003년, 나는 낙관적 시각을 가진 어느 블로거 커뮤니티의 도움을 받아 '창발적 민주주의'에 관한 논문을 썼다. 공동 저자들과 나는 이 혁명이 민주주의의 본질을 더 좋은 방향으로 비교적 빠르게, 근본적으로 바꿔 놓을 거라고 확신했다.

2010년 '아랍의 봄'이 발발했을 때 우리는 우리가 옳다는 것이 증명되었다고 생각했다. 그러나 얼마 후 분명해진 사실은 우리가 창발적 '정부 타도'를 위한 툴에는 도움을 주었을지 몰라도, 책임감 있는 자치 정부의 창발에 반드시 도움을 준 것은 아니라는 사실이었다. 희망은 당황으로 바뀌었고 우리는 해당 지역이 튀니지 재스민 혁명(2010년 12월 튀니지에서 발생한 민주화 혁명. 튀니지의 국화에서 이름을 땄다.)의 낙관주의에서 이슬람 국가(IS)의 출현으로 바뀌는 것을 지켜보았다.

더욱더 당황스러웠던 것은 이런 툴들이 주로 자체 서버로 운영되는 블로그들의 개방적이고 '민주적인' 네트워크에서보다, 트위터상의 짧은 트윗이나 페이스북이라는 '담 쳐진 정원'에서 더 자주 이용된 점이었다. 안타깝지만 이제는 인터넷을 공개적인 토론과 민주적 운동을 위한 새로운 장으로 보는 측 못지않게, 아니 어쩌면 그보다 더, 증오에 차고 무분별한 측이 인터넷에서 자신들의 대의와 목소리를 확산하는 데 이러한 새로운 소셜 미디어를 조직적이고 효과적으로 이용하는 것이 분명해졌다.

지금 우리는 창발적 민주주의의 단계 중 상당히 곤란한 지점에 와 있다. 하지만 10년 전 그런 낙관주의를 견지한 우리 같은 사람들은 지금의 현실을 목격하면서 오히려 더 확고한 신념을 갖게 되었다. 당초 우리가 꿈꾸었던, 기술이 민주주의를 긍정적인 쪽으로 발전시키는 세상을 만들기 위해서는 '툴과 모멘텀' 모두를 키워야겠다고.

그 첫걸음으로 우리는 MIT 미디어랩에 '확장 가능한 협력(Scalable Cooperation)'이라는 새로운 연구 그룹을 만들었다. 책임자는 시리아인인 이야드 라완(Iyad Rahwan) 부교수다. 지금 자리에 지원하면서 면접을 볼 때 이야드는 내게 창발적 민주주의 운동의 성공과 실패가 모두 자극이 되었다면서, 새로운 형태의 민주주의를 발전시키기 위한 측정 가능한 협업 툴을 만드는 데 매진하겠다고 말했다.

나는 이야드를 비롯한 사람들과 협업하면서 조화된 노력을 통해 다시 한번 추를 반대 방향으로 밀 수 있기를 고대한다. 그렇게 해서 인터넷 곡선이 정말로 '정의'의 방향으로 굽어질 수 있음을 보여 줄 수 있기를.

조이 이토

2

푸시보다
풀 전략

**Pull
over
Push**

    태평양판은 지질학적 물체치고는 단거리 선수 비슷하
다. 매년 북서쪽으로 9센티미터씩 움직이는 이 거대한 해양 지각
은 일본 해안에서 160킬로미터가량 떨어진 곳에서 자기보다 훨씬
느린 오호츠크판과 부딪히면서 그 밑으로 미끄러져 들어간다. 이
과정을 지질학자들은 섭입(攝入)이라 부르는데, 섭입 작용에서는
불안정한 긴장이 다수 발생한다. 태평양판은 지구의 맨틀 속으로
부드럽게 들어가지 않고, 오히려 위쪽 판이 아래쪽 판에 걸리면서
그 큰 힘에 아래로 구부러진다. 결국 1000년마다 오호츠크판은 마
치 뮤직 박스 속의 쇠 이빨처럼 풀쩍 뛰어서 제자리로 돌아간다.
    바로 그런 일이 2011년 3월 11일 오후 3시 직전에 벌어
졌고, 그 결과 리히터 규모 9.0의 지진이 발생했다. 지구의 지축이
움직이고, 일본이 미국 쪽으로 2.4미터나 움직일 만큼 강력한 지
진이었다. 지진만으로도 건물 수천 동이 부서졌고, 고속도로가 파
괴되었으며, 댐 하나가 무너졌다. 하지만 아직도 최악의 상황은 일
어나지 않은 상태였다.
    진앙에서 겨우 177킬로미터 떨어진 곳에 후쿠시마 다
이이치 원자력 발전소가 있었다. 30초도 안 돼서 최초 충격파가

엔지니어들에게 도달했다. 발전소의 한 간부는 텔레비전 기자에게 이렇게 말했다. "갑자기 땅에서 우르릉거리는 소리가 났어요. 맹렬하게 으르렁대는 소리처럼요. 극도로 강력한 지진이기도 했지만, 세기만 센 것이 아니라 무섭도록 긴 지진이었습니다." 어느 정도 심한 지진도 40초 이상 지속되는 경우는 드물다. 일본인들에 따르면 3월 11일 지진은 6분간 지속되었다.

지진 바로 인접 지역에 위치한 대부분의 건물들처럼 원자력 발전소 역시 처음 몇 번의 지진 뒤에는 전기가 모두 끊겼다. 비상용 디젤 발전기들이 자동으로 가동되기 시작했지만, 그것은 후쿠시마가 이제 안전망 없이 가동된다는 뜻이었다. 이나가키를 비롯한 직원들은 첫 지진이 지나가자마자 원자로 가동을 중단했지만 이곳의 우라늄은 며칠이고 극도로 뜨거운 상태를 유지할 것이었다. 전기로 가동되는 펌프가 핵 연료봉 위로 계속 차가운 물을 지나가게 하는데, 만약 이 물 흐름이 멈추면 냉각수는 순식간에 증발할 테고 무서운 속도로 멜트다운으로 치닫게 된다.

최초 충격으로부터 15분이 지난 오후 3시, 그런 일이 일어날 가능성은 아직 희박해 보였다. 일본은 지구의 판 구조가 초래하는 무서운 결과에 익숙한 나라였기 때문에 후쿠시마는 지진이나 그로 인한 쓰나미의 영향을 모두 견뎌 내게끔 설계되어 있었다. 후쿠시마 발전소의 원자로 여섯 개는 해수면으로부터 9미터 위에 위치했고, 앞에는 10미터 높이의 방파제도 세워져 있었다. 3시 2분, 일본 정부의 쓰나미 경보 센터는 3미터 높이의 파도가 이 지역을 곧 덮칠 것으로 예상했다.

3시 25분, 쓰나미 정찰기는 첫 번째 파도가 후쿠시마에 접근 중이라고 보고했다. 650명의 직원들은 원자력 발전소 뒤의 언덕으로 미친 듯이 뛰어 올라갔고, 일곱 번의 파도 중 첫 번째가 방파제에 충돌했다. 어떤 곳은 파도 높이가 방파제보다 두 배는 높았다. 몇 분도 지나지 않아 직원 두 명이 익사했고, 바닷물이 터빈과 비상 발전기, 여섯 개의 원자로 중 네 개의 배선을 집어삼켰다. 이나가키 팀은 깜깜한 어둠 속에 내던져졌다. 첫 번째 지진으로 울리고 있던 시끄러운 알람 소리마저 조용해졌고, 통제실은 무서운 침묵에 휩싸였다. 핵 연료봉을 식힐 전력이 없다면 이제 멜트다운은 불가피했다.[1]

도쿄 전력은 오랫동안 쓰나미의 최대 높이가 기껏해야 6미터보다 훨씬 낮을 것으로 추정하고 있었다. 상상력과 계획성의 실패가 빚은 이 참극으로 고통받게 될 지역은 후쿠시마에 그치지 않았다. 일본 본섬인 혼슈의 북동부 해안은 모두 같은 추정을 해 놓고 있었다. 비상 훈련도, 대피소도, 물리적인 장애물도 모두 같은 실수를 바탕으로 만들어져 있었다. 일본이 지은 대부분의 방파제, 제방과 기타 쓰나미 대비 장치들은 대부분 1960년 이후에 만들어졌다.(1960년은 기록상 가장 강력한 강도 9.5의 발디비아 대지진이 칠레를 강타한 해다.) 22시간 만에 쓰나미는 대서양을 건너와 거대한 힘으로 일본을 때렸다. 파도 높이가 4.3미터에 이르렀다고 보고되었고, 150명 이상이 사망했다.

이런 예방책들은 난공불락의 산업화 시대 논리에 따른 것이었다. 그토록 거대한 쓰나미를 일으킬 수 있는 지진은 아주 드물다. 소위 블랙 스완이라 부르는 사건(너무 드물어서 그런 일은 없다고 거짓 믿음을 갖게 되는 사건. 예컨대 '우리 가족은 절대 불치병에 걸리지 않을 거야.' '시장은 절대로 실패하지 않을 거야.' '정부는 결코 전복되지 않을 거야.')에 대비해 계획을 세우는 것이 가능하기나 할까?[2] 사실 시야를 조금 조정해서 관찰하면, 일본인들의 쓰나미 대책은 최근 역사에만 시각을 국한시킨 것이었다. 일본의 해당 지역에서는 400년이 넘도록 규모 8.5 이상의 지진이 일어난 적이 없었다. 지진 활동 지도는 이 지역을 크게 표시조차 하지 않았다.

한편 공공사업 시설의 경영자와는 다른 준거 기준을 가진 지질학자가 있었다. 일본 활성 단층 연구 센터의 오카무라 유키노부 소장은 2009년 후쿠시마 해안에서 얼마 안 떨어진 곳에 있는 섭입대(攝入帶)가 바로 869년 조간(貞観) 지진의 재앙이 일어났던 곳이라고 도쿄 전력에 알려 주었다.[3] 조간 지진에 대해서는 일본 황제의 실록을 통해 알려져 있다. 과학자들이 주변 지역에서 샘플을 채취해 보니 869년 지진은 도쿄 전력의 예상치보다 훨씬 큰 파도를 만들어 냈을 뿐만 아니라, 그런 지진이 500년 내지 800년마다 매번 일어났다는 증거가 쏟아졌다.[4] 조간 지진이 일어난 지 1100년이 넘었기 때문에 오카무라는 후쿠시마 근처의 해안 지대에 이미 큰 쓰나미가 일어났어야 했다고 도쿄 전력에 알렸다.

공무원들은 경고를 무시했다. 쓰나미 이후 현장에 몇 주간이나 머물렀던 이나가키 팀의 영웅적인 노력에도 불구하고 3월 12일 다이이치 발전소의 노심 세 개가 멜트다운에 빠져 상당량의 방사성 물질을 공기 중과 바다에 뿜어냈다. 체르노빌 이래 최악의 원자력 재앙이었다. 방사성 물질이 정확히 얼마나 흘러나온 것인지는 즉각 알 수 없었다. 이 여파로 일본 정부는 발전소에서 반경 20킬로미터 이내에 있는 13만 4000명의 사람들을 대피시켰다. 그러나 미국은 시민들에게 반경 80킬로미터 이내에는 들어가지 말라고 했다.[5] 일본 정부는 자원을 총동원했으나 상황 통제력을 상실한 것 같았다. 이후 일본 정부는 며칠간이나 방사선 수치를 공개하지 않았다. 애초 수치를 측정할 수 있는 사람이 몇 명 되지 않은 탓도 있었다.

그러나 과학자들이 '여부'의 문제가 아니라 '시기'의 문제라 생각했던 지진을 도쿄 전력이 대비하지 않았던 것처럼, 일본 정부는 자체 사고방식의 위기와 싸우고 있었다. 인터넷 이전 시대에 진화한 대부분의 기관들처럼 일본 원자력 안전 위원회는 지휘 통제식 경영에 맞게 조직되어 있었다. 후쿠시마 발전소 같은 일선에서 오는 정보는 여러 단계의 관리 층을 힘겹게 뚫고 올라가야 했다. 그런 다음 의사 결정이 내려지면 또 똑같은 단계를 거쳐 내려와야 했다.

후쿠시마의 접근법과 그로 인한 재앙적 결과는 의사 결정에 관한 서로 다른 두 관점을 살펴볼 수 있는 케이스스터디 재료가 된다. 이 케이스의 결과는 의사 결정자들이 자원(방사선 오염의 측정과 분석에 대한 전문 지식)이 가장 잘 사용될 수 있다고 생각하는 곳으로 해당 자원을 '푸시(push)'한 것이었다. 이는 별일이 없을 때조차 거추장스러운 지휘 통제 방식으로, 원자력 비상 상황에서는 치명적인 결과를 낳을 수 있다. 그런데도 이 방식은 수백 년간 그나마 우리가 가진 방식 중에서는 가장 나은 방식이었다. 하지만 네트워크 시대에는 그렇지 않다. 인간의 자원을 가장 잘 활용하는 방법은 자원을 프로젝트로 '풀(pull)'해서, 꼭 필요한 것을 가장 필요할 때 쓰는 것이다. 핵심 열쇠는 '타이밍'이다. 창발이 소수가 아닌 다수를 활용해 문제를 해결하는 것이라면, 풀 전략은 이 생각을 한 단계 더 끌고 나가, 필요한 것을 가장 필요한 순간에만 사용한다. 이런 아이디어가 도쿄 전력의 경영자들에게는 완전히 이질적으로 들렸을 것이다. 풀 전략에는 투명성이 필요하며, 정보의 흐름이 조직의 안과 밖, 양방향으로 진행되어야 한다. 반면 도쿄 전력의 조직 문화는 '최소한의 공개'를 강조했다. 그런데 지구 곳곳에서 걱정하고 있던 한 시민 그룹이 그들에게 풀 전략의 힘이 얼마나 강력한지 그 실례를 제공할 예정이었다.

지진이 발생했을 때 조이 이토는 보스턴에 있는 한 호텔 방에서 잠을 자려 애쓰던 중이었다. 미디어랩의 소장이 되기 위해 종일 면접을 보고 돌아왔지만 시차 때문에 잠이 오지 않았다. 학사 학위조차 한 번도 받은 적 없는 조이 이토가 저명한 학술 기관을 이끈다면 이례적인 일이 될 것이었다. 물론 그는 오히려 그 점을 어필하기도 했다.

2000년 니컬러스 네그로폰테가 휴직하고 MIT는 월터 벤더(Walter Bender)에게 임시 소장 자리를 제안했다. 벤더는 네그로폰테가 아키텍처 머신 그룹을 이끌던 시절부터 함께해 온 인사였다. 그렇게 벤더가 조타실을 단단히 책임지다가, 2006년에 MIT는 성공한 기업가이자 MIT 박사 출신인 프랭크 모스(Frank Moss)를 채용했다. 당시 미디어랩은 곤란한 이행기에 들어서 있었다. 벌써 스무 돌을 맞은 미디어랩은 더 이상 뛰어난 설립자와 교수진의 명민함만으로 운영될 수 있는 과격한 스타트업이 아니었다. 모스에게는 복잡하고 야심 찬 조직들을 성공적으로 경영한 깊이 있는 경험이 있었지만, MIT 미디어랩에서 마주친 난관들은 다른 곳에서는 전혀 볼 수 없는 유형이었다.

저널리스트나 독자들 사이에는 인터넷과 뒤이은 기술 혁신의 물결에 미디어랩이 무방비 상태라는 인식이 있었다. 네그로폰테의 카리스마와 비전이 사라진 미디어랩은 오히려 후원 기업들의 구미에 맞는 연구를 추진하려는 사업체처럼 운영되고 있었다.[6] 모스가 한때 MIT 미디어랩을 들끓게 했던 그 흥분에 불을 붙이는 데 실패했다고 느끼는 사람이 많았다. 교수진이니 지금 지원자들, 대중에게 그만큼의 영감을 불러일으키지 못했다는 것이다. 2011년이 되자 미디어랩은 초점을 잃었고 이곳만의 문화적 표식인 첨단성마저 상실했다고 보는 시각이 만연했다. 임기 말 모스가 떠나기로 결정하자 교수진과 직원들은 미디어랩을 설립 원칙에 맞는 방향으로 되돌리고 불확실성의 시대를 이끌 수 있는 사람을 데려와야겠다고 확고히 마음먹었다.

조이가 연구소장 자리에 얼마나 관심이 있는지 첫 대화를 나눠 본 조사위원회는 그가 지원하지 말아야 한다고 권고했다. 학위가 없다는 것이 이유였다. 하지만 선임위원회는 가능성이 더 높은 후보들을 모조리 검토하고도 마땅한 사람을 찾지 못하자, 네그로폰테에게 혹시 조이 이토가 아직도 관심이 있는지 다시 좀 알아봐 달라고 했다. 전화통에 한참 불이 나고 며칠 뒤 조이는 보스턴으로 가는 비행기를 탔다.

새벽 2시쯤 조이 이토는 결국 시차 극복을 포기하고 노트북 컴퓨터를 켰다. 정말 지치는 하루였다. 미국에서 가장 똑똑한 과학자, 예술가, 디자이너 들과 잇따라 아홉 번의 면접을 치른 조이는 들뜨고 초조하고 극도로 예민한 상태였다. 그런데 이메일을 열자마자 뭔가 끔찍한 일이 벌어졌다는 것을 분명히 알 수 있었다. 수신함을 가득 채운 메일들은 지진이며 쓰나미에 대한 근심 어린 질문으로 가득했다. 그런 와중에도 가장 이해가 안 가는 것은 원자력 발전소의 폭발에 관한 질문들이었다. 호텔 텔레비전을 켜 보니 재앙의 규모가 어느 정도인지 즉시 감이 왔다.

그다음 몇 시간은 어떻게 흘렀는지도 몰랐다. 일본 대부분 지역에서 아직 인터넷은 되는 것 같았지만 휴대 전화는 아니었다. 가장 먼저 조이는 아내에게 연락을 시도했다. 아내는 도쿄 외곽의 집에 있었다. 일본에서도 도쿄 근교 지역은 비교적 재해나 인명 손실을 덜 입고 지진과 쓰나미를 무사히 넘겼다. 하지만 후쿠시마 발전소에서 그리 멀지 않은 해안에 조이의 친척들이 살고 있었다.

밤이 지나고 세찬 바람에 비까지 거센 아침이 밝았지만 조이는 아직도 아내와 연락이 닿지 않았다. 그리고 오늘도 미디어랩에 가서 열세 번의 면접을 더 봐야 했다. 면접을 보는 틈틈이 조이는 이메일과 온라인 채팅, 화상 회의 등을 통해 거듭 친구와 가족에게 연락을 했다. 그날 하루 동안 두 가지 사실이 확인되었다. 첫째 조이가 사랑하는 이들은 모두 무사했다. 둘째 보스턴 방문은 성공이었다. 조이는 이제 네그로폰테가 빠진 커다란 빈자리를 메울 가장 유력한 후보였다. 하지만 조이는 커리어에 대해 생각할 시간이 많지 않았다.

　　지진이 발생했을 때 나라 밖에 있었던 일본인들은 다들 살아남은 자의 일종의 죄책감 같은 것을 느꼈다. 자주 비행을 하며 여기저기에서 활동하는 조이의 친구들에게는 일본으로 돌아가는 것이 도움이 될지, 아니면 어디든 지금 있는 곳에서 할 수 있는 일을 하는 게 더 좋을지가 대화의 큰 주제였다. 똑똑한 이들은 어느새 곤란한 문제 하나를 논의하게 되었는데, 바로 방사선이 얼마나 유출되었고 어디로 갔느냐 하는 점이었다. 도쿄 전력과 일본 정부는 시대에 뒤떨어졌고 궁극적으로는 자멸적인 각본을 아직도 그대로 따르면서 사실상 아무런 정보도 공개하지 않고 있었다. 조이와 친구들은 자체 계획을 수립했다.

　　며칠이 지나자 이 온라인 대화들을 통해 지원자와 조언자가 나타났다. 이들이 주축이 되어 나중에 세이프캐스트(Safecast)가 만들어진다.[7] 최우선 과제는 방사능 측정 장치인 '가이거 계수기(Geiger counter)'를 최대한 많이 확보하는 것이었다. 이 기계를 생산하는 댄 사이드(Dan Sythe)의 회사 인터내셔널 메드콤(International Medcom)이 일부를 제공해 주었다. 모넥스 시큐리티(Monex Securities)의 이사 피터 프랭큰(Pieter Franken)과 조이, 그리고 숀 보너(Sean Bonner)는 가이거 계수기를 더 구매하려고 시도해 보았다. 숀 보너는 LA의 기업가로 조이와 협업하여 도쿄의 디지털 개러지(Digital Garage)와 콘퍼런스를 연 적이 있었다. 하지만 쓰나미가 발생하고 24시간도 안 되어 가이거 계수기는 찾을 수 없는 물건이 되어 있었다. 캘리포니아와 워싱턴 사람들이 방사선이 미국 서부 해안에까지 영향을 미치지 않을까 걱정한 탓도 일부 있었다.[8]

조이의 친구들 팀은 방사선의 영향을 받은 지역 전체에서 정확한 수치를 측정할 만큼 가이거 계수기를 확보하려면 스스로 만드는 수밖에 없었다. 보너는 도쿄 해커스페이스 (Tokyo HackerSpace), 그리고 아키바(Akiba)로 더 잘 알려진 크리스 왕(Chris Wang) 등과 연락이 닿았다. 크리스 왕은 프리크랩스 (Freaklabs)의 설립자이자 현재 게이오 대학 인터넷리서치 연구소의 연구원이다. '버니(bunnie)'[9]로 통하는 앤드루 황(Andrew Huang)도 합류했다. 앤드루 황은 조이의 오랜 친구이자 조이가 하드웨어에 관해 궁금할 때 찾는 전문가였다. 황은 MIT를 졸업하고 중국 하드웨어 산업의 역사를 쓰고 있는 기민한 친구였는데, 엑스박스[10]를 해킹한 것으로 유명했다. 그는 또 오픈소스 네트워크 하드웨어인 첨비(Chumby)를 만들었으며, 전 세계 사람들의 하드웨어, 펌웨어, 소프트웨어 설계를 돕고 있기도 했다.

팀원들은 4월 중순 후쿠시마에 도착해 일주일 뒤 측정을 시작했다. 이들은 길 이쪽과 저쪽의 수치가 전혀 다를 수도 있다는 것을 금세 알아챘다. 그러나 이용 가능한 자료는 넓은 지역에 걸친 수치의 평균을 낸 것이었다. 6개월 후 팀은 대피자들이 옮겨간 장소가 떠나온 장소보다 오히려 오염이 더 심했다는 사실을 알게 됐다. 정부의 자료는 상당량이 헬리콥터를 타고 날면서 수집한 것이었고, 자원봉사자들의 수치보다도 정확도가 더 떨어지는 것 같았다.

조이의 친구들 팀은 정보를 수집하기 시작했기 때문에 정보를 배포할 방법이 필요했다. 노스캐롤라이나의 공학자

에런 허슬리지(Aaron Huslage)가 조이를 마르셀리노 알바레스
(Marcelino Alvarez)에게 소개해 주었다. 오리건 주 포틀랜드에
있는 알바레스의 웹 모바일 회사 언코크트 스튜디오(Uncorked
Studios)는 이미 방사선 자료 집계 지도를 보여 주는 웹사이트를 오
픈한 상태였다. 로터스 노츠(Lotus Notes)를 만든 사람이자 마이크
로소프트에서 소프트웨어 설계 부문 최고 경영자를 지낸 레이 오
지(Ray Ozzie)는 자신의 전문 분야를 살려 데이터 분석 업무에 자
원했다. '세이프캐스트'라는 이름과 프로젝트의 URL을 만든 사
람도 오지였다. 그는 가이거 계수기를 차에 묶어 다니면 손에 들고
다니는 것보다 더 많은 데이터를 더 빨리 수집할 수 있다고 제안하
기도 했다. 보너와 프랭큰 그리고 도쿄 해커스페이스의 팀원들은
새로운 유형의 가이거 계수기를 설계하고 만들기 시작했다. 비가
이기(bGeigie)라고 부른 이 물건은 일본인들이 '벤토 박스'라고 부
르는 도시락 크기의 용기에 꼭 맞았고 그 안에 GPS 수신기도 들
어 있었다.

　　이제 필요한 부분은 모두 준비되었다. 킥스타터를 통한
모금과 리드 호프먼(Reid Hoffman), 디지털 개러지, 나이트 재단
(The John S. and James L. Knight Foundation) 등을 통해 추가로 지원
받은 돈까지 약 3만 7000달러 가까이 확보한 세이프캐스트는 일
본 전역의 시민 과학자들에게 가이거 계수기를 나눠 주고 자료를
수집하기 시작했다. 2016년 3월이 되자 이 프로젝트에서 수집한
자료는 5000만 데이터 포인트가 넘었고, 모두 크리에이티브 커먼
스(Creative Commons)의 CC0 공유 저작물로 지정해서 누구나 이
용할 수 있게 했다. 전 세계 연구자들은 세이프캐스트의 데이터를
보고 후쿠시마 다이이치에서 나온 방사선이 어떻게 퍼져 나갔는
지 더 잘 알게 되었을 뿐만 아니라, 여러 지역의 자연 방사선 정상
수준이 얼마인지도 알게 되었다. 이 정보 덕분에 과학자와 일반인

은 또 다른 원자력 사고가 발생했을 때 쓸 수 있는 유용한 기준치를 얻게 됐다.[11]

세이프캐스트는 지적 자본과 물리적 자본을 훨씬 더 효율적으로 조직화하는 방법을 알려 준다. '풀' 전략은 자재나 정보를 쌓아 두는 것이 아니라 필요할 때 참가자의 네트워크에서 자원을 끌어온다. 기존 회사에 근무하는 매니저에게는 비용을 줄이고 빠르게 변화하는 환경에 반응할 수 있는 유연성을 늘리는 전략이 될 수 있다. 그리고 가장 중요한 것은 창의성을 자극해 자신이 일하는 방식을 재고해 보게 된다는 점이다.

기업가(우리는 '기업가'라는 용어를 누구라도 좋은 아이디어나 열정이 있어서 청중을 찾을 수 있는 사람이라는 넓은 뜻으로 쓴다.)에게 풀 전략은 성공이냐 실패냐 하는 차이를 의미한다. 1장에서 다룬 '권위보다 창발' 원칙처럼 풀 전략은 새로운 방식의 통신, 시제품 제작, 자금 조달, 학습 등이 도입되면서 혁신의 비용이 줄어든 점을 적극 활용한다.

이른바 '푸시-풀' 전략은 원래 물류와 공급 사슬 경영 방면에서 시작되었다. 2005년 경영 컨설턴트인 존 헤이글(John Hagel)과 제록스의 수석 과학자를 지낸 존 실리 브라운(John Seely Brown)은 푸시-풀 개념을 훨씬 더 넓은 영역에 적용하는 글을 연이어 썼다. 특히 하드웨어 분야에서 잠재력이 대단했는데, 풀 전략을 사용하면 하드웨어 업계의 공급 사슬 전체를 바꿀 수도 있을 것처럼 보이기 때문이다. 풀 전략의 논리는 수요가 나타나기 전에는 공급도 시작되지 않아야 한다는 것이다.[12]

인터넷이 만들어 낸, 모든 게 뒤죽박죽 거꾸로인 세상에서는 인쇄기에서부터 소프트웨어 코드에 이르기까지 대차대조표의 '자산'란에 있는 것이 이제 기민성의 관점에서 '부채'가 된다. 대신 우리는 꼭 필요할 때에만 때맞춰 활용하고 풀어놓을 수 있는 자원을 사용하도록 노력해야 한다. 아마존은 고객들에게 아홉 개의 어마어마한 서버 팜(server farm) 한쪽 귀퉁이 아늑한 공간을 빌려준다. 가격은 철저하게 수요에 달렸다. 아마존 클라우드가 호스트하는 사이트는 갑자기 트래픽이 급증하더라도 얼른 다시 내려오고 시스템은 자동으로 조정된다.[13]

초창기부터 인터넷은 기술 전문가 데이비드 와인버거(David Weinberger)의 표현을 빌리자면 "작은 조각들이 서로 느슨하게 결합되어" 만들어졌다.[14] 인터넷은 전통적인 기업 모델과는 상반되지만, 특정한 니즈를 충족시키는 제품과 서비스를 제공하는 다양한 틈새 기업이 온라인에서 번창하게 했다. 이러한 제품과 기업이 다 함께 구성하는 복잡한 생태계는 톱다운 방식의 중앙 통제가 아니라 개방형 표준과 호환성에 의존한다.

대니얼 핑크(Daniel Pink)가 '동기 부여의 퍼즐(The Puzzle of Motivation)'이라는 제목의 TED 강연에서 말했듯 이것이 바로 전문가가 설계한 푸시 형태의 값비싼 제품인 마이크로소프트의 엔카르타(Encarta) 백과사전은 실패하고, 아마추어가 이끈 풀 형태의 플랫폼인 위키피디아는 대성공을 거두게 된 핵심적 차이다.[15] 이런 환경에서는 한 사람이나 한 조직이 네트워크를 지배하지 않는다. 대신 "개략적인 공감대와 실행 코드"라는 플랫폼 위에 네트워크가 만들어진다. 인용 구절은 IETF(Internet Engineering Task Force)의 모토인데, IETF 자체가 웹상에서 일어나는 기술적 문제들을 다루는 느슨한 조직이다.[16] 당초 사업을 하면서 보다 전통적인 접근법을 취한 AOL(America Online, Inc.) 같은 기업들은 새로운 환경에서 휘청거렸고, 트위터 같은 기업들은 번창했다.

AOL의 초창기 모델은 푸시 전략이었다. AOL은 소비자들에게 전체 서비스를 다 제공하면서 네트워크 접속을 통제하려 했다. AOL 제품은 종종 인터넷 표준과 호환이 되지 않았기 때문에 이렇게 하면 고객들을 '담 쳐진 정원'에 효과적으로 가둬 놓을 수 있었다. AOL이 나중에 알게 된 것처럼(더 빨리 더 잘 알았다면 주주들이 좋아했을 것이다.) 푸시 전략은 네트워크 자체의 내재적 속성, 다시 말해 네트워크의 DNA에 반한다. 블리자드 엔터테인먼트(Blizzard Entertainment) 같은 온라인 게임 회사들은 일찍부터 풀 전략을 받아들였고, 블리자드의 경우 서둘러 그것을 자사의 강점으로 만들었다. 블리자드는 플레이어나 팬 커뮤니티를 조직의 일부처럼 대했고, 실제로 많은 플레이어가 나중에 직원이 되었다. 플레이어들이 생각해 낸 아이디어는 게임의 일부가 되었다. 개발자들은 내부 작업 내용을 자주 공유하고, 심지어 팬들이 저작권 보호 콘텐츠를 이용해 영상과 기타 파생 제품도 제작할 수 있게 한다. 이런 시스템에서는 대체 회사의 경계가 어디까지고 어디서부터가 고객인지조차 잘 구분되지 않는다.

풀 전략은 부품이나 노동에만 활용되는 것이 아니라 금융 자본에도 적용된다. 킥스타터는 전통적인 자금 모집 수단보다 훨씬 더 빠르고 호응이 좋은 방식으로 원하는 것을 조달하게 해 준다. 크라우드펀딩을 보면 아마존 웹 서비스(Amazon Web Services, 부서명은 '분산 컴퓨팅' 사업부다.)의 바탕이 되는 것과 똑같은 논리가 금융 자본 모집에도 적용됨을 알 수 있다. 크라우드펀딩이라 하면 사람들은 종종 미심쩍은 신제품 아이디어를 떠올리지만, 익스페리먼트닷컴(Experiment.com)을 보면 똑같은 시스템을 사용해 진지한 과학 연구 자금을 마련할 수도 있다.[17]

크라우드펀딩보다 한 단계 더 진화한 크라우드소싱은 독립적으로 일하는 제작자들이 저렴한 가격으로 자원을 확장할 수 있는 선택권을 제공한다. 스타트업이나 개인들은 엔지니어, 디자이너, 프로그래머를 잔뜩 고용해서 팀을 꾸리는 대신, 필요한 기술을 제공해 줄 프리랜서와 자원자로 구성된 글로벌 커뮤니티를 활용할 수 있다. 물론 이것은 1장에서 다룬 창발적 시스템과도 연결된다. 이 책의 원칙들 중 어느 것도 진공 상태에 존재할 수는 없기 때문이다. 원칙들은 서로서로 영향과 정보를 주고받는다.

　　세이프캐스트 프로젝트는 급변하는 환경에서는 오픈 소프트웨어 및 하드웨어 운동을 따르는 자원자 그룹이 정부가 제공하는 공식 툴보다 더 정확하고 유용한 툴을 만들어 낼 수 있음을 보여 주었다. 세이프캐스트 팀은 피해를 당한 동네에 실제로 쓸 수 있는 데이터를 제공해서 이웃과 스스로를 돌볼 수 있게 했고, 여기에서 영감을 얻은 주민들은 세이프캐스트 팀이 전 세계 다른 사람들 역시 도울 수 있도록 재단을 만들기도 했다.

　　세이프캐스트 팀이 그토록 금방 동원될 수 있었던 이유 중 하나는 소셜 미디어를 비롯한 온라인 툴을 이용할 수 있었기 때문이다. 같은 생각을 가진 혁신가들은 온라인 툴의 도움을 받아 커뮤니티를 만들고 지식과 용기 같은 눈에 보이지 않는 자원들을 공급할 수 있었다. 이렇게 확장된 네트워크는 툴, 작업 공간, 제조 시설 등을 찾아내는 데도 도움을 주었다. 그 결과 혁신에 들어가는 비용을 더욱 낮추고 중앙 당국의 지시 없이도 새로운 아이디어와 프로젝트가 출현하게 했다.

　　이런 프로젝트는 많은 경우 현대적 시제품 제작 기술과 공급 사슬에서도 도움을 받았다. 덕분에 소프트웨어에서 일어난 것과 똑같은 저비용의 빠른 혁신이 하드웨어에서도 가능해지고 있다. 독립적으로 일하는 제작자들이 몇 년 전만 해도 시도할 수 없었던 정교한 소비자 제품을 개발할 수 있게 된 것이다. 이런 트렌드가 가속된다면 작은 스타트업과 개인 발명가들이 생산하는 혁신적 하드웨어를 그 어느 때보다 많이 보게 될 것이다.

혁신에 들어가는 비용이 계속 하락한다면 권력자들에 의해 한쪽 옆으로 밀려나 있던 모든 커뮤니티가 조직을 결성해 사회 및 정부에 적극적으로 참여할 수 있을 것이다. 창발적 혁신의 문화 덕분에 누구나 서로에 대해, 그리고 세상 전체에 대해 주인의식과 책임감을 느끼게 될 것이다. 그리고 그렇게 된다면 법과 정책을 입안하는 당국보다 더 오래 지속되는 변화를 만들어 낼 수 있을 것이다.

_____

대부분의 사람은 수학을 못한다고 말한대도 제러미 루빈(Jeremy Rubin)과 같은 뜻은 아닐 것이다. 얼마 전 MIT를 졸업한 루빈은 취미로 롱보드를 타는 것 외에 우리가 '돈'이라 부르는 교환 수단을 근본적으로 재창조하는 일을 하고 있다. "저는 타고나기를 숫자에는 약한 것 같아요. 그래서 뒤처질까 봐 걱정이 됐죠." 루빈은 고등학교 시절 어느 주말에 한 학기 분량의 수학 문제를 모조리 훑어봤던 이유를 설명하면서 이렇게 말했다. "여기에서 제가 배운 가장 중요한 교훈은 노력에 관한 것이었어요. 뭔가를 배우고 싶으면, 뭐라도 정말 배우고 싶으면 억지로라도 앉아서 노력해야 해요."[18]

대학교 2학년이던 2013년 가을 루빈은 다섯 과목의 수업을 듣는 것 외에 친구들과 함께 티드빗(Tidbit)이라는 회사를 설립했다. 디지털 화폐 비트코인(Bitcoin)과 관련된 회사였다. 이 프로젝트는 혹시라도 차세대 빅 싱(big thing)을 찾을까 싶어 MIT 등의 대학 근처를 끊임없이 어슬렁거리는 벤처 캐피털리스트들의 관심을 끌었다. 그런 관심이 반가웠지만 덕분에 과로로 탈진하다시피 했다고 루빈은 회상했다.

그런데 더 안 좋은 일이 벌어졌다. 12월 9일 아침 루빈의 우편함에는 두꺼운 서류 봉투가 끼워져 있었다. 뉴저지 주 법무 장관이 보낸 소환장 및 질문서는 티드빗의 소스 코드 및 그와 연계된 비트코인 계정을 요구하고 있었다. 또한 "당신이 행한 모든 보안 위반과 컴퓨터 무단 접속에 관련된 모든 문서 및 서신"을 포함해 루빈 회사의 설립과 관계된 모든 정보를 내놓으라고 했다.[19] 루빈은 기말 시험이 있는 주를 이렇게 시작하는 것은 아니라는 생각이 들었다.

새로운 디지털 아이디어들이 흔히 그렇듯, 티드빗도 해커톤(hackathon, '해킹'과 '마라톤'의 합성어로 기간을 정해 놓고 최고의 소프트웨어를 만들어 내는 사람을 가리는 행사 형식의 대회)에서 떠오른 영감이 발단이었다. 말하자면 데드라인의 압박을 심하게 받으면서 레드불 같은 각성 음료에 젊음의 패기가 더해져 나온 산물이었다. 루빈이 참가한 해커톤, 그러니까 노드 녹아웃(Node Knockout)이라는 이름으로 해마다 열리는 경진 대회의 요구 사항은 단 하나였다. 흔히 쓰는 자바스크립트 서버인 노드제이에스(Node.js)를 이용해야 하고, 정해진 48시간이 지나면 제출해야 한다는 것이다.

루빈과 친구들이 그 이틀간 만들어 낸 결과물을 보면 푸시보다 강한 풀 전략에 관해 많은 것을 알 수 있다. 아직도 많은 오해를 받는 두 전략 사이의 문화 충돌은 왜 일어나는 것인지, 왜 이 학생들은 자신의 아이디어가 당국의 분노를 살 것임을 예상하지 못했는지, 또 당국은 왜 그런 소프트웨어 프로그램(자기 컴퓨터의 남는 처리 능력을 팔면, 짜증 나는 웹 광고를 보지 않아도 되는 아주 현대적인 사치를 누리게 해 주는 프로그램)을 상상하지 못했는지에 관해서도 말이다.

이 책에서 소개하는 다른 원칙들과 마찬가지로, 푸시 전략이 풀 전략보다 유리하다는 생각은 아이디어라기보다 '직관'에 가깝다. 티드빗은 비트코인의 기본적 속성 하나를 영리하게 활용했다. '이용자들이 직접 통화를 만들어 낸다.' 이런 '채굴자(miner)'들은 발생하는 모든 비트코인 거래를 블록 체인이라는 중앙 원부에 기록하도록 자신의 컴퓨터를 설정한다. 이 작업은 수학적으로 워낙 복잡해서 어마어마한 연산 능력이 필요하다. 예컨대 중국에는 아무것도 안 하고 종일 비트코인만 채굴하는 광대한 서버 팜이 있을 정도다.

두꺼운 치노 반바지에 빛바랜 티셔츠를 입고 스케이트보드를 든 루빈은 MIT 학부생의 다수를 구성하는 야망 넘치는 프로그래머나 과학자, 기업가와 별반 다를 바 없어 보인다. 하지만 루빈의 머릿속은 어떤 사람들에게는 도저히 맞지 않을 정도의 강도로 지독하리만큼 바쁘게 돌아간다. 해커톤에 참가하는 훌륭한 선수들이 으레 그렇듯이 루빈과 친구들은 기존의 문제점 중 자신들의 기술을 써서 해결할 수 있는 것이 무엇일지부터 찾기 시작했다. 이들이 찾아낸 문제점은 뉴스 미디어의 가장 중요한 사업 모형인 광고가 온라인에서는 먹히지 않는다는 점이었다. 점점 더 공격적이고 침투적인 광고로 독자들을 항복시킬 것이 아니라 독자들이 남는 CPU, 잉여 컴퓨팅 파워를 기부하게 만들면 어떨까? 독자들이 사이트에 접속해 있는 동안 그들의 컴퓨터가 비트코인을 만드는 데 필요한 힘든 수학 작업의 일부를 수행하게 하는 것이다. 해커톤이 끝났을 때 루빈 팀은 이 아이디어의 기본적인 사업 논리를 이미 증명했을 뿐만 아니라, 이를 실행하기 위해 웹사이트들이 설치할 수 있는 근사한 작은 앱도 만든 상태였다. 그리고 이 모든 작업은 배후에서 일어나게 되어 있었다. 독자들은 일단 동의하고 나면 자신의 컴퓨터가 비트코인 채굴 작업을 시작한지조차 모를 것이다.

노드 녹아웃 해커톤은 루빈 팀에게 혁신 부문 1등상을 주었다. 루빈과 친구들이 뉴스 미디어 역사상 가장 큰 위기를 해결한 것은 아니었지만, 이들의 천재적인 접근법은 벤처 캐피털리스트들의 관심을 끌었고, 팀원들은 유한책임회사를 만들어 회사를 출범시킬 생각을 하고 있었다. 안 될 이유가 뭐가 있을까? 해커톤에서 젊은 혁신 회사가 태어난 것이 처음도 아닌데.

그때 뉴저지 주에서 연락이 온 것이다. 법무 장관은 루빈이나 티드빗이 특정 범죄를 저질렀다고 기소한 것은 아니었다. 그러나 소환장에 쓰인 언어를 보면 주 정부의 컴퓨터 사기법을 적용한 것 같기도 했다. 컴퓨터 사기법에는 엄한 처벌이 따르는 경우도 있었다. 그 전해에 뉴저지 주는 비디오 게임 대회를 조직한 이스포츠 엔터테인먼트(E-Sports Entertainment)를 기소했는데, 속임수 사용을 막기 위한 소프트웨어에 악성 코드를 심었다는 죄목이었다. 뉴저지 주는 그 결과 1만 4000명에 이르는 가입자들이 자신도 모르는 사이에 컴퓨터를 장악당했고, 이 컴퓨터들은 사실상 비트코인 채굴 노예가 됐다고 주장했다. 사건은 결국 합의로 일단락되었지만, 이스포츠 엔터테인먼트의 사장은 사기에 가담한 사실을 인정했다.

2014년 1월 디지털 권리 옹호 그룹인 전자 프론티어 재단(Electronic Frontier Foundation)이 루빈의 사건을 맡았다. 한편으로 티드빗의 소프트웨어는 이론상 실제로 비트코인 채굴에 이용될 수 있었다. 그러나 다른 한편으로는 로빈이 재빨리 지적했듯이 이용자들이 프로그램에 동의해야만 했다. 게다가 티드빗의 코드는 한 번도 작동한 적이 없었다. '콘셉트 증명' 차원에서, 아이디어를 보여 주기 위해 한정된 환경에서 이 코드가 작동한다는 사실을 시연했을 뿐이다. 주 당국은 이 코드가 뉴저지 주에 있는 주민 세 사람의 컴퓨터에서 비밀리에 채굴 작업을 하고 있는 것을 발견했다고 주장했다. 덕분에 루빈은 대학교 2학년과 3학년 내내 사기도 아니고 작동도 안 하는 프로젝트 때문에 기소되지 않을까 전전긍긍해야 했다.

―――――

과학자나 발명가들은 중요한 발견에 대해서는 너도나도 내가 한 일이라고 주장하고 싶어 한다. 그러니 ATM 기계 이후 금융 분야의 가장 큰 혁신이라 할 사건의 배후가 줄곧 철저히 익명으로 남아 있다는 것은 도무지 알 수 없는 우리 시대의 미스터리다. 시작은 2008년 11월 1일이었다. 자신을 사토시 나카모토라 부르는 누군가가 암호 전문가 메일 수신자 리스트에 이런 글을 올렸다. "비트코인: P2P 전자 현금 시스템."[20]

소개 글에 그는 이렇게 썼다. "나는 공신력 있는 제3의 기관 없이, 완전한 P2P 형태의 새로운 전자 현금 시스템을 만들려고 노력해 왔다.…… 주요 특징은 다음과 같다. P2P 네트워크를 통해 이중 사용을 방지한다. 조폐국 기타 공신력 있는 제3의 기관은 없다. 참여자들은 익명을 유지할 수 있다. 새로운 코인은 해시캐시 스타일의 작업 증명 방식으로 만들어진다. 새로운 코인 생성을 위한 작업 증명을 통해서도 네트워크는 이중 사용을 방지할 수 있다." 이게 다 무슨 말인지 암호 전문가가 아니라면 귀에 들어오지 않을 것이다. 그러니 아주 쉽게 설명해 보자.

일단 비트코인은 다른 많은 기술 혁신들과는 달리 충분히 호들갑을 떨 만하다. 수백만 명을 빈곤에서 구할 수도 있고, 현대식 은행 시스템을 고풍스러운 유물로 바꿔 버릴 수도 있으며, 돈 없이도 제대로 기능하는 돈의 제조라는 마법 같은 일을 수행할 수도 있다. 비트코인이라는 화폐 자체는 완전히 붕괴해서 「궁금증 해결사」 같은 텔레비전 프로그램에나 등장하는 물건으로 전락하는 일도 충분히 가능하다. 그러니 관심을 기울여야 할 훨씬 중요한 두 번째 이유는 비트코인을 가능하게 하는 블록체인(blockchain)이라는 기술 때문이다. 블록체인은 화폐나 금융 서비스의 미래를 훨씬 뛰어넘는 여러 시사점을 내포하고 있다. 우리 예상에 블록체인은 개인 및 기관 사이의 관계 자체를 변화시켜 권위라는 것의 본질을 뒤흔들 가능성이 있다.

블록체인은 간단히 말해 모든 비트코인 거래가 기록되는 공공 원부다. 비트코인과 블록체인의 중요성은 그 구조에 있다. 이 구조는 기본적으로 네트워크가 그 형성과 유지 관리에 필요한 자원을 '풀' 한다는 생각을 가지고 간다. 중앙 지휘부에서 그런 자원의 조직화를 '푸시'할 필요가 없는 것이다.

사토시의 비트코인 논문은 제3자의 개입 없이 전자 결제를 보내는 탈중앙집권화된 방법을 설명한다. 중앙은행이 화폐를 발행할 필요도 없고, 중개자가 거래를 보증할 필요도 없다. 역사적으로 인간이 화폐에 기대해 온 그런 확신을 대신 제공하는 것은 바로 네트워크 자체다. 각 비트코인이 오직 하나뿐인 고유한 것임을 보장하기 위해, 이용자가 해당 비트코인으로 한 번 이상의 구매를 하는 식으로 사실상 비트코인을 이중 사용할 수 없도록 거래의 세부 사항은 네트워크 전체에 방송되어 공공 원부, 즉 블록체인 속으로 들어간다.

아무래도 가명인 듯한 이름의 사토시가 만약 이런 거래를 기록할 임무를 개인들에게 맡기는 시스템을 만들었다면, 비트코인은 암호학 연보에나 실릴 또 하나의 이름 없는 학술 논문으로 남았을 것이다. 하지만 그는 사람들의 소유욕을 활용해 자발적으로 그 일을 하게 만들었다.

제대로 기능하는 화폐를 만들기 위해 사토시는 인위적으로 희소성을 만들어야 했다. 비트코인의 수가 한정되지 않는다면, 1920년대 독일 마르크화 같은 꼴이 날 테니 말이다. 금은 원래가 희소한 자원이다. 달러는 미국 재무성이 통화 공급을 조절하기 때문에 희소하다. 사토시는 비트코인의 경우 하나하나의 비트코인을 만들어 내는 데 상당한 정도의 컴퓨팅 파워가 필요하기 때문에 희소성이 생기도록 했다. 각 코인은 실제로는 디지털 서명들이 이루는 긴 사슬이다. 새로운 코인을 만들어 내려면 모든 거래를 블록에 기록해 대략 시간당 여섯 번씩 블록체인에 추가해야 한다. 이런 작업 증명 공식은 거래를 확증하기는 아주 쉽지만 속이기는 거의 불가능하게 만든다. 왜냐하면 모든 비트코인 거래는 그 앞에 오는 모든 거래에 대한 해시(hash)라고 하는 식별 숫자를 포함하기 때문이다.

비트코인의 전체 개수가 제한되어 있고(현재 코드로는 2100만 개 이상은 생산될 수 없다.) 블록이 만들어지는 속도는 꽤 꾸준하기 때문에 각 블록이 만드는 비트코인의 수는 시간이 지나면서 줄어들 수밖에 없다. 이렇게 해서 시스템은 거래를 확증하기 위해 사용된 작업 증명 기능이 점점 어려워지게끔 설계했고, 그 결과 새로운 비트코인을 채굴하기는 점점 더 어려워진다. 블록체인이 만드는 비트코인의 수는 4년마다 50퍼센트씩 감소하도록 설정되어 있다. 그 결과 최초 비트코인 채굴자는 자신의 PC로도 블록체인의 유효성을 확인할 수 있었지만, 오늘날 채굴자는 특수화된 최첨단 서버 팜을 이용한다. 2014년 말 이러한 운영 시설 중 하나로 중국에 여섯 개의 사이트가 있었는데, 합쳐서 초당 8페타(peta) 해시의 계산을 해내면서 매달 4050개의 비트코인을 생성했다. 이 어마어마한 작업이 전 세계 비트코인 채굴 작업의 고작 3퍼센트밖에 안 된다는 사실은 비트코인 시장이 얼마나 커졌는지를 단적으로

보여 준다.[21]

사실 이 책의 출판 준비 중에 비트코인은 두 번째 반감을 겪었다. 초당 생성되는 비트코인의 수가 절반으로 줄어든 것이다. 첫 번째 반감 직전에 비트코인 하나의 가치는 12달러 정도였다. 몇 달 후 가격은 열 배 이상 뛰었다. 첫 번째 반감이 있기 전에는 무슨 일이 벌어질지에 대해 의견이 분분했다. 사람들은 공급이 줄어 가격이 갑자기 치솟을 것이라고 했고, 게임 이론가들은 채굴자들이 마지막 큰 보상이 걸린 블록을 놓고 싸우거나 자신의 컴퓨터를 완전히 꺼 버릴까 봐 두려워하기도 했다. 비트코인의 경제 정책을 모르는 많은 행복한 이용자들은 아무 생각이 없었고 말이다. 그런데 실제로 첫 번째 반감이 일어났을 때는 비교적 조용히 지나갔다. 비트코인 경제의 복잡성을 고려하면 미래를 예단할 생각은 없지만, 보조금이 0이 되기 전까지 장시간에 걸쳐 반감이 64번은 더 있을 거라는 점은 말할 수 있다. 다시 말해 반감이 비트코인 생태계에 어떤 영향을 끼칠지에 관해 논의할 기회가 64번은 더 있는 것이다.

비트코인이 탈중앙집권적으로 설계된 것은(비트코인은 중앙은행이나 정부 당국이 아니라 CPU와 암호화된 알고리즘에 의존한다.) 사토시가 전통적 금융 거래를 불신했던 데서 영향을 받은 것으로 보인다. 비트코인 시스템을 설명하는 한 글에서 사토시는 이렇게 썼다. "전통적 화폐의 근본적인 문제점은 화폐가 제 기능을 하려면 어마어마한 신뢰가 필요하다는 점이다. 중앙은행이 화폐의 가치를 하락시키지 않을 거라는 확실한 믿음이 있어야 하는데 법정 화폐의 역사를 보면 그런 신뢰가 깨진 경우가 수두룩하다. 은행들이 우리 돈을 보유하고 전자적으로 이체할 거라고 신뢰할 수 있어야 하는데, 은행들은 신용 거품의 물결을 타고 보유금도 거의 남겨 두지 않은 채 돈을 빌려주고 있다." 어쩌면 사토시는 암호화 화폐를 만든 동기에 관한 또 다른 언급을 최초의 블록(genesis block)에 새겨 두었는지도 모르겠다. 그는 파라미터에 이렇게 적고 있다. "2009년 1월 3일 재무 장관이 은행들의 두 번째 구제 금융을 선언하기 직전."[22]

50개의 비트코인을 생산한 최초 블록을 만들고 며칠 만에 사토시는 오픈소스 비트코인 소프트웨어 플랫폼의 첫 버전을 내놓았다. 인터넷 보안 전문가 댄 카민스키(Dan Kaminsky)에 따르면 C++로 쓴 사토시의 이 프로그램은 뚫기가 거의 불가능했다고 한다. 2011년 《뉴요커》와의 인터뷰에서 카민스키는 이렇게 말했다. "처음 그 코드를 봤을 때는 내가 깰 수 있을 거라고 확신했어요. 전체 포맷이 말도 안 되는 방식이었죠. 전 세계에서 가장 편집증적인 프로그래머가 갖은 수고를 아끼지 않아야만 실수를 피할 수 있는 상태였어요." 그런데 틈을 찾아냈다 싶을 때마다 카민스키는 사토시가 그 틈을 막아 놓은 것을 발견했다. "내가 정말 멋진 버그들을 찾아냈죠. 하지만 코드를 따라가 보면 번번이 그 문제에 대한 대처가 코딩 되어 있었어요."[23]

신뢰와 권위를 은행이나 정부가 아닌 네트워크의 영역(말 그대로 P2P 솔루션)으로 만듦으로써 사토시는 '사회'로서의 우리가 발전해 나가는 길에 하나의 이정표를 마련했다. 또한 시스템을 그토록 복잡하면서도 동시에 우아할 만큼 간단하게 만든 것은 예술 작품을 하나 창조했다고 해도 될 정도다.

귀찮은 광고를 없애 주고 제4신분에게 다시 확고한 금융 발판을 만들어 주기 위해 제러미 루빈이 설계한 티드빗 시스템도 비슷한 식으로 만들어졌다. 두 시스템 모두 자원을 가장 잘 조직화하고 할당할 수 있는 방법은 끌리는 제안을 내놓는 것이라고 생각했다. '돈을 직접 만드세요!' '여기에서 광고 없는 뉴스를 보세요!' 그리고 복잡하고 깊숙이 상호 연결된 네트워크로 사람들이 조직화되게 해 주면 나머지는 모두 해결된다. 이 아이디어는 수백 년간 이어져 온 조직적 사고에 반하는 것이다. 그러니 뉴저지 주 법무 장관실에서 티드빗의 의도를 완전히 이해하지 못했어도 용서받을 수 있는 일일 것이다.

2015년 5월 뉴저지 주는 루빈이 한 번도 어긴 적 없는 법률들을 계속해서 준수하기로 약속하는 조건 아래 소환장을 철회했다. "브라우저 기반의 비트코인 채굴이 광고로 운영되는 콘텐츠를 대체할 수 있든 없든 상관없이, 뉴저지 주는 이용자의 컴퓨터를 비트코인 채굴에 동원하려고 시도하는 그 어떤 기술에도 철퇴를 내리겠다는 신호를 보냈습니다. 해당 이용자가 그런 교환에 동의하더라도 말이죠." 오랜 시민 미디어 학자이자 MIT 미디어랩에서 루빈의 자문을 맡고 있기도 한 이선 저커먼(Ethan Zuckerman)의 말이다.[24]

한편 루빈은 어느새 새로운 논란의 중심에 서 있었다. 사토시는 디지털 화폐가 직면한 많은 기술적 장애물은 해결했을지 몰라도, 인간의 본성을 해결하기 위해 할 수 있는 일은 별로 없었다. 비트코인 커뮤니티 내부의 두 파벌 사이에 내분이 일어났다. 표면상으로는 블록체인에 있는 각 블록의 크기를 둘러싼 불화였지만 탈중앙집권화와 관리에 관한 핵심 이슈와도 맞물려 있었다. 리더가 없는 조직의 단점 중 하나를 보여 주는 사례였다. 루빈이 그 자리에 들어와 있었다. "서로 상대편이 비트코인을 '소유'하려 한다고 비난해요. 문제는 양쪽 다 옳다는 거죠. 어느 한쪽이 성공한다면 비트코인에 최악의 일이 될 수도 있어요. 비트코인은 소수의 내부자가 아니라 모두에게 속해야 합니다." 루빈의 말이다.

3월 11일 지진이 나고 거의 한 달이 지나도록 일본 정부는 후쿠시마 멜트다운에서 나온 방사선 데이터를 공개하지 않았다. 방사선 감시기를 직접 만들었다는 자원봉사 네트워크에 관한 소문이 인터넷에 돌아다니기 시작했다. 4월 25일 조이와 핵심 그룹의 디자이너, 기업가, 소프트웨어·하드웨어 해커 들은 도쿄에서 만나 브레인스토밍을 했다. 그날 이들이 만든 것이 뼈대가 되어 나중에 세이프캐스트가 만들어진다.

세이프캐스트의 설립자들은 풀 전략의 힘을 이용해서 프로젝트에 필요한 인적 자본을 끌어왔듯이 금융 자본도 같은 식으로 끌어왔다. 크라우드펀딩 사이트인 킥스타터에 프로젝트를 올린 세이프캐스트는 목표했던 3만 3000달러가 넘는 돈을 모아 가이거 계수기를 구입해서 나눠 줄 수 있었다.

AOL 사례가 기억날 것이다. AOL과는 대조적으로 트위터 같은 회사들은 이용자가 네트워크 전반에 걸쳐 자신에게 도움이 되는 정보를 수집하고 관계를 구축하게 해 준다. 다양한 네트워크에서 만들어진 관계들은 참여자가 폭넓은 사람들을 접하고 지식을 확보하게 돕는다. 존 실리 브라운은 기업이 생각을 바꾸었을 때 이러한 네트워크가 제공할 수 있는 자연스러운 효율성에 주목하고, 『끌어당김의 힘(The Power of Pull)』(2010)에서 풀 전략을 대중화했다.[25]

관계로 짜인 튼튼한 그물망에는 약한 부분도 있고 강한 부분도 있다. 마크 그래노베터(Mark Granovetter) 박사는 큰 반향을 가져온 1973년의 논문 「약한 고리의 힘(The Strength of Weak Ties)」에서 약한 고리(가볍게 아는 사람이나 친구의 친구를 연결하는 고리)는 커뮤니티들 사이에 다리를 놓아 서로 잘 모르는 사람들 사이에도 신뢰와 연결의 느낌을 만들어 줄 잠재력이 있다고 했다.[26] 약한 고리를 넓게 가진 사람은 네트워크에서 자원을 끌어올 기회가 더 많다. 말콤 글래드웰(Malcolm Gladwell)이 말한 것처럼 "친구 말고 '지인'들이야말로 새로운 아이디어와 정보를 얻을 수 있는 가장 훌륭한 원천이다."[27]

우리가 약한 고리에서 영감을 얻는다면, 강한 고리는 우리의 성과에 가장 큰 영향을 줄 수 있다. 이브알렉상드르 드 몽주아(Yves-Alexandre de Montjoye)가 이끈 MIT 미디어랩과 덴마크 기술 대학 연구 팀은 경쟁 환경에서 복잡한 문제를 풀어야 하는 팀의 성공 여부를 가장 잘 예측하는 요소는 팀원들 사이의 고리(유대감)의 튼튼함이라는 것을 발견했다.[28]

강한 고리는 위험하거나 혁명적인 사회 운동에 참여하는 사람들에게도 매우 중요하다. 1964년 '프리덤 서머(Freedom Summer)' 투쟁 기간 동안 스탠퍼드 대학의 사회학자 더그 맥애덤(Doug McAdam)은 다른 자원봉사자들과 개인적으로 강한 고리가 있는 자원봉사자들이 그 '미시시피 여름 프로젝트' 동안 남부에 남을 가능성이 더 높다는 사실을 발견했다. 날마다 물리적인 위협이 도사리고 있었는데도 말이다.[29] 연구자들은 '아랍의 봄'을 포함한 다른 사회 운동에서도 비슷한 패턴을 발견했다. 참여자들은 약한 고리를 통해 정치 운동에 들어오기도 하지만, 해당 운동에 계속 남게 만드는 강한 고리였다.

글래드웰을 비롯한 이들은 트위터나 페이스북 같은 온라인 소통 플랫폼이 강한 연결 고리를 만들어 낼 수 있다는 데 회의적이지만, 그래노베터 박사의 생각은 다르다. 그는 최근 UCLA의 라메시 스리니바산(Ramesh Srinivasan)과 애덤 피시(Adam Fish)의 연구 결과를 인용하면서 온라인 소셜 네트워크가 지리적으로 혹은 정치적으로 떨어져 있는 사람들 사이에 강한 고리를 유지하는 데 유용할 수 있다고 했다.[30] 2007년 스리니바산과 피시는 키르기스스탄의 운동가들이 소셜 미디어 플랫폼을 이용해 뜻을 함께 하는 전 세계 네트워크들과 소통하며 국경을 넘어 강한 고리를 만들어 내는 것을 발견했다.[31] MIT 미디어랩에서 시민 미디어 센터(Center for Civic Media)를 맡고 있는 이선 저커먼은 그래노베터 박사가 연구한 지역별 네트워크와는 달리, 그러한 국제적 네트워크들이 포함하는 강한 고리들은 네트워크 사이에 다리를 놓아서 나의 네트워크가 더 크게 성장할수록 동원할 자원도 더 많아지게끔 기능한다고 지적하기도 했다.[32]

세이프캐스트가 바로 이런 역학 관계를 보여 주는 사례다. 인류학자 마거릿 미드(Margaret Mead)가 살던 시절에는 그녀의 유명한 주장처럼 세상을 바꿀 수 있는 것은 '소규모 그룹의 사려 깊고 헌신적인 시민들'뿐이었을지도 모른다.[33] 하지만 세이프캐스트는 그 헌신적인 시민들 그룹의 산물이라기보다 그러한 그룹의 느슨한 고리로 이루어진 확장된 네트워크의 산물이었다. 세이프캐스트는 대형 시민 과학 운동으로 빠르게 성장했다. 조이와 그의 인맥 좋은 두 친구들 사이에 오갔던 이메일들은 어떤 운동의 기초를 만들었다기보다 그저 성냥불 하나를 밝힌 것에 가까웠다. 참여자 중 다수가 자신의 분야에서 전문가였지만 그들이 한 일에 대한 외부 보상은 전혀 없었다. 오직 공공의 건강과 안전에 이바지했다는 내적 만족이 전부였다. 대니얼 핑크(Daniel Pink, 미국의 뉴웨이브 경제지《패스트 컴퍼니(Fast Company)》의 편집 위원)가 말했듯 내적 보상은 외적 보상보다 더 높은 수준의 동기 부여와 결과로 이어진다.[34]

이것이 바로 푸시 전략보다 우월한 풀 전략의 힘이다. 풀 전략은 최신 소통 기술과 줄어든 혁신 비용을 활용해 중심에서 주변으로 권력을 이동시킨다. 그렇게 함으로써 뜻밖의 발견이 이뤄지고, 혁신가들이 자신의 열정을 파고들 기회가 제공된다. 풀 전략이 최고로 발휘되면 사람들은 자신이 필요로 하는 것뿐만 아니라 필요하다는 사실조차 몰랐던 것들까지 발견하게 된다.

PS.

뜻밖의 발견은
운이 아니다

어릴 때부터 나는 집중하라는 얘기를 수없이 듣고 자랐다. 집중, 집중, 집중해. 나는 고도로 집중하는 것은 아주 잘하지만 집중을 계속 유지하지는 못한다. 나는 신나는 일이 너무 많아서 보통은 온갖 것에 다 집중하게 되고 만다. 나는 주변시(周邊視)가 지나치게 발달했다.

존 실리 브라운이 '끌어당김의 힘'에 관해 처음 이야기해 줬을 때 나는 나 자신의 사고에 관해 생각해 볼 수 있었다. 이 장에서 말했듯 세상은 바뀌고 있다. 자원과 정보를 쌓아 놓고, 모든 걸 통제하고 계획하고, 중심부에서 끝으로 메시지와 명령을 푸시하는 것이 아니라, 혁신은 이제 끝에서부터 일어나고 있다. 자원은 필요할 때 끌어온다. '재고'에서 '흐름'으로 세상이 이동하고 있는 것이다.

나는 내가 어디로 가고 싶은지 일반적 궤적을 설정해 보려 노력한다. 하지만 동시에 뜻밖의 발견을 받아들이고 내 네트워크가 제공하는 자원을 통해 임의의 사건이 아주 중요한 일로 바뀌는 것도 허용하려 한다. 나는 사회학자 마크 그래노베터의 '약한 고리의 힘' 이론을 적극 받아들인다. 종종 가장 가치가 높은 것은 평소의 내 권역을 벗어난 관계들이다.

그러나 뜻밖의 발견은 단순한 운이 아니다. 그러한 발견은 약한 고리가 풍부한 네트워크와 환경을 만들어 내고, 주변시 스위치를 '켜 두고', 열정적으로 참여해서 상호 작용을 촉진하고 이끌어 낸 결과다.

버섯 채취꾼 같은 사람들은 아주 예민한 주변시를 요하는 작업을 할 때 극도로 현재에 집중하고 의식을 곤두세운다. 평소 같으면 걸러 냈을 움직임이나 패턴까지 두 눈과 정신이 인식하게 만든다. 그래야만 버섯이, 다른 때 같으면 감지하지 못했을 기회가 눈에 들어온다.

살면서 주변시 모드와 집중-실행 모드를 자유롭게 오갈 수 있는 능력은 뜻밖의 발견을 하는 데 가장 중요한 능력 중 하나일 것이다. 그다음으로 중요한 것은 그런 '운 좋은' 사건을 진짜 기회로 바꾸는 것이다.

문제는 전통적인 교육 체계와 기업 교육 대부분이 집중과 실행에 보상을 준다는 점이다. 이렇게 되면 '선지자'가 될 기회는 줄어들 수밖에 없다. 우리의 교육은 너무나 많은 부분이 상상과 탐구보다는 이미 알려진 문제를 해결하는 데 집중되어 있다.

'푸시보다 풀 전략'을 택하려는 사람은 온전히 깨어 있고, 현재에 집중하고, 탐구와 호기심을 통해 넓은 네트워크를 발달시킬 수 있어야 한다. 다양한 관심사를 유지하고, 기회나 위협이 나타날 때 재빨리 반응할 수 있어야 하며, 과거나 미래에 너무 많이 초점을 맞추면 시야가 좁아지고 변화, 기회, 위협에 반응할 능력은 줄어든다. 헌신과 열린 마음이 필요한 선 수련이나 무술 훈련과 여러모로 비슷한 일이다.

조이 이토

지도보다
나침반

**Compasses
over
Maps**

뉴욕 시 교외에 사는 잭이라는 아이는 알고리즘을 일종의 나침반처럼 생각한다. 몇 해 전 잭은 세상을 작동시키는 숨겨진 패턴을 보는 능력, 이미 21세기의 구성 원리 중 하나가 되어 버린 이 능력을 얻었다. 생활 속 정말 많은 물건들은 특별하든, 평범하든 일련의 정확한 지시에 따른 행동을 보여 준다. 손전등은 버튼을 누르면 불이 켜진다. 한 번 더 누르면 빛이 더 밝아지고, 5초 정도 기다렸다가 다시 누르면 꺼진다. 그 순간 아이는 인간은 의도를 논리로 변환시킬 수 있다는 것, 그리고 그 논리는 아무리 복잡하더라도 분석하고 실험하고 이해할 수 있다는 것을 깨닫게 된다. 이 순간이 아이에게는 더 이상 마법을 믿지 않게 되거나, 관점에 따라서는 더 이상 마법을 '발견하지' 못하게 되는 순간이다.

"정말 놀라웠죠." 잭의 아버지 데이비드 시걸(David Siegel)은 말한다. "뭐든 보기만 하면 그 뒤에 숨은 알고리즘을 알고 싶어 했어요."[1] 스크래치(Scratch, 아이들이 애니메이션이나 비디오 게임을 만들게 해 주는 응용 프로그램)로 프로그램을 짜기 시작한 지 얼마 안 되어서 잭은 사실상 반에서 IT 전문가가 되었고, 선생님들의 컴퓨터와 스마트 보드를 고쳐 주고 있었다.

그런데 공교롭게도 데이비드 시걸 역시 알고리즘을 본다. 아들과 마찬가지로 시걸도 언제나 인간의 행동을 지배하는 숨겨진 알고리즘을 찾아다닌다. 그리고 시걸은 그런 통찰을 글로벌 금융 시장이라는 특유의 복잡한 시스템에 적용해 생계를 잘, 그것도 아주 잘 꾸리고 있다. 아들과 달리 시걸은 자신의 이론을 테스트할 돈이 수십억 달러나 있다.

프린스턴 대학을 졸업한 후 시걸은 MIT에서 컴퓨터 과학을 연구했다. 그는 1991년 박사 학위를 받고 곧장 D. E. 쇼라는 새로운 금융 서비스 회사에 일자리를 구했다. 회사의 설립자인 데이비드 쇼(David Shaw)는 컬럼비아 대학 출신의 컴퓨터 과학자로 주식 시장의 어지러운 잡음 속에서 신호를 찾아내는 데 자신이 교육받은 정량 분석법을 활용했다. 또 한 명의 헤지펀드계의 전설 제임스 시몬스(James Simons)와 함께 쇼는 금융 공학의 시대를 열었다. 복잡한 수학 모형을 사용해 거래를 빠르게 분석하고 실행하는 시대가 된 것이다. 이들 펀드는 경영 대학원 졸업자들을 채용하는 대신 물리학자, 컴퓨터 공학자, 수학자들을 모집했다. 어떻게 보면 편집증에 가까울 만큼 극도로 비밀스러운 이 정량 분석가들은 자신의 수학 공식을 목숨 걸고 지켰다.[2] 기업 유형으로 보면 이들은 월스트리트 회사라기보다는 실리콘밸리 기업에 가까웠고, 실제로 '기술 기업'이라 자칭했다. 제프 베조스(Jeff Bezos)나 스탠퍼드 대학 통계학 박사인 수학 천재 존 오버덱(John Overdeck)도 D. E. 쇼를 거쳐 갔다.[3] 오버덱은 베조스의 새 스타트업이었던 아마존에 합류했고, 소문에 따르면 아마존 고객들에게 '이게 마음에 드시면 아마 이것도 좋아하실 거예요.'라고 즉석에서 알려 주는, 아주 복잡하며 큰돈을 벌어 준 알고리즘을 만들었다고 한다.

2001년 오버덱과 시걸은 직접 투 시그마(Two Sigma)라는 정량 분석 투자 회사를 세웠다. 이 회사는 수익률을 공개하지 않고 있지만, 월스트리트의 은행들이 직원을 줄이고 사업 규모를 축소하는 동안에도 계속 성장 중이다. 투 시그마의 기업 문화는 정량분석가들의 분위기에 맞게 금융 서비스 회사라기보다 샌프란시스코 스타트업에 가깝다. 얼마 전 금요일 아침, 투 시그마의 드넓은 로비에서는 옥스퍼드 셔츠를 대충 입고 후드 점퍼를 걸친 젊은이들이 훈제 연어 베이글을 먹으며 서성거리고 있었다. "금요일 아침 전통이거든요." 카푸치노를 마시려고 줄을 서 있던 직원이 알려 주었다. 2013년 투 시그마는 애널리스트나 트레이더, 포트폴리오 매니저보다 더 많은 수의 소프트웨어 및 데이터 전문가를 채용했다.[4]

시걸은 기술을 단순히 돈 버는 수단으로 생각하지 않는다. 컴퓨터 과학은 그에게 변하지 않는 열정이다. 종일 데이터를 분석하고 코드를 수정하다가 웨스트체스터에 있는 집으로 돌아오면, 그는 가족과 시간을 보낸 후 마지막 몇 시간은 자신이 가장 좋아하는 취미에 바친다. 데이터 분석과 코드 수정. 여섯 살이 된 아들 잭이 자기도 컴퓨터 프로그래밍을 배우고 싶다고 선언했을 때, 시걸은 그 어느 아버지라도 느꼈을 법한 커다란 기쁨과 함께 미소를 지었다.

시걸은 아들에게 이렇게 말했다. "그래, 어떻게 할지 그럼 한번 알아보자."

> "여기에서부터 어느 길로 가야 하는지 부디 좀 알려
> 주겠니?"
> "그건 네가 도착하고 싶은 곳이 어딘가에 달려 있지."
> 고양이가 말했다.
> "나는 어딘가는 별로 상관없어." 앨리스가 말했다.
> "그러면 어느 길로 가든 상관없어." 고양이가 말했다.
> "'어딘가' 도착하기만 한다면 말야." 앨리스가 설명을
> 덧붙였다.
> "아, 분명히 도착할 거야." 고양이가 말했다. "충분히
> 오래 걷기만 하면."
> 루이스 캐럴, 『이상한 나라의 앨리스』에서

이 책에 나오는 아홉 가지 원칙 중 '지도보다 나침반'이
라는 원칙이야말로 가장 오해받기 쉬운 원칙이다. 하지만 실제로
는 아주 직설적이다. 지도는 해당 지역에 대한 자세한 정보와 함께
최적의 경로를 알려 준다. 반면 나침반은 훨씬 더 유연한 도구라서
이용자가 창의성과 자율성을 발휘해 자신의 길을 찾아내야 한다.
지도를 버리고 나침반을 택하기로 하는 것은 세상이 그 어느 때보
다 빠르게 움직이고 있어서 점점 더 예측이 불가능해지기 때문이
다. 이런 세상에서 상세한 지도는 오히려 우리를 깊은 숲속으로 인
도해 불필요한 비용을 크게 치르게 할 수도 있다. 하지만 좋은 나
침반은 언제나 가야 할 곳으로 데려다줄 것이다.

그렇다고 내가 어디로 가는지 아무 생각도 없이 여정을
시작하라는 뜻은 아니다. 이 원칙의 진짜 의미는 나침반을 따라가
면 목적지로 가는 길이 직선이 아닐 수는 있지만 미리 정해 둔 길
을 터벅터벅 따라가는 것보다 오히려 더 효과적이고 빠르게 목적

지에 도착할 수 있다는 뜻이다. 또한 지도보다 나침반을 따른다면 다른 길을 탐색해 볼 수 있고, 우회로를 잘 활용하고, 뜻밖의 보물을 찾아낼 수도 있다.

이런 점 때문에 MIT 미디어랩에서는 오랫동안 '지도보다 나침반'이라는 원칙을 따르고 있다. 미디어랩은 따로 지침이 없는 연구, 학문과 학문 사이의 텅 빈 공간에서 춤추는 연구를 강조한다. 예컨대 네리 옥스먼(Neri Oxman)의 실크 천막, 즉 6000마리 이상의 누에가 만든 실크로 뒤덮인 복합 돔형 구조물 프로젝트는 디지털 제작과 생물학적 제작 사이의 경계를 탐구하면서 시작되었다.[5] 프로젝트가 진화하면서 옥스먼 팀은 CN실크라는 시스템을 개발했다. CN실크는 CNC(computer numeric control, 컴퓨터 수치 제어) 로봇을 이용해 실크 실로 된 그물망을 펼쳤는데 이것이 누에의 움직임에 가이드가 되었다.[6] 가느다란 실크 실 하나로 3차원 누에고치를 만들어 내는 누에의 능력을 흉내 내는 동시에 확장한 것이었다. 전체적인 돔의 모양은 계획된 것이지만, 천으로 된 세부 표면은 누에의 자연스러운 행동에서 나온 것이었다. 고정된 CNC의 뼈대 위에 생물이 만든 실크가 자유롭게 덧씌워지면서 종종 예상치 못한, 때로는 혼돈에 가까운 상호 작용을 통해 하이브리드 구조물 하나가 만들어졌다. 아트 앤 디자인 박물관(Museum of Arts and Design)의 관장은 《메트로폴리스》에 실린 기사에서 실크 천막이 2013년의 가장 중요한 예술 프로젝트 중 하나라고 평했다.[7]

옥스먼의 실크 천막은 또한 반학과적 연구의 궤적을 이끄는 데 강력한 나침반이 얼마나 유용한지 잘 보여 준다. 이 프로젝트의 경우 만약 자세한 지도였다면 누에의 복잡한 행동을 상대하지 못했을 것이다. 누에는 조도의 변화나 누에 간의 밀집도 등 환경 조건에 반응하기 때문에 이런 누에의 생명 주기를 존중하는 유연하면서도 대응적인 접근법이 필요했다. 그러나 방향을 알려

주는 나침반 없이 진행했다면 국제적으로 인정받는 디자인 및 공학 프로젝트가 아니라 그냥 철사에 엉킨 실크 뭉치로 끝났을 수도 있었다.

지도보다 나침반이라는 원칙은 혁신가들이 뜻밖의 발견을 탐구하고 조종하게 해 준다. 또 무언가를 배우는 사람이 어려운 주제를 전체적으로 접근해서 이해할 방법을 찾게 도와준다. 그리고 개인이나 기업이 계속해서 바뀌는 가설이나 환경에 빠르게 대처하게 해 준다. 좋은 나침반을 가진 혁신가는 길에서 장애물을 만나면 처음으로 되돌아가 다시 지도를 그리는 것이 아니라 우회로를 찾을 수 있다. 이렇게 하면 빠르게 방향을 바꿀 수 있을 뿐만 아니라, 여러 상황에 대비해 어차피 다 예견하지도 못할 복수의 계획을 세우는 데 들어가는 시간과 비용이 절약된다.

이 책의 원칙들은 여러분에게 특정 목적지로 가는 길을 그려 주지 않는다. 그러나 여러분이 선택한 분야가 무엇이든, 혁신이라는 큰 그림을 지나갈 때 나침반이 되어 줄 것이다.

———

미국은 아주 스마트한 나라지만, 끔찍할 만치 바보 같기도 하다. 미국은 수백만 개의 일자리를 창출할 혁신적인 기술 발전을 계속 이뤄 내고 있지만, 최근 암울한 교육 통계를 보면 그런 일자리를 감당할 기술을 가진 사람이 충분할지 의심스럽다.

OECD에서는 3년마다 전 세계 가장 부유한 65개 국가의 15살 청소년들을 대상으로 읽기, 과학, 수학 시험을 주관한다. 2009년 기초 수학 능력에서 미국보다 높은 점수를 받은 나라는 모두 23개국이었다. 2012년에는 스페인, 아일랜드, 러시아를 포함해 35개국 아이들이 미국보다 높은 점수를 받았다.[8]

"성취도를 개선하면 어마어마한 경제 효과가 있습니다."스탠퍼드 대학 경제학자 에릭 하누섹(Eric Hanushek)의 말이다. 그는 2011년에 발표된 논문「전 세계의 도전: 미국 학생들은 경쟁할 준비가 되었는가?」의 공동 저자다. 그는 미국 학생들의 수학 점수를 예컨대 지금의 중국 수준으로 향상시키지 못했기 때문에 미국이 이미 연간 성장률 1퍼센트, 혹은 대략 1조 달러의 비용을 치르고 있다고 주장한다.[9] 추세선의 예측 결과를 보면 앞으로 상황은 더 심각하다.

벌써 몇 년째 아주 뛰어난 솜씨를 가진 교육 개혁가들이 상황을 바꿔 보려고 노력 중이며, 개혁의 노력은 크지는 않아도 고무적인 발전을 보여 주고 있다. 그러나 안타깝게도 이것은 잘못된 종류의 발전일 수 있다. 1994년 시작된 KIPP 프로그램(Knowledge Is Power Program)은 현재 미국 전역의 가장 열악한 지역에서 183개의 자율적 공립 학교(public charter school)를 운영 중이다. KIPP 학교들은 흔히 알려진 대로 공립 교육의 실패라는 짐을 지고 있었던 지역에서 감탄할 만한 성과를 이뤄 냈다. 이 학교들은 규율, 수업 일수 확대, 꾸준한 수학, 읽기, 쓰기 교육 및 숙제에 초점을 맞추었고, 2013년 한 수학 정책 조사 연구에 따르면 KIPP 학생들은 또래보다 수학에서 평균 11개월, 과학에서 평균 14개월 앞섰다고 한다.[10]

최근에는 공통 핵심 교과(Common Core Standards)라는 전국적 혁신 운동이 일어났다. 미국 주지사 협회에서 개발한 새로운 목표를 45개 주에서 시행하기 시작한 것이다.[11] 이들은 또 학생들이 무엇을 배우는지 측정하려고 일련의 표준화된 시험도 치르고 있다. 하지만 다양한 분야의 전문가들이 한목소리로 지적하듯, 문제는 우리가 오래된 트럭의 엔진을 고치는 동안 세상은 신형 랜드스피더(landspeeder, 영화「스타워즈」에 나오는 공중 부양 차량)에 상온 핵융합 엔진을 장착하고 있다는 점이다. 한 예로 핀란드는 표준화된 그 어떤 시험도 치르지 않으며, 공통 교과라는 것도 거의 없다. 개별 교사는 거의 전적인 자율권을 부여받는다.[12]

　"문제는 우리가 엉뚱한 위기를 해결하고 있다는 거죠." 한때 KIPP의 CEO를 지냈던 스콧 해밀턴(Scott Hamilton)의 말이다. "지난 몇 년간 저는 놀라운 성과를 이뤘습니다. KIPP를 성장시켰고, 티치 포 아메리카(Teach for America)도 네 배나 커졌죠. 모두 만족스러웠고 내가 그 안에서 일정 역할을 했다는 것도 기쁩니다. 하지만 결과를 놓고 보면, 지난 수십 년간 아이 한 명당 쓰는 돈을 두 배로 늘렸음에도 수치는 하나도 향상되지 않았어요."[13]

　해밀턴은 미국 학교들에서 더 어려운 공통 핵심 교과를 가르친다 해도 조금도 더 나아지지는 않을 거라고 생각한다. 그리고 저들이 버스를 놓치고 있다고 지적한다. 현재 해밀턴은 서컴벤처(Circumventure)라는 운동을 추진 중이다. 이 운동은 포커스 그룹, 필드 테스트, 인터뷰 등을 통해 학부모와 아이들이 학교 교육에서 정말로 원하는 것이 무엇인지 알아내려 애쓰고 있다. 해밀턴은 작년 한 해 전국을 다니며 2000명이 넘는 학부모 및 자녀들과 대화를 나눴다. "실제로 학생들은 학습에 대한 관심은 대단하지만 학교 수업 대부분에 대해서는 거의 관심이 없더군요. 달리 말해 학습과 학교 사이에 상관성이 낮았어요."

　"한 여자아이는 내게 이렇게 묻더군요. '저는 패션 디자이너가 될 거예요. 그런데 왜 대수를 배워야 해요?' 뭐라 말해야 할지 모르겠더라고요." 해밀턴은 교육 전문 인지 과학자인 댄 윌링엄(Dan Willingham)에게 연락해서 고등학생들이 생활에 쓸 일도 없는 대수를 왜 배워야 하는지 물었다. 윌링엄은 이렇게 답했다. "첫째, 대수는 뇌에게 체조와 같은 것이기 때문이죠." 하지만 더 중요한 이유가 있다고 했다. "대수는 추상적인 생각을 실용적인 것에 적용하는 방법을 뇌에게 가르칩니다." 다시 말해 이상적인 모습들로 이루어진 플라토닉 세상과 우리가 사는 엉망진창인 세상 사이를 잇는 다리라는 것이다. 학생들, 아니 우리 모두는 이 다리가 필요하다.

해밀턴은 찾던 답을 얻었다. 대수는 중요하지 않다. 중요한 것은 다리다. 추상적인 사고가 중요하다. 그게 바로 우리가 세상을 헤쳐 나갈 때 쓸 수 있는 나침반이다. "그러면 우리는 그걸 가르치기 위해 최선의 방법을 쓰고 있나요?" 해밀턴은 그렇게 반문했다. "다른 방법이 있다면, 재미있고 학생들이 주도할 수 있는 방법이 있었다면 제가 어디든 가서 구해 왔을 거예요."

알고 보니 그런 앱이 있었다.

———

그 세대의 많은 프로그래머가 그렇듯, 데이비드 시걸도 어릴 때 로고(Logo)를 사용한 따뜻한 기억이 있다. 교육용 프로그래밍 언어의 할아버지라 할 수 있는 로고는 단순하지만 강력했다. 로고는 이 프로그램을 만든 고 시모어 페퍼트(Seymour Papert)의 표현에 따르면 '천장이 낮게'(로고는 배우기 쉽다.), 그리고 미치 레스닉의 표현에 따르면 '벽이 넓게'(로고를 가지고 아이가 만들 수 있는 것에는 한계가 없다.) 설계되었다. 하지만 그것도 수십 년 전 이야기였다. 시걸은 30년간의 폭발적 발전이 우리 시대의 가장 위대한 기술과 아이들이 접촉하는 방식도 크게 발전시켰다고 생각했다.

뭐, 아닐 수도 있지만.

"작고 간단한 프로그램을 하나 찾아냈어요. 로고를 살짝 바꿔 놓은 것 같았죠." 시걸의 말이다. "하지만 썩 훌륭하지는 않았어요. 그래서 여기저기 계속 찔러 보다 마침내 스크래치를 발견한 거죠."

여덟 살에서 열네 살 아이를 목표로 만들어진 스크래치는 로고와 전혀 달라 보였지만 DNA는 같았다. 명령어는 '열 걸음 이동'처럼 간단한 영어로 되어 있었다. 그리고 밝은색의 블록으로 분류되어 레고 조각처럼 서로 맞아 들어갔다. 친근하고 알록달록하고 재미있었으며, 겁먹을 필요 없이 훅 빠져들게 만들어져 있었다.

스크래치는 변수나 조건 같은 기본 논리는 컴퓨터 프로그래밍에서 가져왔지만 전통적인 코드는 단 한 줄도 눈에 띄지 않았는데, 잭의 아빠는 그 점이 마음에 들었다. "당시 잭이 1학년이었다는 걸 잊지 마세요. '프로그래밍'이 뭐 하는 것인지 생각도 해본 적 없었죠. 내가 몇 가지 방법을 보여 주었더니 짜잔, 얼마 지나지 않아 잭은 스스로 조그만 게임을 프로그래밍 하고 있었어요."

2012년 봄, 잭은 3학년이 끝날 무렵이었다. 2년이 흘렀지만 스크래치에 대한 잭의 관심은 조금도 줄어들지 않았다. 시걸이 "스크래치로 행맨(Hangman, 한 글자씩 입력하며 단어나 구문을 맞추는 게임)을 한번 만들어 보면 어때?"라고 하면 잭은 하루 뒤 행맨을 만들어 왔다. 또 잭은 스크래치가 이렇게 인기를 끄는 숨은 동력이 무엇인지도 찾아냈다. 바로 아이들로 이루어진 전 세계 커뮤니티였다. 아이들은 서로 제안도 하고, 비판도 하고, 또 '리믹스'라고 하는 스크래치의 특수 기능도 지원했다. 자신들이 만든 프로그램의 소스 코드를 공유하는 것이다.

온라인에서 잭은 다른 스크래치 이용자들이 '스크래치 데이' 행사에 참석하려고 MIT 캠퍼스에 가는 것을 알고 아빠에게 보스턴 행사장으로 데려다 달라고 했다. 시걸은 바쁜 사람이지만 당연히 부탁을 들어주었다. "어쩌겠어요? 못 간다고 해요?"

5월의 어느 따뜻한 토요일 아침, 아빠와 아들은 MIT 미디어랩 6층에 도착했다. 수백 명의 어린 스크래치 애호가들이 다양한 워크숍과 시연장을 뛰어다니고 있었다. 제5차 연례 스크래치 데이는 축제처럼 재미나게 기획되었다. 벽면 하나를 통째로 비워 스크래치를 기초로 한 그래피티용으로 내놓았다. 보물찾기도 있고, 인터뷰를 하며 돌아다니는 '기자단'도 있고, 로봇 프로젝트 프로그래밍과 제작을 위한 워크숍에 마지막에는 물건과 함께 발표하는 시간도 마련되었다. 가장 많은 관심을 끈 것은 아이들 사이에 마련된 단합 행사였다. 시걸은 당시를 회상하며 말했다. "정말 큰 힘이 되었어요. 잭은 프로그래밍을 좋아하는 아이가 자기 혼자만이 아니라는 걸 알 필요가 있었거든요."

행사 초반에 곱슬곱슬한 은발에 키가 크고 호리호리한 남자가 연단 위에 올라가 참여자들에게 인사말을 했다. 놀랍게도 시걸은 그 사람이 누군지 알아보았다. 바로 미치 레스닉이었다. 레스닉은 1980년대에 시걸이 MIT에서 컴퓨터 과학 석사 과정을 밟을 때 함께한 동료였다. 행사에 여유가 좀 생기는 것을 보고 시걸은 레스닉에게 다가가 인사를 했다.

"고맙다는 말씀을 꼭 드리고 싶었습니다. 우리 아이한테 얼마나 큰 힘이 되었는지 아마 상상도 못 하실 겁니다."

레스닉은 미소를 지으며 공손히 고개를 끄덕였다. 하지만 옛날 일을 회상하는 대신 허리를 굽혀 시걸의 아들에게 말을 걸었다. 레스닉은 잭에게 스크래치로 뭘 만드는 걸 좋아하는지, 커뮤니티에는 어떻게 들어오게 되었는지, 스크래치에서 가장 마음에 드는 점은 무엇이며 뭘 개선하면 좋겠는지 물었다.

레스닉의 회상은 이랬다. "잭한테 더 관심이 갔죠. 프로그램에 참여하는 사람들이 워낙 다양하거든요. 그래서 저는 항상 다들 어떤 경로를 통해 들어오는지, 아이들이 뭘 좋아하는지 알고 싶어요."

뉴욕으로 돌아오는 길에 시걸은 스크래치에 기부를 하기로 결심했다. 시걸은 생각했다. '비영리 단체야. 유용하게 쓰일 거야.' 그런데 또 다른 생각이 떠올랐다. 어쩌면 수표 말고도 자신이 제안할 수 있는 게 더 있을 것 같았다.

———

1864년 윌리엄 셀러스(William Sellers)라는 사업가 겸 기계 전문가가 필라델피아 프랭클린 연구소에 있는 동료 발명가들에게 글을 하나 전달했다. 그는 모든 나사의 끝을 납작하게 하고 나사산을 옆에서 보았을 때 정확히 60도가 되게 만들자고 제안했다. 미국 정부는 이 '셀러스 나사'를 채택했고, 철도 회사들도 곧 뒤를 따랐다. 이 간단한 제안, 이 하찮은 산업용 부품의 표준화가 이후 호환성 있는 부품 발달의 계기가 된다.[14] "2차 산업 혁명의 불을 붙이는 데 일조한 거죠." MIT의 합성 생물학자 톰 나이트의 말이다. "창의적인 작업에 표준화가 얼마나 중요한지는 아무리 강조해도 지나치지 않아요. 발명가라면 발명을 하고 싶지 나사 깎기를 걱정하고 싶지는 않거든요."

톰 나이트와 드루 엔디, 론 와이스는 곤란한 처지였다. 2004년 MIT의 과학자들과 다른 몇몇 연구소는 간단한 유전자 염기 서열을 합성하는 능력을 보여 주었다. 심지어 와이스는 생물학적 컴퓨터의 원시 형태라 할 만한 것을 만들어, 당초 나이트가 꿈꾸던 DNA의 실리콘 대체라는 비전에 숨을 불어넣었다. 나이트와 같은 물을 마시는 사람이라면 누구나 자신들이 유전 법칙을 발견했던 멘델의 시대로 되돌아갔다가 왓슨과 크릭(영국의 분자 생물학자. 왓슨과 함께 DNA 이중 나선 구조를 밝혀냈다.)을 지나 현대 유전학의 시대에 도착하는 중이라고 생각했다.

그런데도 주류 과학계는 회의적이었다. 아니, 아예 관심조차 없었다. 나이트나 와이스, 엔디의 제안은 세포의 DNA에 사소한 수정을 가하는 수준의 유전 공학을 훨씬 뛰어넘는 것이었다. 당시 불리기 시작한 명칭처럼 합성 생물학은 아예 처음부터 DNA 서열을 만드는 것까지 포함하는 작업이었다. 생물학자들은 합성 생물학자들을 아마추어라 여겼고, 공학자들은 합성 생물학자들이 또라이라고 여겼다. 회로판을 버리고 배양기와 원심 분리기를 택한 프로그래머들로서는 외로운 시간이었다.

나이트는 결국 문제는 부품이 없는 것이라고 생각했다. 그 전해에 나이트는 바이오브릭이라는 시스템을 제안하는 논문을 하나 썼다. 바이오브릭이란 합성 생물학에서 사용할 수 있는 레고 같은 부품이었다.[15] 하지만 나이트와 엔디는 아직도 이미 제안한 표준에 대해 미세 조정 작업을 하고 있었다. "당시에는 이해하는 사람이 별로 없었습니다." 나이트는 말을 멈췄다가 다시 이었다. "실망스러웠죠. 한 방향으로 가고자 하는 활기 넘치는 커뮤니티를 만들고 싶었거든요. 우리는 표준과 필요 기술을 마련한다는 차원에서 리더십 비슷한 걸 만들어 보려 했습니다."

바이오브릭에는 단백질을 합성하는 것(우리가 살아 있도록 하는 작업의 대부분을 책임지는 에너지 넘치는 분자들)도 있고, 촉진 유전자 역할을 하는 것(나머지 DNA 염기 서열이 작동하도록 자극이 되어 주는 것들)도 있다. 마치 나노 크기의 레고들처럼, 벽돌 하나를 다른 벽돌에 연결하면 금세 이 지구상에서 완전히 처음인 형태의 새로운 생명이 만들어진다. 이게 바로 생물학을 모듈화하는 것이다. 혹시 컴퓨터 전문가 둘이서 세포 배양과 생물학 실험실을 알게 되었을 때 벌어지는 일처럼 들린다면 크게 잘못 이해한 것도 아니다. 사실 합성 생물학은 생물학에서 나온 것이 전혀 아니었다. 나이트의 말마따나 "흥미로운 일은 모두 한 가지 분야가 다른 분야와 충돌했을 때 일어난다."

　　때마침 비슷한 시기에 나이트의 작업이 조금씩 성과를 보였다. '개방형 생물학(open biology)'을 향한 운동이 천천히 형성되고 있었다. 대체로 오픈소스 소프트웨어 운동에 자극을 받은 부분이 컸다. 어느 컴퓨터 과학자 대회에서 컴퓨터 과학과 언어학 학위를 모두 가진 박학다식한 인물 매러디스 패터슨(Meredith Patterson)이 대규모 청중 앞에서 DNA 한 가닥을 추출했다.[16] "내 생각에는 그게 사람들한테 충격이었던 것 같아요." 개방형 생물학을 열렬히 주창하는 맥 코웰(Mac Cowell)의 말이다. "그 대회는 소프트웨어와 하드웨어 전문가들이 모이는 자리였어요. 아무도 생물학을 실험 영역으로 생각조차 해 본 적이 없었죠."[17]

　　2008년이 되자 뉴욕과 런던, 샌프란시스코에 '커뮤니티 바이오랩'이 우후죽순 생겨났다. 대부분 참여자들끼리 서로 알았고, 분명한 '정신'도 나타났다. 코웰은 이 정신의 특징을 이렇게 표현한다. "해악을 끼치지 마라. 공익을 위해 작업하라." 염기 서열 분석(염기 서열을 만드는 것이 아니라 지시 사항을 읽는 것) 비용이 무어의 법칙보다 여섯 배나 빠른 속도로 떨어지고 있었다. 절대 금액을 기준으로 다시 말해 보면, 크레이그 벤터(Craig Venter)의 민간 자금 인간 게놈 프로젝트에는 약 25만 달러가 든 것으로 추정된다.[18] 반면 연방 정부에서 돈을 댄 인간 게놈 프로젝트에는 관리비 등을 포함해 270만 달러가 들었다.[19] 이 책이 출판될 즈음에는 고작 1000달러면 누구든 자신의 게놈을 분석할 수 있을 것이다. 이 모든 것의 목표는 과학자들에게 집짓기 블록을 주어서 그들이 실험하고 가지고 놀게 해 주는 것이다. 마치 아이들에게 블록을 주고 집, 공룡, 바나나를 만드는 모습을 지켜보듯이 말이다.

　　하지만 표준이 없다는 점 때문에, 말하자면 합성 생물학에 손을 대기 시작한 연구자들이 죄다 서로 다른 나사산을 가진 나사를 사용하는 바람에 이 갓 태어난 분야의 성장은 더디기만 했다. "한 분야가 발전하려면 그 분야를 둘러싼 커뮤니티가 있어야 합니다." 하버드 대학 분자 생물학자 조지 처치의 말이다.

　대학 연구진 중에서 이렇게 생물학과 공학이 교차하는 지대를 탐구하자고 꾈 수 있었던 사람은 몇 명 되지 않았다. 그래서 나이트와 엔디, 그리고 나중에 iGEM을 설립한 랜디 렛버그는 좀 다른 종류의 군대를 모집했다. '학부생들'이었다. MIT의 겨울 학기는 2월에 시작한다. MIT에서는 독립 활동 기간(Independent Activities Period, IAP)의 일환으로 1월에는 교수진이나 학생, 심지어 아무 관련 없는 외부인들까지 놀이에 가까운 다양한 과정을 운영할 수 있게 하는 것이 오랜 전통이다.[20] 2003년 1월 나이트와 동료들은 합성 생물학 과정을 열었다. "생물학적 시스템을 어떻게 설계하는지 가르쳤어요. '진동 행동(oscillatory behavior)'을 보이는 시스템을 만들려 했죠. 교통 신호등처럼 켜졌다 꺼지는 박테리아 같은 것 말이에요." 나이트는 잠시 말을 멈추었다가 담담하게 다시 말했다. "내 생각에는 그걸로 우리가 얼마나 순진한지 보여 준 것 같아요." 기초적인 도구와 그때까지 나이트가 만든 몇 안 되는 바이오브릭밖에 사용할 수 없었던 학생들은 유전자 회로 비슷한 것도 만들 수 없었다.

　그래도 강사들은 물러서지 않았다. 엔디가 말했다. "우리는 생물학적 시스템을 어떻게 설계하는지 몰라요. 어떻게 하는지 모르는 걸 가르칠 수는 없죠. 그래서 학생들이 방법을 찾도록 우릴 도와주고 있어요." 그러면서 정말 엔디와 나이트가 표준 생물학 부품 등록부라 부르는 것에 새로운 부품들이 추가되었다. 나이트는 그다음 여름에도 수업을 가르칠 용기를 얻었다. MIT 학생들만이 아니라 학계에도 이 수업에 대한 소문이 퍼져 나가기 시작했다. 2003년 가을 미국 국립 과학 재단(National Science

Foundation)의 프로그램 책임자가 나이트를 찾아왔다. 책임자는 나이트에게 이렇게 말했다. "올해 남는 돈이 좀 있는데, 하시는 일이 무척 마음에 드네요. 그 일을 더 할 수 있게 돕고 싶어요. 다른 대학들과 경진 대회를 여는 건 어때요?"

다음 해 여름 MIT는 보스턴 대학과 캘리포니아 공과대학, 프린스턴 대학, 텍사스 대학 오스틴 캠퍼스 등이 참가하는 첫 iGEM 대회를 개최했다.[21] 각 학생 그룹은 냉동 건조된 DNA 샘플을 받았는데, 말하자면 바이오브릭의 초기 버전이었다. 학생들은 필요하면 추가적인 '부품'들을 주문할 수 있지만, 나이트가 킥킥거리며 흔쾌히 인정하는 것처럼, 카탈로그 자체가 "어느 정도 제한"되어 있었다.

그런데도 그해에 놀라운 프로젝트들이 공개되었다. 텍사스 대학 오스틴 캠퍼스에서 온 그룹은 최초의 '박테리아로 된 사진'을 만들어 냈다. 주어진 (아주 작은) 동물의 왕국 여기저기에서 가져온 다양한 유전자를 이어 붙여 대장균 안에 삽입했다. 대장균은 갑자기 빛에 노출되면 이미지를 기록할 수 있는 대장균 배양 조직을 열심히 형성하고 복제하기 시작했다. 결국 이 프로젝트는 나중에 저명한 학술지 《네이처》에 게재되었다. 학부생들로서는 유례가 없는 대단한 반란이었다.[22] 이 '잼버리'(연례행사의 실제 이름이 잼버리다. 렛버그는 "우리는 우리 행사를 콘테스트라 부르고 싶지 않다."라고 말했다.)는 또 다른 근사한 일도 해냈다. 많은 그룹이 나중에는 간단한 용도의 새로운 유전자 염기 서열을 합성해 냈고, 표준 생물학 부품 등록부에 등록했다. 이제 이 등록부에는 1만 개가 넘는 염기 서열이 등록되어 있다. 모두 적어도 이론상으로는 생명체 내에서 잘 아는 기능을 수행할 수 있는 것들이다.[23]

베텐코트 팀은 2013년 심사 위원 대상을 수상했다. 그리고 이후 인도의 비영리 단체인 오픈소스 의약 발견(Open Source

Drug Discovery) 프로젝트와 힘을 합쳐 결핵 치료법을 개발하고 있다.[24] 그해의 다른 입상작들도 나쁘지 않았다. 그중에는 전 세계에서 꿀벌 군체를 죽이던 곰팡이로부터 꿀벌을 보호해 주는 신종 박테리아도 있었다.[25] 또 약물을 몸속 어디로든 특정 타깃 위치로 운반할 수 있게 프로그램할 수 있는 신종 대장균도 있었다.[26] 이름하여 '택시 콜리(Taxi.Coli).'(대장균이 영어로 'E.Coli'다.)

iGEM에는 고등학교, 대학, '학부 이상'의 카테고리가 있다. '학부 이상'에는 이미 대학을 졸업한 사람들로 이루어진 모든 팀이 포함된다. 2014년에는 당시 급증했던 '커뮤니티 랩(community lab)' 운동에도 대회를 개방했고, 그래서 젠스페이스(Genspace)나 바이오큐리어스 같은 공공 실험실에서 작업하는 바이오 해커 그룹도 젊은 학자들과 함께 경쟁할 수 있게 되었다.

2012년 MIT 슬로언 경영 대학 학생들로 이뤄진 그룹이 논문을 하나 작업하고 있었다. MIT 미디어랩이 어떻게 조직되는지 이해하려는 시도였다. 그들은 교수진에서 학생들에 이르기까지 많은 사람을 인터뷰했다. 얼마 후 조이 이토는 그 프로젝트가 폐기되었다는 소식을 들었다. 인터뷰를 하고 보니 미디어랩이 뭘 하는 곳이고, 어떻게 그 일을 하는지 저마다 다른 견해를 갖고 있어서 연구자들이 도저히 정리할 수가 없었다고 한다.

어떤 구조 안에서 미디어랩을 이해하려는 것은 부질없는 시도에 가깝다. 생동하는 자연 생태계 속을 무작위의 사람들과 무작위로 걸어 다니듯이, 누구는 지질학의 원리를 살필 것이고, 누구는 식물의 상호 작용을 관찰할 것이고, 또 누구는 미생물상에, 다른 사람들은 거기 사는 사람들의 풍부한 문화에 초점을 맞출 것이다.

　　MIT 미디어랩에 있는 사람들은 누구나, 은유적으로 말해 자기만의 알고리즘을 돌리고 있다. 이들은 서로 간에, 그리고 다양한 내적, 외적 시스템과 상호 작용한다. 어떤 알고리즘은 다른 알고리즘보다 더 잘 작동하겠지만 사람마다, 그룹마다 미디어랩을 조금씩은 다르게 바라본다. '미디어랩 문화'라는 것이 있다. 하지만 각 연구 그룹과 각 직원 유닛은 서마나의 문화를 갖고 있다. 각자는 미디어랩의 문화를 전부 또는 일부 받아들여 각자 나름의 방식으로 해석한다. 그렇게 해서 믿기지 않을 만큼 복잡하지만 생동감 있는, 그리고 결국에는 스스로 적응하는 시스템이 만들어진다. 어느 한 조각도 전체를 완전히 이해하지 못하고, 어느 하나도 전체를 통제하지 않지만, 미디어랩이 계속해서 진화하고 '앞으로' 나아갈 수 있게 해 주는 시스템이다. 이 시스템을 지도로 그려 내기는 불가능하지만 모두가 대체로 나침반의 같은 방향을 향하고 있다. 만약 지도로 그릴 수 있는 시스템이었다면 지금처럼 잘 적응하거나 기민하지는 못했을 것이다.

　　MIT 미디어랩은 랩의 비전, 즉 나침반의 방향을 논의하기 위해 수많은 교수진 회의를 가져 왔다. 조이 이토가 랩에 들어오고 나서 모두가 진심으로 합의에 이를 수 있었던 유일한 사항으로, 연구소장 1년 차에 교수진 회의에서 합의된 사항은 랩이 '유일무이함, 영향력, 마법'을 지향한다는 점이었다. 유일무이함이란 미디어랩은 아무도 연구하지 않는 것을 연구한다는 뜻이다. 만약 다른 누군가가 작업하고 있다면 우리는 다른 것으로 넘어간다. 조지 처치의 말처럼 "경쟁하고 있다면 흥미롭지 않은 것이다." 영향력이란 순수 과학 분야에서 일하는 많은 사람들이 '과학을 위해' 지식을 발견하는 것도 중요하기는 하지만, 미디어랩은 영향력을 생각하고 연구한다는 뜻이다. 이 개념은 긴 세월을 두고 진화했다. '시연을 못 하면 폐기한다(Demo or Die)'라는 문구는 니컬러스 네그로폰테가 만들어 냈다고 한다.[27] 미디어랩이 제작 지향, 영향력 지향임을 나타낸 것이다. 어느 날 교수진 회의에서 조이 이토는 '시연' 이상을 추구해 보려 했다. 인터넷을 통해 미디어랩의 업적을 현실 세계에 점점 더 많이 전개할 수 있게 되면서 제조 비용을 감소시키고 스타트업의 역할을 증대시켰기 때문이다. 미디어랩은 분자 기계(Molecular Machines) 그룹의 팀장인 조 제이콥슨(Joe Jacobson)이 제안한 '전개 못 하면 폐기한다'를 새로운 모토로 채택했다. 그리고 버락 오바마 전 대통령이 조이 이토에게 "메시지를 좀 개선"해야 할 것 같다고 얘기한 후 조이는 모토를 '전개하라'로 축약했다.[28]

　　이렇게 나침반의 방향은 우리 자신의 작업에 대해 생각해 볼 틀을 만들어 주면서도 충분히 열린 유연성과 해석 가능성을 남겨 둔다. 따라서 각 그룹과 개인은 미디어랩의 놀랍도록 풍부한 다양성을 해치지 않으면서도 정체성과 방향성을 가질 수 있다. "우리는 단단한 고체보다는 액체나 기체가 되고 싶습니다."

━━━━━━

　　1978년 미치 레스닉은 그저 직장을 구하고 있는 평범한 대학 졸업생이었다. 그는 프린스턴 대학에서 물리학을 연구했고 학교 신문에 글도 썼다. 대학 언론에서 일한 경력으로 《비즈니스 위크》에 인턴 자리를 구했다. 이곳의 편집자들은 레스닉이 당최 알 수 없는 컴퓨터라는 신세계를 분명하고 간결하게 풀어내는 재주가 있다는 것을 발견했다. 레스닉은 정직원이 되었다. 그는 이렇게 말한다. "근사했죠. 수화기를 들면 스티브 잡스나 빌 게이츠한테 전화를 걸 수 있었어요. 그러면 그 사람들은 저한테 얘기를 해

췄고요. 매주 뭔가 새로운 걸 배울 수 있었죠."

하지만 몇 년이 지나자 레스닉은 엉덩이가 들썩거렸다. 저널리스트로서 그는 시대의 가장 큰 기술적 난관들을 직접 접했고, 개인적으로 보다 의미 있는 프로젝트를 추진할 기회를 잡고 싶은 마음이 간절했다. 1982년 봄, 그는 우연히 기조연설을 하나 듣게 된다. 컴퓨터 과학자이면서 교육자이자 로고 프로그램을 만든 시모어 페퍼트의 연설이었다. 이 연설은 레스닉이 컴퓨터에 관해 생각하던 방식을 완전히 바꿔 놓았다.

"《비즈니스 위크》에서 컴퓨터에 관해 글을 쓰거나 대부분의 사람이 컴퓨터에 관해 이야기할 때는 컴퓨터를 '도구'로 생각했죠. 일을 완수하는 방법의 하나로요. 하지만 페퍼트의 시각에 따르면 컴퓨터는 세상을 새로운 방식으로 보게 해 주는 물건이었어요. 그리고 아이들이 자신의 생각을 표현할 수 있는 매체였죠." 다음 해 레스닉은 MIT에서 1년간 연구비를 지원받게 되었다. 그는 페퍼트의 세미나 중 하나에 등록했고 푹 빠져 버렸다. MIT는 레스닉의 새 집이 되었다. 30년이 넘게 지났지만 그는 아직도 MIT에 있다.

시모어 페퍼트는 아동 교육에 관한 초창기 아이디어의 많은 부분을 스위스의 철학자이자 심리학자인 장 피아제에게서 가져왔다. 페퍼트는 1958년부터 1963년까지 제네바 대학에서 피아제와 함께 연구를 했다.[29] 피아제는 84년 평생의 많은 부분을 어떻게 아이들이, 그리고 확장해서는 어른들이 세상을 이해해 나가는지 알아내려 고군분투했다. 피아제는 인간이 아주 어릴 때부터 질주하는 자동차나 고양이의 기분 나쁜 소리 등 우리를 둘러싼 여러 현상을 설명하기 위한 정신적 모형을 구축한다고 생각했다. 하지만 나이가 들면서 우리의 경험은 이런 정신적 모형과 충돌하고, 우리는 계속해서 변화하는 현실에 맞춰 어쩔 수 없이 모형을 조정한다. 그래서 아이의 놀이는 아이가 세상의 원리에 대한 자신의 모형을 만들어 내고 재창조하는 활동이다.[30]

페퍼트에게 컴퓨터는 모형이 경험과 맞부딪히는 장소다. 그러니 놀이와 학습 모두를 하기에 완벽한 수단이다. 페퍼트는 이런 생각을 로고의 코드에도 포함시켰다. 간단한 코드 몇 줄을 배운 아이가 스크린의 커서를 유도해서 예컨대 사각형("repeat 4[forward 50 right 90]")이나 꽃("repeat 36[right 10 square]")까지 만들 수 있도록 말이다. A이면, B이다. 가장 소중한 경험은 가끔 A가 B로 이어지지 않을 수도 있다는 점이다. 그러면 초보 프로그래머는 문제를 해결해야 한다. 가정을 세우고, 가정을 시험하고, 다시 그 가정을 다듬어야 한다. 로고가 있으면 아이들은 누구나 경험주의자가 된다.

1984년이 되자 전국의 교실에서는 원시적인 PC로 로고를 작동시키고 있었다. 자신의 코드 첫 줄을 로고로 썼던 과학자가 한 세대를 이루었다. 뿐만 아니라 그 세대의 예술가들과 회계사, 보험 설계사들도 자신의 코드 첫 줄 그리고 아마도 마지막 줄을 로고로 썼다.

"컴퓨터는 강력한 아이디어와 문화적 변화의 씨앗을 실어 나를 수 있다." 페퍼트가 그의 중요한 선언문이라 할 『마인드스톰(Mindstorms)』에 쓴 문장이다.[31] "컴퓨터는 사람들이 지식과 새로운 관계를 형성하게끔 도울 수 있다. 인문학을 과학으로부터 분리시키고, 또 자아에 대한 지식을 인문학이나 과학으로부터 분리시켰던 전통적인 선을 허물고 지식과 새로운 관계를 맺도록 도울 수 있다." 황금기 몇 년 동안 컴퓨터의 목적은 분명해 보였다. 창조라는 활동을 쉽게 만들어 주는 것 말이다. 페퍼트에게는 심지어 로고를 써도 프로그래밍이 어렵다는 사실이 "장애물이 아니라 도전"이었다.[32] 도전이 있어서 배움이 즐거웠다.

하지만 로고의 인기가 절정에 이르렀을 때 '컴퓨터는 창조의 수단'이라는 페퍼트의 비전으로부터 세상은 멀어져 갔다. 제18차 슈퍼볼 경기 3쿼터 타임아웃 때 애플 컴퓨터가 수천만 명의 미국인들 앞에 그 유명한 광고를 방영한 것이다. "1월 24일 여러분은 1984년이 왜 책『1984』와는 다른지 알게 됩니다."[33] 이틀후 매킨토시 128K가 그래픽 사용자 인터페이스를 도입했고, 기술과 우리의 관계를 영원히 바꿔 놓았다. 컴퓨터가 귀여워졌다. 친근하고, 사용하기 쉽고, 더 이상 어렵지 않게 됐다. 아이들은 자라나던 새싹 '프로그래머'에서 수동적 '사용자'로 바뀌었다. 그리고 나중에 페퍼트가 한탄했듯이 학교에서는 컴퓨터가 '컴퓨터실'이라는 별도의 교실로 옮겨 갔다. 프로그래밍은 특수 활동이 됐다. 소수의 외롭고 꺼벙한 (그리고 아주 나중에는 부자가 될) 아이들만 하는 선택 과목이 됐다.

이 시기 레스닉은 MIT에서 대학원 과정을 시작한 참이었고 컴퓨터 과학 박사 학위 준비에 한창이었다. 레스닉은 멘토인 페퍼트와 면밀히 협업하며 레고 마인드스톰을 개발 중이었다. 장난감 제조사들을 갑자기 디지털 시대로 보내 버린 마인드스톰은 프로그램이 가능한 로봇 컬렉션이었다. 레스닉은 지금까지도 레고와 협업을 이어 가고 있다.

레스닉을 비롯한 페퍼트 팀은 계속해서 아이들이 남들이 만든 게임이나 소프트웨어를 소비만 하는 것이 아니라 자신만의 게임과 소프트웨어를 만들 수 있다는 것을 보여 줄 작정이었다. 레스닉은 박사 학위를 받고 MIT 미디어랩의 교수진으로 합류한 1992년 연구 그룹을 하나 만들었다. 지금 '평생유치원'이라고 알려진 그룹이다. 평생유치원 연구 그룹은 아이들이 기술을 이용해 지식과 표현력을 확장하도록 하겠다는 페퍼트의 비전을 발전시켰다. 1993년 레스닉은 인텔에서 자금을 지원한 도시 빈민가 아동들을 위한 방과 후 프로그램 컴퓨터 클럽하우스(Computer Clubhouse)를 공동으로 설립했다. 컴퓨터 클럽하우스는 인텔의 지원 속에 계속 성장해서 전 세계 100여 곳에 위치한 글로벌 네트워크가 됐다.

2003년, 레스닉이 장난감 로봇과 그것을 조종하는 컴퓨터 코드, 그리고 아이들이 그 코드를 짜는 일을 추진하며 많은 성과를 낸 지도 벌써 20년이 되어 가고 있었다. 그는 어려운 문제를 해결하려 도전했고 실제로 해결했다. 그런데 또 한 번 엉덩이가 들썩이는 느낌이었다. "웹이 처음으로 진정한 소셜 단계에 접어들고 있었어요. 하지만 로봇을 실제로 공유할 수는 없었죠."

"그 로봇을 컴퓨터로 가져오지" 않는 한은 그렇다고 나탈리 러스크(Natalie Rusk)는 말한다. 러스크는 미디어랩의 연구진으로 레스닉과 오랫동안 함께 작업해 왔다. 러스크와 레스닉은 어쩌면 로고가 떠난 자리를 대체할 만한 프로그래밍 언어를 구상하기 시작했다. 아이들이 디자인과 만들기를 통해 배울 수 있도록 격려하면서도, 어마어마한 힘을 가진 커뮤니티가 그 학습의 과정을 보조하고 응원할 수 있는 프로그래밍 언어 말이다. 인공지능의 선구자 마빈 민스키(Marvin Minsky)는 "로고의 문제점은 문법은 있는데 문학이 없다는 점"이라고 말한 적이 있다. 훌륭한 작품이 인정받고, 기념되고, 프로그래머가 그대로 표시되면서 카피 될 수 있는 방법이 전혀 없다는 뜻이었다.[34] 스크래치가 로고를 미래로 데려갈 것이었다.

레스닉은 이렇게 회상한다. "연구 팀과 함께 엠티에 가서 이렇게 말했죠. '이번 일은 지금까지 우리가 한 그 어떤 일보다 더 많은 사람들에게 전해질 수 있습니다.'" 프로그래밍을 하고, 시제품을 만들고, 테스트하는 데만 4년이 걸렸다. 그 과정에서 보스턴 인근 여러 컴퓨터 클럽에 속한 아이들의 의견도 많이 들었다.

2007년 5월, 레스닉 팀은 스크래치를 출시했다. 많은 이들의 생각과 작업의 산물인 스크래치는 페퍼트가 처음에 품은 비전에 충실했다. 즉 나이나 경험에 관계없이 누구라도 컴퓨터 앞에 앉아 즉석에서 어떤 결과물을 만들어 낼 수 있었다. 그리고 더욱 중요한 것은 스크래치의 중심에 커뮤니티가 단단히 자리 잡고 있었다는 점이다.

　　레스닉 팀은 합리적인 수준의 지능을 가진 여덟 살 아이가 앉아서 온라인 튜터의 도움을 받아 프로그래밍을 시작할 수 있게끔 스크래치를 디자인했다. 아이와 오렌지색의 발랄한 '스크래치 캣' 마스코트와 코드가 전부다. 이게 바로 '동기 부여'를 특히 강조하는 스크래치의 디지털 학습 철학의 근간이다. 아이들은 배우고 '싶은' 마음이 들어야 하고, 직관적으로 배울 수 있어야 한다. 그 수업의 틀을 올바르게 짜 놓는 일은 우리들, 서투르고 고집스러운 어른들에게 달려 있다.

　　2007년 출시 이후 스크래치는 느리지만 꾸준히 성장해 꽤나 몸집이 커졌다. 데이비드 시걸이 스크래치를 발견했을 때쯤에는 이미 MIT의 그 어느 사이트보다 많은 트래픽을 받고 있었고, 온라인에서 진행되는 프로젝트 수도 수십만 개에 달했다. 스크래치 포럼에는 2~3초마다 새 글이 올라왔고, 레스닉 팀은 전반적인 정비 및 업그레이드를 준비 중이었다. 하지만 일의 양이 워낙 많아서 레스닉과 선 직원이 다 이 일에만 매달려야 할 판이었다. "스크래치의 잠재력을 온전히 터뜨리려면 새로운 조직이 필요하다는 걸 알았습니다. 미디어랩 혼자서는 안 될 것 같았어요." 레스닉의 회상이다.

MIT 미디어랩에 다녀온 다음 주 화요일에 시걸은 그달 말 다시 보스턴 인근을 방문하겠다고 레스닉에게 간단한 이메일을 보냈다. "들러서 인사도 하고, 스크래치가 하는 일에 기부도 좀 했으면 합니다. 그리고 이 프로그램의 발전에 제가 참여할 수 있는 방법에 대해서도 의논드리고 싶어요."

그해 여름 두 사람 사이에는 많은 연락이 오갔다. 결과는 달라도 두 사람 모두 컴퓨터 과학에 인생을 바쳤다는 공통점이 있었다. 그리고 두 사람 모두 초등학생들이 프로그래밍을 접할 수 있게 하는 것뿐만 아니라 프로그래밍을 재미있게 만드는 일에도 열정을 갖고 있었다. 시걸은 집에서 잭에게 직접 프로그래밍을 가르치는 일이 쉽지 않았다고 말했다. "저 같은 교육을 받은 적이 없는 부모가 아이에게 동기를 부여하려면 얼마나 힘들지 상상조차 안 됩니다." 시걸은 그렇게 썼다. 하지만 스크래치는 완벽한 수단이 되어 주었다. "심지어 이 분야 자격을 갖춘 지도자를 보유하지 못한 많은 초등학교와 중학교에서도 유용할 것 같습니다."

8월에 시걸은 일을 제대로 추진할 준비를 갖추고 다시 MIT 미디어랩을 방문했다. 그는 평생유치원 연구소를 가득 채운 실험적 콘셉트의 자전거와 납땜 세트, 그리고 물론 레고 블록들 사이를 조심조심 돌아다녔다. 레스닉의 사무실에 앉아 두 사람은 프로젝트의 뼈대를 세웠다. 그저 새로운 프로그래밍 언어 하나를 개발하는 것보다 훨씬 야심 찬 프로젝트였다. '학습과 교육에 대한 사람들의 사고방식을 바꾸자.'

레스닉과 시걸은 프로그래밍을 배우는 것이 단순히 미래의 컴퓨터 공학자를 양성하는 일이 아니라는 데 생각을 함께했다. 프로그래밍을 배우는 것은 '학습 방법'을 배우는 아주 효율적인 방법이었다. 레스닉은 이렇게 말한다. "프로그래밍을 배우면 생각을 조직화하고, 표현하고, 공유하는 데 도움이 됩니다. 글쓰기를 배우는 것과 같죠. 누구에게나 중요한 일이에요.”

이런 생각은 시걸의 마음에 들었다. “프로그래밍을 배우는 게 아니에요. 배우는 법을 프로그램 하는 거죠.” 머릿속을 떠나지 않는 아이디어였다. 뉴욕으로 돌아온 시걸은 새로운 비영리 단체를 만들기 위해 서류 작업을 준비했다. ‘코드 투 런 재단(Code to Learn Foundation)’, 지금은 스크래치 재단(Scratch Foundation)이라고 알려진 단체다.[35]

PS.

강령이 아니라
신화를 만들어라

2011년 니컬러스 네그로폰테가 이메일을 하나 보내왔다. "이따금 내가 소소한 팁을 보낼지도 모르겠네. 얼마든지 무시해도 좋네만, 아마 오직 부모가 자식에게만 해 줄 법한 얘기일 거야……. 예컨대 나는 직원들을 한 번도 '내 직원들'이라고 부른 적이 없다네. 그리고 나는 항상 '그 정도면 통과'라고 말하지 않고 '그 정도면 나는 좋다'고 말했다네. 이런 작은 것들이 기업 세계와 지금 자네가 맡은 일 사이의 차이에 속할 거야. 자네가 맡은 일은 공공의 종복에 가까우니까."

내가 유일하게 니컬러스와 달리 생각하는 부분은, 내 생각에 인터넷 이전 시대의 그런 톱다운식 전통적 리더십은 이제 기업계에서도 통하지 않는다는 것이다.

3장에서는 방향성, 즉 나침반의 중요성에 관해 이야기했다. 그리고 복잡하고 변화하는 세상에서 지도를 그리거나 계획을 짜는 것에는 함정이 있다고 했다. 미디어랩과 같은 복잡하고 창의적인 조직을 이끌면서 세부적 계획을 갖기란 불가능에 가깝다. 사실 여러모로 '이끈다'는 단어는 잘못된 이미지를 연상시킬 것이다. 우리는 리더를 어마어마한 통제력과 직접적 권력을 가진 사람으로 생각하는 경우가 많기 때문이다. 미디어랩을 이끄는 사람은 CEO라기보다는 정원사에 더 가깝다. 정원사는 꽃에 물을 주고, 배양토를 돌보고, 울타리를 손질할 뿐만 아니라 방해가 되지 않아야 한다. 그래야만 창의성이 폭발하고 정원에 있는 모든 식물과 야생 생물들이 번창할 수 있다.

MIT 미디어랩과 같은 조직을 '이끌려면' 나침반을 잘 손보고 공통의 방향을 향해 뜻을 모아야 한다. 나와 함께 일하는 수백 명의 총명하고 호기심 많고 독립적인 사람들이 맞닥뜨리는 모든 도전과 아이디어를 예상하거나 세부 사항까지 다 이해하는 것은 불가능하다. 우리는 우리에게 지휘권이 없다는 사실을 편안하게 받아들여야 한다. 우리는 일어나는 모든 일을 알 수도 없고 예상할 수도 없다. 그래도 여전히 우리는 확신을 갖고 용기를 낼 수 있다. 또한 그렇게 해야만 다양한 사고와 접근법, 시간 개념을 있는 그대로 받아들일 수 있으며, 억지로 모든 것을 딱딱 맞추려고 들지 않을 수 있다.

성공의 열쇠는 규칙도 아니고, 심지어 전략도 아니다. 성공의 열쇠는 '문화'다. 우리가 이야기하는 것이 도덕적 나침반이든, 세계관이든, 아니면 감수성이나 취향이든 간에 이런 나침반의 방향을 결정짓는 것은 우리가 만들어 내는 문화다. 행사나 이메일, 회의, 블로그, 우리가 만드는 규칙, 심지어 트는 음악까지도 모두 그 문화를 소통하는 한 방법이다. 중요한 것은 행동 강령이나 슬로건이 아니다. 중요한 것은 신화를 만들어 낼 수 있는 시스템이다.

조이 이토

4

안전보다
리스크

**Risk
over
Safety**

줄리아 후(Julia Hu)는 애플 스토어에 갈 아무 이유도 없지만 1년에 361일은 애플 스토어를 방문한다.[1] 그 이유를 알면 테러리스트 조직, 해커, 좋은 생각과 빠른 인터넷을 가진 사실상 모든 개인 같은 '작은 것'을 선호하는 복잡성의 시대에 기업, 정부, 대학 등의 '큰 것'이 왜 경쟁에서 고전을 면치 못하는지 많은 힌트를 얻을 수 있다.

최근 스탠퍼드 대학을 졸업한 그녀는 몇 년 전 아이폰 앱을 만들 아이디어가 있었다. 손목 밴드를 이용해 사용자의 수면 패턴을 측정하고 아침에 부드러운 자극으로 슬쩍 깨워 주는 앱이었다. 몇 주가 지나면 이 앱은 그동안 수집한 생체 측정 자료 분석으로 과로에 수면 부족인 많은 사람들에게 조언을 제공하는 '수면 코치'가 되어 줄 수 있었다.

아이디어는 좋았다. 친구들도 좋다고 했다. 가족도 호평이었고, 벤처 캐피털리스트들 반응도 긍정적이었다. 그리고 만약 이 손목 밴드에 하드웨어가 필요하지 않았다면 얘기는 여기에서 끝났을 것이다. 수천 명의 다른 소프트웨어 사업가들처럼 후도 그냥 프로그래머를 한두 명 채용해서 사업을 시작했을 테니 말이다.

하지만 애플 스토어와 앱 스토어 사이에는 큰 차이가 있다. 아무리 손목 밴드라 해도 이익을 낼 만큼 소매점에 제품을 넣으려면 대략 500만 달러는 필요하다. 2009년 말까지 후가 모은 종잣돈은 100만 달러도 되지 않았다. 시제품을 제작할 수는 있지만 제품까지 만들기는 힘들었다. 후는 리스크는 높고, 마진은 낮은 스마트폰 액세서리 시장에 진입할 수 있게 더 많은 벤처 캐피털리스트가 기꺼이 자신을 지원해 주기를 바라는 수밖에 없었다.

그러다가 후가 만난 사람이 PCH 인터내셔널의 설립자 겸 CEO인 리암 케이시(Liam Casey)다. 케이시의 회사는 수중에 많은 돈을 보유하고 있었다. 그해 케이시 소유의 개인 회사는 4억 1000만 달러를 벌어들일 추세였다. 하지만 케이시는 후에게 자본을 제안하지 않았다. 후에게는 그 자금이 필요 없었기 때문이다. 대신 케이시는 더 나은 것을 제안했다. 그의 공급 사슬에 대한 접근권이었다.[2]

알고 보니 공급 사슬은 '큰 것'과 '작은 것'들 사이의 전투가 벌어지는 중요한 각축장이었다. 이 장에서 보게 되듯 이제 작은 것들이 전투에서 이기기 시작했다. 케이시는 말하자면 지휘자 같은 사람이다. 다만 케이시의 오케스트라는 전 세계 수천 개의 공장으로 구성되어 있다. 이 공장들은 일주일 내내 24시간 바쁘게 돌아가면서, 여러분 컴퓨터의 회로 기판에서부터 그 컴퓨터를 포장하는 박스에 이르기까지 모든 것을 찍어 내고 있다. 후처럼 케이시 역시 한 명의 제작자다.

1996년 케이시는 선전(深圳)으로 옮겨 왔다. 선전은 중국이 선 세계의 세조 공장으로 부상하는 원동력이 된 공장 도시다. 케이시는 무역 회사를 시작했다. 그의 말에 따르면 처음 몇 년간은 서구의 기업들과 중국의 공장들을 서로 연결해 주는 일만 했다. 그러다 2003년쯤 사업이 사양길에 접어들었다. 서양은 동양을 만났고 사업을 할 수 있겠다는 결정이 내려졌다. 케이시는 단순한 '소개' 이상의 무언가를 제안해야 했다. "이곳에 처음 왔을 때 중국은 저렴한 제품을 만들기 좋은 장소였어요. 얼마 지나지 않아 좋은 제품을 싸게 만드는 곳이 됐죠. 그러다가 그런 제품을 만들 수 있는 유일한 곳이 됐습니다."

케이시는 자신의 축적된 지식을 모아 데이터베이스를 만들었다. 어떤 공장이 어느 공항에서 원자재를 가져와 어떤 칩을 어느 정도의 시간에 만들 수 있는지에 관한 데이터베이스였다. 이 자료를 본사에 있는 거대한 컴퓨터 모니터에 펼쳐 놓고 예를 들어 이어버드 같은 제품 종류만 하나 고르면, 이 글로벌 네트워크에서 헤드폰이라는 흔하디흔한 제품의 부품을 생산하는 모든 노드가 환하게 표시되었다. 더 깊이 파고들면 케이시는 그들의 경영, 인력, 심지어 제품 스펙 데이터까지 볼 수 있었다.

이 데이터베이스를 통해 케이시는 세계 최대 규모의 기업들을 포함한 고객들에게 사실상 모든 것의 아웃소싱을 제안할 수 있었다. 제조는 물론 디자인, 포장, 적재, 유지 관리까지 말이다. 이 과정에서 케이시는 전통적 비즈니스의 가장 큰 리스크 요인을 없앴다. '재고' 말이다. 판매량이 늘어나면 케이시는 생산량을 늘릴 수 있었다. 판매량이 줄어들면 그에 맞춰 글로벌 네트워크를 조정했다. 내슈빌이나 워싱턴 동부에 있는 그 큰 창고들은? 펜실베이니아의 옛 제철소들만큼이나 때 지난 것이 되었다.

케이시가 만든 데이터베이스와 글로벌 경제를 주무르는 그의 능력은 우리를 아웃소싱이라는 논리적 귀결로 이끌었다. 케이시는 "더 이상 아무것도 소유할 필요가 없습니다. 공장도, 창고도, 심지어 사무실조차도요."라고 말한다. 다시 말해 케이시는 기업이 이런 요소를 역외로 옮기게 해 준다. 그러면 뭐가 남을까? "아이디어가 필요하죠. 그 아이디어를 마케팅할 수 있어야 하고

요. 그게 다예요." 밴더빌트나 포드, 심지어 스티브 잡스가 만든 사업으로부터도 참으로 멀리 온 것이다.

　이것은 자본 없는 자본주의다. 그 의미를《포천》선정 500대 기업들은 결코 과소평가해서는 안 된다. 필요한 것이 오직 아이디어뿐이라면 누구라도 게임에 뛰어들 수 있기 때문이다. 그리고 지금 사례에서 그 '누구'는 줄리아 후였다. "우리는 후의 디자인을 대량 생산에 맞게 수정해서 원자재를 고르고 가장 효율적인 방식으로 배송될 수 있는 크기로 만들었어요. 그리고 후의 패키지 디자인을 도왔죠." 케이시의 말이다. 일본 지진 발생으로 후의 제품 출시일에 차질이 생길 뻔했을 때는 어땠을까? 케이시의 공급사슬은 무슨 습지대의 무성한 이끼처럼 스스로 치유된다. "저희는 해당 부품을 공급해 줄 사람을 이틀 만에 찾아냈어요. 그 정도는 아무것도 아니죠." 결국 후와 케이시는 브랜드 전략 및 마케팅까지 협업을 이어 갔다. 두 사람은 이 스마트폰 손목 밴드를 '라크(Lark)'라 부르기로 했다.[3] 케이시가 날것에 불과한 아이디어를 완제품으로 바꾸는 데 든 시간은 놀랍게도 단 6개월에 불과했다.

　가전제품은 연간 약 1조 달러 규모의 산업으로 평가된다.[4] 이 분야야말로 바로 '큰 것'들이 거대한 공룡처럼 으스대고 다니며 작은 것들을 밟거나(소송) 잡아먹는(합병) 세상이다. 그런데 케이시와 '적시생산(just-in-time) 공급사슬'은 이 분야를 훨씬 더 소프트웨어 사업에 가깝게 바꿔 놓았다. 개인이나 소규모 기업이 혁신적 아이디어를 끝없이 내놓는 곳 말이다.

　그래서 하드웨어 사업이 소프트웨어 사업과 훨씬 더 비슷해지면 무슨 일이 생길까? 규칙이 바뀐다. 제품 하나를 시장에

내놓는 데 드는 비용, 혹은 그냥 아이디어를 많은 사람들 앞에 내보이는 비용이 사업을 파산시킬 수도 있을 만큼 크다면 리스크보다는 안전을 지향하는 것이 합리적일 것이다. 하지만 지금은 상황이 극적으로 바뀌었다. 인터넷이 정말로 역학 관계를 뒤집어 놓은 것이다. 이제는 아이디어를 하나 확보하거나 제품에 대한 대략적인 청사진을 보유하는 비용이 그것을 비트의 형태로 세상에 내놓는 비용보다 더 비싸졌다.

따라서 이제 새로운 규칙은 리스크를 적극 끌어안아야 한다는 것이다. 그런 의미에서 기술에 비해 우리의 머리가 얼마나 뒤처졌는지를 이번 장만큼 잘 보여 주는 곳도 없을 것이다.

그렇다고 모두가 생명 보험조차 무용지물이 되는 익스트림 스포츠를 해야 한다는 뜻은 아니다. 다만 지금까지 일어났고 하루가 다르게 빨라지는 변화의 규모에 대해 이해해야 한다는 뜻이다. 야심 찬 고등학생이 새로운 형태의 생물을 설계할 수 있다는 사실은 단순히 흥미로운 데서 그치지 않는다. 이것은 자본주의 전체의 구조와 논리에 시사하는 바가 있다. 물론 그 자본주의라는 것이 기대고 있던 가정도 우리가 잊지 않았다면 겨우 30년 정도 유효했던 것들이지만 말이다. 어느 정신 나간 사람이 기발한 무기를 설계해서 온라인에 유포하고 그것이 3D 프린터로 제작되어 비행기에 실린다면 단순히 그냥 무서운 이야기가 아니다. 이것은 우리가 리스크를 새로운 방식으로 접근해서 철저히 재고해야 한다는 뜻이다.

이렇게 가끔은 혼란스럽고 무섭기도 한 새 세상이 내놓는 기회들을 잘 활용하려면 의사 결정자들이 빠르게 움직여야 한다. 전통적인 지휘 명령식 경영 모델이 요구하는 겹겹이 쌓인 허가와 승인 절차가 없어져야 한다. 이름은 밝히지 않겠지만 한 회사는 조이 이토의 프로젝트 중 하나에 60만 달러를 투자할지 결정하기 위해 성공 가능성 조사를 의뢰했다. 그 조사에 300만 달러가 든 다는 점에는 눈도 깜박하지 않았다. 경직된 절차, 그리고 안전보다 리스크를 적극 받아들이지 못하는 태도 때문에 이 회사는 60만 달러짜리 '사실' 대신에 300만 달러짜리 '이론'을 택했다. 프로젝트가 실패했다 한들, 회사가 잃을 돈은 투자하지 않기로 결정했을 때 쓴 돈의 5분의 1밖에 안 되었는데도 말이다.

이론보다 실제를 중시하는 태도처럼, 안전보다 리스크 지향이라는 원칙도 무책임한 소리처럼 들릴지 모른다. 그러나 이 원칙을 가능케 하는 지금의 저비용 혁신의 잠재력을 십분 발휘하려면 반드시 이 원칙을 채택해야만 한다. 소프트웨어와 인터넷 업계에서는 안전보다 리스크라는 원칙이 오랫동안 필수적 일부였고, 벤처 캐피털의 세상을 만들어 낸 것도 이 원칙이다. '안전보다 리스크' 원칙은 이제 제조와 투자, 예술, 연구 분야의 혁신을 위해서도 점점 더 중요한 도구가 되고 있다.

안전보다 리스크를 실행한다는 것이 맹목적으로 리스크에 뛰어들라는 뜻은 아니다. 그저 혁신에 드는 비용이 줄어들면서 리스크의 본질도 바뀐다는 것을 제대로 알라는 뜻이다. 8장에서 보게 되듯, 인터넷 덕분에 소프트웨어 회사들은 이전과 같은 리스크 회피적이고 관료주의적인 승인 절차를 버릴 수 있게 됐다. 그리고 허가를 구할 필요 없이 기민하게 혁신에 접근할 수 있었다.(어찌 보면 그렇게 하도록 '강제'했다.) 물론 그중 많은 기업이 실패했지만, 성공한 기업들은 경쟁자들이 시장에 나와 보기도 전에 이미 성공을 거뒀다.

초창기 인터넷을 만들었던 기업들이 업계의 현실을 더 가깝게 반영하려고 사업 관행을 바꾼 것처럼, 이들 기업에 자금을 지원한 투자자나 벤처 캐피털리스트도 새로운 접근법에 익숙해져야 했다. 사업 기획서를 읽고 양복 차림의 MBA 출신들과 대화를 나누고 값비싼 성공 가능성 조사를 의뢰하는 대신 훌륭한 사람과 좋은 아이디어에 도박을 거는 법을 배워야 했다. 각 도박에 걸린 금액은 상대적으로 적었고 그중 몇 개밖에 성공하지 못했지만, 회사가 작았고 성공한 회사는 종종 아주 크게 성공했기에 이런 고위험 투자를 할 능력과 의지가 있었던 쪽은 어마어마한 이득을 거두어들였다.

안전보다 리스크를 택한 투자자들은 실패하고 있는 투자에 대한 접근법도 바꿔야 했다. 안전한 몇 곳에 투자하는 것이 아니라 위험한 다수에 투자하게 되면 성공하지 못하는 회사로부터는 과감하게 손을 뗄 수 있어야 한다. 안전보다 리스크가 유리해지는 바로 그 이유 때문에 죽어 가는 투자에는 자원을 쏟아부을 수 없기 때문이다. 이게 바로 저비용의 혁신이다.

손을 떼는 대신 죽어 가는 투자를 살려 보려고 20만 달러를 쓴다면, 60만 달러를 쓰지 않으려 300만 달러를 썼던 그 회사와 똑같은 처지가 될 것이다. 손을 떼는 동시에, 초기 투자금을 회수하려 애쓰는 대신 기꺼이 잃을 각오가 되어 있어야 한다. 그래야만 협업한 혁신가도 혼자 남아서 새로운 아이디어를 개발할 수 있다. 여러분의 돈이 있든 없든 말이다.

페이스북이나 구글처럼 성숙기에 이른 회사들조차 기민성과 회복력을 유지하기 위해 리스크를 활용하며, 환경이 변화하면 전략과 제품의 초점을 바꾼다. 구글의 공동 설립자 래리 페이지(Larry Page)가 《와이어드》와의 인터뷰에서 말한 내용이다. "대부분의 회사들은 시간을 두고 천천히 죽어 간다. 전에 했던 것을 거의 그대로 하면서 약간의 변화만 주려는 경향이 있기 때문이다. 실패하지 않을 것을 아는 일에 힘쓰고 싶은 게 사람들의 자연스러운 본성이다. 하지만 점진적 발전은 시간이 지나면 분명 시대에 뒤처진 폐물이 된다. 특히 기술 쪽이라면 변화가 점진적이지 않다는 것을 이미 알고 있지 않은가."[5]

래리 페이지가 말하는 극적 변화는 시간이 지나면서 점점 더 빨라지고 있는 혁신의 원동력이자 결과물이다. 이런 곡선을 활용하려면 혁신가는 리스크를 적극 끌어안아야 한다. 그리고 투자자는 기회를 찾아다니고 알아보아야 하며, 이미 내가 투자한 사람이 나에게 허가를 구하지 않게 해서 혁신을 촉진해야 한다.

안전보다 리스크에 집중했을 때 얻을 수 있는 이점은 금전적인 것을 훨씬 넘어선다. 혁신에 드는 비용이 급감하면 더 많은 사람이 리스크를 감수하며 신제품과 신사업에 착수할 수 있게 되고, 혁신의 중심은 주변으로 옮겨 간다. 그렇게 되면 위계 서열적인 구식 모형의 투자와 제품 개발 때문에 소외되어 있던 사람들에게 새로운 기회가 많이 생긴다.

직원들이 리스크를 추구하도록 허용하는 회사는 더 큰 창의성을 촉진한다. 네리 옥스먼의 커리어에도 큰 도움이 되고 MIT 미디어랩의 반학과적 연구에도 큰 관심을 불러모았던 실크 천막 프로젝트는 옥스먼과 미디어랩 모두 안전보다 리스크를 택했기에 가능했던 일이다. 옥스먼으로서는 예측 불가한 누에고치가 프로젝트를 망칠 위험이 있었다. 또 좋게 받아들여지지 않거나 예술과 과학의 비전통적 결합이라는 점 때문에 학문적 입지가 위험해질 수도 있었다. 미디어랩의 입장에서는 많은 사람이 이용하는 빌딩의 대형 로비 위로 6000마리가 넘는 누에가 철사와 실에 매달려 짧은 생을 이어 가고 있다는 것 자체가 리스크였다. 옥스먼이 제안을 내놓았을 때 안전한 선택은 '거절'이었을 것이다. 하지만 나중에 밝혀진 것처럼 옳은 선택은 '수용'이었다. 실크 천막은 위험을 감수할 만한 가치가 있는 선택이었다.

이렇게 안전보다 리스크에 초점을 맞추는 것은 언제나 MIT 미디어랩의 DNA의 일부였고, 또한 인터넷의 일부였다. '시연을 못 하면 폐기한다'라는 네그로폰테의 경고나 '전개하라'라 는 조이의 요구도 같은 맥락이었다. 그렇다고 위험한 제안을 모두 맹목적으로 지원하라는 의미는 아니다. 다만 혁신가나 투자자는 지금 무언가를 '하는 것'과 나중에 뭔가를 할지 '생각해 보는 것' 사이에서 저울질을 잘 해야 한다. 혁신의 속도가 계속해서 빨라지 는 상황에서는 이 등식을 이해하는 사람만이 승자가 될 것이다.

────

오랜 혁신의 역사를 지닌 미국은 이미 혁신의 정점에 서 있어야 하는 것 아닐까? 누가 뭐래도 실리콘밸리의 고향 아닌가? 브랜드 전략, 마케팅, 누구나 주머니에 찔러 넣고 싶은 물건의 아 이디어를 생각해 내는 데는 서양이 우위에 있다고 가장 먼저 말한 사람이 리암 케이시였다. 그러나 그런 안이한 생각에 자족하기 전 에 이 점을 생각해 보자. 거의 모든 대형 전자 제품 회사들이 선전 에서 제품을 만들고 있고, 중국의 공장들은 점점 더 정밀한 첨단 제품을 자체 생산할 수 있는 설비를 갖춰 가고 있다.

근사한 신형 카메라 폰을 만드는 일이 안드로이드용 근 사한 앱을 만드는 일보다 어렵지 않게 될 때 무슨 상황이 벌어질지 는 점쟁이가 아니어도 알 수 있다. 왜냐하면 벌써 일어나고 있는 일이기 때문이다. '산자이'라 부르는 이런 일이 돌아가고 있는 곳 이 선전이다. 산자이(山寨)란 말 그대로는 게릴라 요새라는 뜻이 지만, 시간이 지나면서 중국산 싸구려 가짜 브랜드를 뜻하는 속어 가 됐다. 뉴욕이나 로스앤젤레스 길거리에서 본 적이 있을 것이다. 노스 페이스(North Faith) 재킷, 낙키아 휴대 전화, 구우치 지갑 같 은 것 말이다.

변화가 일어난 것은 약 5년 전이었다. 처음에는 품질이 향상되었다. 낵키아, 삼싱의 품질과 내구성이 금세 노키아, 삼성에 필적했다. 그때 뭔가 놀라운 일이 벌어졌다. 복제품들이 원작보다 더 좋아지기 시작한 것이다. 특히 복제품들이 혁신성을 갖기 시작했다. 특허 변호사나 규제의 손아귀에서 자유로운 산자이 제조사들은 이상하고 엉뚱한 제품들을 찍어 내기 시작했다. 예컨대 HD급 벽면 프로젝터가 달린 전화기 같은 것 말이다. 못할 이유가 뭐가 있을까? 케이시가 사용하는 것과 똑같이 엄청나게 빠르고 유연한 공급 사슬을 사용하는 약삭빠른 사업가라면 다양한 제품을 조금씩 생산해서 수요를 측정하고 판매에 따라 얼마든지 생산량을 늘릴 수 있다.

"웹이 음원 복제 편집 업계에 저지른 일을 저들은 하드웨어 분야에서 하고 있는 거지요." 버니 황은《와이어드 UK》와의 인터뷰에서 이렇게 말했다.[6] 넋 놓고 당한 대형 가전 업체들은 허둥지둥 따라잡으려 했다. 심 카드 슬롯이 두 개 탑재된 엘지 전화기나 위조지폐 감별기가 달린 삼성 전화기 모두 산자이의 혁신에서 나온 사양들이다. 물론 삼성이 그 제품들을 내놓았을 때쯤 해적판은 이미 더 나은 사양, 더 먼 혁신으로 옮겨 간 후였다. 대기업들은 이들을 따라잡을 수가 없다. 시장 수요에 대응하려면 몇 달이 걸리고, 산자이와는 달리 어떤 제품이든 출시하려면 복잡한 국제 특허권 협상을 해야 하기 때문이다.

그 결과 2009년에는 산자이 제품이 전 세계 휴대 전화 시장 점유율의 20퍼센트를 가져갔다.[7] 그리고 가전제품의 다른 분야로 빠르게 손길을 뻗고 있다. 이것은 어마어마하게 큰 파이의 큰 조각이다. 암시장 제품의 글로벌 시장이 하나의 국가라면, 그 GDP는 100조 달러로 전 세계 2위를 차지했을 것이다.[8] 위험 감수에는 정말로 보상이 있다.

7000만 년 전에는 공룡으로 사는 게 아주 좋은 일이었다. 모든 걸 갖추고 있었기 때문이다. 크고, 피부도 두껍고, 이빨은 날카롭고, 냉혈 동물에, 오래 살았다. 아주 오랫동안 그랬다. 그러다 갑자기, 몇몇 고생물학자에 따르면 겨우 몇 시간 만에[9] 그게 별로 좋지 않은 일이 됐다. 공룡은 크기 때문에 어마어마한 칼로리가 필요했고, 어마어마한 공간이 필요했다. 그래서 공룡은 죽었다. 공룡보다 오래 산 게 뭘까? 개구리다.[10]

우리가 미국에서 읽고 있는 이 글은 걱정되는 만큼이나 익숙한 내용이기도 하다. 중국은 부상하고 미국이라는 제국은 쇠퇴한다는 이야기. 개구리가 공룡을 뛰어넘었다. 하지만 이런 줄거리는 새 시대에 대한 근본적인 오해를 표출한다. 미국 회사와 중국 회사는 같은 배를 타고 있다. 공룡은 다른 공룡을 걱정할 필요가 없다. 공룡은 개구리 같은 생각과 행동을 시작해야 한다.

———

리스크에 대한 이런 태도를 한참 거슬러 올라가 보면 비트코인이 어쩌다 생겨났는지 설명할 수 있다. 비트코인 소스포지(SourceForge) 프로젝트의 키들을 개빈 안드레센(Gavin Andresen)에게 넘긴 2010년까지, 가명의 비트코인 제작자 사토시 나카모토는 소프트웨어 수정을 거의 혼자서 다 해냈다. 비트코인 재단의 수석 과학자였던 안드레센에 따르면, 2015년 말 현재 비트코인 코어의 30퍼센트는 아직도 사토시의 원래 코드라고 한다.[11] 이 얘기를 하면서 안드레센은 핵심 개발자들, 비트코인 코어를 바꿀 권한을 가진 개인들이 '괴짜에 리스크 회피적'이었지만 사토시만큼은 아니었다고 표현했다. 사실 안드레센은 사토시가 2011년 4월 프로젝트에서 손을 뗀 이유 중 하나가 코드를 장악하고 싶은 그의 욕구 때문이라고 본다. 그래서 비트코인에 필요한 개발자 커뮤니티를 형성하는 것과 공존할 수 없다는 것이다. 이들 개발자 일부는 지난 5년간 비트코인 소스코드에 엄청난 공헌을 했다. 안드레센 역시 2016년 5월 그의 수정권(비트코인 소스코드를 바꿀 수 있는 능력)을 철회했다는 사실을 상기할 만하다.[12]

사토시의 존재감이 줄어들기 시작했음에도 비트코인 커뮤니티의 다른 멤버들은 암호화 화폐와 관련한 인프라를 구축하고 있었다. 뉴 리버티 스탠더드(New Liberty Standard)는 2009년 10월 환율을 정했다. 1달러당 1309.03비트코인. 당시 비트코인을 캐는 데 필요한 전기 비용에 기초한 금액이었다.[13] 2010년 2월 비트코인 마켓이 최초의 비트코인 거래소가 됐다. 법정 화폐를 가지고 비트코인을 사거나 비트코인을 보다 전통적 형태의 돈으로 바꿀 수 있는 장소였다. 2010년 5월 현실 세계에서 첫 비트코인 거래가 이루어졌다. 플로리다 주 잭슨빌에 있는 라즐로 한예츠(Laszlo Hanyecz)가 피자 두 판에 1만 BTC를 제시했던 것이다. 당시로서는 약 25달러에 해당하던 가격이 합리적으로 보였지만, 2015년 초에 이르면 똑같은 1만 비트코인이 200만 달러 이상의 가치를 갖게 된다.[14]

피자를 샀던 그해에 가장 유명한, 혹은 가장 악명 높은 비트코인 거래소인 마운트 곡스(Mt. Gox)가 부상했다. 원래 이 사이트는 2007년에 전략 게임 '매직: 더 개더링 온라인'의 카드 거래소인 '매직: 더 개더링 온라인 익스체인지'로 시작되었다. 마운트 곡스는 몇 년간 먼지만 쌓여 가다가, 설립자 제드 맥컬레브(Jed McCaleb)가 슬래시닷(Slashdot)에 게재된 비트코인에 대한 포스트를 읽고 사이트 이름을 비트코인 거래소로 고쳤다. 맥컬레브는 2011년에 떠나면서 마운트 곡스를 일본에 사는 프랑스인 개발자 마크 카르페예(Mark Karpelès)에게 넘겼다.[15] 그다음 2년간 비트코인이 눈에 띄게 인기를 얻으면서 마운트 곡스도 함께 성장했고, 결

국 전 세계 비트코인 거래의 70퍼센트 이상을 처리하게 됐다.[16]

마운트 곡스는 여러 보안 문제와 소프트웨어 버그로 사업의 어려움을 겪었다. 그중에는 대량의 비트코인이 사기로 한 명의 해커에게 이체된 일도 있었다. 이 해커가 코인을 거래소에 대량 쏟아내면서 몇 분 만에 가격이 거의 0에 가깝게 떨어졌다.[17] 그러나 가장 많이 기억되는 붕괴 사태가 일어난 것은 법률 및 규제 문제가 쏟아지면서 마운트 곡스가 파산한 2013년이다.[18]

그 시작은 미국 국토 안보부(DHS)가 미국에 있는 마운트 곡스 지점에서 500만 달러를 압류하면서였다. 당국은 마운트 곡스가 등록되지 않은 송금 사업자로 영업을 하고 있다고 주장했다. 곧 마운트 곡스는 미국의 금전 서비스 사업을 규제하는 금융 범죄 단속반(FinCEN)으로부터 허가를 취득했지만, 미국 내 고객들에게 돈을 이체하는 것은 심각한 제한을 받았다.[19]

2월 말 카르페예는 비트코인 재단 이사회에서 사직하고, 마운트 곡스의 웹사이트는 오프라인이 되었으며, 회사는 미국과 일본에서 파산 보호를 신청했다.[20] 신청서에서 마운트 곡스는 자체 소유인 10만 비트코인과 고객에게 속한 거의 75만의 비트코인을 잃었다고 주장했다. 비록 나중에 "2011년 이전에 사용된 옛날 방식 지갑"에서 20만 비트코인을 찾았지만, 당시 존재하던 전체 비트코인의 약 20분의 1이 그대로 사라졌다.[21] 비트코인 시장은 마치 신세계에서 구세계로 금을 싣고 가던 배가 사라졌을 때 전통적 금융 시장이 보였을 법한 반응을 보였다. 비트코인의 가격은 급락했고, 여러 건의 소송과 비판적 기사들이 뒤따랐다.

마운트 곡스는 해커들을 비난하는 듯한 성명서를 발표했다. 그러나 2014년 12월 일본의 《요미우리 신문》에서는 일본 경찰은 사라진 비트코인의 약 1퍼센트만이 해커의 지갑으로 들어간 것으로 본다고 보도했다.[22] 기사에 따르면, 나머지 부분에서는 고객들의 계좌와 알려지지 않은 제3자들이 모은 비트코인 풀이 서로 불일치하는 것을 경찰이 발견했다고 한다. 그러면서 잃어버린 비트코인 대부분에 해당하는 사기 거래가 있었음을 암시했다.[23] 카르페예는 체포되었고 2015년 횡령으로 기소되었다.[24]

마운트 곡스의 와해는 2013년 발발한 또 다른 비트코인 관련 스캔들에 불을 붙였다. 불법 약물에서부터 살인 청부에 이르기까지 모든 것이 거래되는 베일에 싸인 온라인 장터 '실크 로드'가 압류된 것이다. 'DPR(Dread Pirate Roberts)'로 알려진 운영자가 특이하게도 기꺼이 인터뷰를 하려고 했기 때문에《고커(*Gawker*)》의 에이드리언 첸(Adrian Chen)이 2011년에 상세한 기사를 썼고, 이후 이 시장의 존재에 대해서는 자세히 보도되었다.[25] 2012년 미국 국토 안보부가 수사를 시작했고 1년 뒤 국토 안보부의 특수요원 자레드 데어예기아얀(Jared Der-Yeghiayan)이 실크 로드의 오퍼레이터로 취업하는 데 성공했다.[26] 그의 공작으로 2013년 10월 로스 울브리히트(Ross Ulbricht)가 체포되었다. 로스 울브리히트는 자신의 노트북 컴퓨터에 DPR로서 겪은 자신의 모험담을 일지처럼 상세히 기록해 두었을 뿐만 아니라, 그 컴퓨터에는 실크 로드 거래를 통해 획득했다고 주장되는 14만 4342비트코인이 들어 있었다.[27]

미국 연방 보안관실은 수사 과정에서 획득한 약 3만 비트코인을 경매에 부쳤다. 벤처 캐피털리스트인 팀 드레이퍼(Tim Draper)가 이 비트코인을 사서 비트코인 스타트업 보럼(Vaurum)에 빌려주었다. 보럼은 "약세 통화에 무력해진 시장에 유동성과 자신감을 제공할 수 있는 새로운 서비스"에 초점을 맞춘 회사였다.[28] 울브리히트의 컴퓨터에서 발견된 나머지 비트코인은 묶음으로 나눠 팔았는데 마지막 경매는 2015년 11월에 열렸다.[29]

실크 로드 수사와 울브리히트의 재판은 비트코인의 패

러독스 중 하나를 분명히 보여 주었다. 암호화 화폐는 뚜렷한 익명 성 때문에 범죄자와 테러리스트들의 표적이 된다는 점이다. 또한 암호화 화폐는 일부러 투명한 구조를 취했기 때문에 조사에도 완 전히 노출되어 있다. 이것은 흠결이 아니라 플랫폼의 일부다. 비트 코인 사이트(Bitcoin.org)에서 설명하고 있듯이 "비트코인은 다른 모든 형태의 돈과 마찬가지로 이용자가 적정 수준의 프라이버시 를 유지하면서 대금을 지불하거나 지불받을 수 있게 디자인되었 다. 그러나 비트코인은 익명이 아니며 현금과 같은 정도의 프라이 버시를 제공할 수는 없다. 비트코인 사용은 광범위한 공개 기록을 남긴다."[30]

이것은 또한 당초 '사이퍼펑크 선언문(Cypherpunk's Manifesto)'과도 통한다. "프라이버시는 비밀주의가 아니다. 프라 이버시는 온 세상이 아는 것은 바라지 않는 일이고, 비밀주의는 아무도 아는 것을 바라지 않는 일이다. 프라이버시는 세상에 자신 을 선택적으로 내보일 수 있는 힘이다."[31] 비트코인이 사용자들에 게 요구하는 것이 있다. 누구에게 얼마나 내보일지 결정해야 한다 는 점이다.

———

작년에 MIT 미디어랩 학생들은 버니 황과 함께 선전을 방문했다. 협소한 장소를 방문할 예정이고 빠르게 움직여야 했기 때문에 황은 그룹을 소규모로 짰다. 투어에는 링크드인(Linkedin) 의 설립자이자 조이 이토의 친구이기도 한 리드 호프먼도 함께했 고, MIT의 사무장인 마티 슈밋(Marty Schmidt)도 같이 갔다.

첫 번째 방문지는 AQS가 운영하는 작은 공장이었다. AQS는 선전뿐만 아니라 캘리포니아 주 프리몬트(Fremont)에도 공장을 가진 제조 회사다. 주로 회로기판에 칩을 올리는 일을 하는데 공장에는 SMT 기계들이 가득 들어차 있었다. SMT 기계는 컴퓨터로 프로그램 된 공압 장치를 사용해 칩과 다른 부품을 집어서 보드에 올려놓았다. 공장에는 SMT 기계 외에도 많은 직원들이 제조 라인을 준비하고 있었는데, 이들은 장비를 프로그래밍 하고 엑스레이나 컴퓨터 혹은 눈으로 결과를 테스트하며 기술적 혹은 경제적 이유로 손으로 직접 하는 것이 나은 일부 과정을 수행하고 있었다.

AQS는 기업가들에게 흔한 일로 물량이 적어서, 리스크가 높아서, 요구 사항이 비전통적이기 때문에 다른 식으로는 중국에서 제조 파트너를 찾기 어려운 스타트업 및 프로젝트와 면밀히 협업한다.

그러나 AQS 같은 공장이 인상적인 이유는 기술 때문이 아니라 사람 때문이다. 공장장부터 프로젝트 매니저와 엔지니어에 이르기까지 그곳 사람들은 열심히 일하고, 경험도 많고, 믿을 만하며, 황이나 그 친구들과 작업하는 것을 좋아한다. 그들은 한 번도 제조된 적 없는 물건을 만들기 위해 새로운 프로세스를 기꺼이 디자인하고 테스트하려고 하며 그럴 능력도 된다. 투어가 끝난 후 조이가 어느 글에 쓴 것처럼 "그들의 직업 윤리와 에너지를 보고 있으니, 전후 일본의 제조업을 일으켜 세웠던 많은 창업주 기업가와 엔지니어들에 관해 내가 상상하던 모습이 겹쳐졌다."[32]

AQS 다음으로 방문단은 킹 크레디(King Credie)를 찾아갔다. 킹 크레디는 회로기판(PCB)을 프린트하는 회사다. PCB 제조 과정은 어렵고 매우 정밀하다. 제조자는 한 층 한 층 쌓아 가며 땜질용 납과 금, 기타 다양한 화학제품을 식각(蝕刻)하고 프린트해야 한다. 성공적인 결과물이 나오려면 여러 단계를 거쳐야 하고 복잡한 제어가 필요하다. 당시 킹 크레디는 세라믹 층과 휘어지는 층을 포함한 아주 정교한 하이브리드 PCB를 작업하고 있었다. MIT 미디어랩은 킹 크레디와 긴밀한 업무 관계를 맺고 있는 덕분에 전 세계 어디에서도 보지 못할 이 과정을 직접 참관할 수 있었다.

다음으로 방문한 곳은 사출 성형 공장이었다. 버니 황은 조이 이토를 도와 꽤나 복잡한 사출 성형 프로젝트를 진행 중이었다. 휴대 전화에서 아동용 카시트에 이르기까지 플라스틱 부품은 대부분 플라스틱을 주입하는 거대한 금속 몰드를 통해 사출 성형 과정을 거쳐 만들어진다. 이 과정은 쉽지 않은데, 경면 처리(mirror finish, 제품의 표면을 거울처럼 매끄럽게 처리하는 것)를 원한다면 몰드도 경면 처리 해야 하기 때문이다. 1000분의 1인치의 제조 허용 오차를 맞춰야 한다면 금속 몰드도 같은 정도의 정확성으로 만들어야 한다. 또한 여러 개의 구멍을 통해 몰드 안으로 들어가는 플라스틱이 어떻게 흐를지도 알아야 하고, 골고루 들어가서 비뚤어지거나 깨지지 않고 잘 식게 해야 한다.

그날 방문단이 간 공장은 조이가 필요로 하는 사출 성형 도구들을 디자인하고 기계로 만들 수 있는 정밀 기계 공장과 엔지니어링 전문가를 보유하고 있었다. 하지만 조이의 첫 생산 물량이 너무 적어서 그들은 이 사업에 흥미가 없었다. 그들은 수백만 개의 주문을 원했는데 조이가 필요한 것은 겨우 수천 개였다.

흥미롭게도 공장장은 조이에게 중국에서 정밀 몰딩 도구들을 만들어서 미국에 있는 공장으로 보내 생산해 보라고 제안했다. 클린 룸 처리가 필요하기 때문에 미국에서 생산하는 편이 비용이 더 적게 들 거라고 생각한 것이다. 하지만 미국의 공장들은 중국에 있는 그의 공장처럼 툴을 생산할 기술이나 능력이 안 되고, 설사 된다 하더라도 그렇게 부가 가치 높은 서비스에 대한 비용이 이곳과는 비교가 안 될 수준일 거라고 했다.

이렇게 역할이 뒤바뀐 것만 봐도 사출 성형 부문에서 기술과 사업과 노하우가 얼마나 선전으로 이동했는지 알 수 있다. 미국이 제조 능력을 갖고 있다 해도 이 분야에 대한 지식 생태계의 핵심 부분이 지금은 오직 선전에만 있다. 그리고 실험이나 실패(리스크)를 용인하는 폭도 선전이 미국보다 훨씬 앞선다.

그다음 황은 방문단을 이끌고 시장으로 갔다. 반나절을 보냈지만 거대한 네트워크를 형성한 빌딩과 상점과 장터의 극히 일부밖에 보지 못했다. 시장은 여러 층으로 된 빌딩들이 커다란 몇 개의 블록을 형성하고 있었는데, 각 층마다 상점들이 꽉꽉 들어차 있었다. 빌딩마다 LED에서부터 휴대 전화 해킹, 수리 등 각자 테마를 갖고 있었다. 전체적으로 영화 「블레이드 러너」 분위기였다.

투어를 시작한 곳은 망가지거나 버린 휴대 전화를 분해해 부품을 수거하는 곳이었다. 혹시라도 작동할 만한 부품은 모두 분리해서 큰 비닐봉지에 담아 팔았다. 부품의 또 다른 출처는 공장 라인에서 사출되고 나서 수리한 부품과 부품 중 하나만 테스트를 통과하지 못한 PCB였다. 아이폰의 홈 버튼, 와이파이 칩 세트, 삼성 스크린, 노키아 마더보드 등 없는 게 없었다. 황은 칩이 들어 있는 봉지 하나를 가리키며 미국에 가면 5만 달러는 주어야 할 텐데 여기에서는 500달러에 판다고 했다. 이 칩들은 낱개로는 팔지 않고 무게 단위로 팔았다.

칩을 무게 단위로 사 가는 사람들은 과연 누굴까? 우리가 모두 '새것'이라 믿으며 구입하는 휴대 전화를 만드는 작은 공장들이다. 이러한 공장은 부품이 부족하면 라인을 계속 가동하기 위해 이곳 시장으로 달려와 봉지째 부품들을 사 간다. 여러분이 방금 AT&T에서 산 '새' 전화기 어딘가에도 선전에서 파는 '재활용' 부품이 들어 있을 가능성이 매우 높다.

이런 부품의 또 다른 소비자는 전화기 수리상들이다. 전화기 수리는 스크린 교체와 같은 단순한 것부터 완전히 새로 만드는 것까지 범위가 다양하다. 조각 부품으로만 만든 전화기를 살 수도 있다. "전화기를 잃어버렸는데요. 제 전화기를 '수리'해 주실 수 있을까요?"

전화기가 '재활용'되는 시장을 거쳐 방문단은 노트북 컴퓨터와 텔레비전, 기타 온갖 것을 다루는 비슷한 시장을 둘러보았다. 그리고 좀 다른 유형의 시장으로 갔다. 이곳에 들어설 때 황은 조용한 목소리로 말했다. "여기 있는 건 죄다 가짜예요." 그곳에는 슴스먹(SVMSMUG) 전화기를 비롯해 모두가 아는 온갖 종류의 전화기와 똑같이 생긴 전화기들이 있었다. 하지만 더욱 흥미로웠던 것은 그 어디에도 존재하지 않는 듯한 전화기들이었다. 열쇠고리, 스테레오 오디오, 모형 자동차, 반짝이는 것, 깜박이는 것 등등 상상할 수 있을 만한 형태의 전화기는 다 있었다. 다수가 소위 산자이라는 도용 제작자들이 디자인한 것이었다. 대부분은 기존 전화기의 복제품을 만드는 것으로 시작했지만, 제조 생태계와 근접해 있는 덕분에 이제는 온갖 새로운 아이디어가 나오는 발 빠른 혁신 상점처럼 변해 있었다. 이들은 공장을 활용할 수 있었고, 더욱 중요한 것은 모든 대형 전화기 제조사의 사업 수완과 영업 비밀도 이용할 수 있었다. 이곳 상점에서는 심지어 그 대기업 제품들의 설계도까지 팔고 있었다.

또 하나 놀라운 것은 비용이었다. 사양을 모두 갖춘 가장 싼 전화기의 소매가가 9달러 정도였다. 그렇다. 단돈 9달러. 미국에서는 이런 걸 디자인할 수 없다. 이런 건 손톱 밑에 기름때가 묻은 엔지니어들만 디자인할 수 있다. 최첨단 휴대 전화뿐만 아니라 제조 장비까지 속속들이 알고 있는 사람들 말이다.

선전에서는 지적 재산이 대체로 무시되는 것처럼 보이지만, 실제로 사업 수완과 영업 비밀은 가족, 친구, 믿는 동료로 이루어진 복잡한 네트워크를 통해 선택된 사람들끼리만 공유한다.

이렇게 말하면 오픈소스와 비슷하게 보이겠지만 그건 아니다. 복제품에서 지적 재산권을 분명히 하는 쪽으로 방향을 트는 것이 새로울 것은 없다. 19세기 미국의 출판업자들은 미국 자체 출판업이 발전할 때까지 뻔뻔하게도 저작권을 위반했다. 일본은 자동차 업계의 리더가 될 때까지 미국 차들을 그대로 복제했다. 선전 역시 한 국가나 생태계가 팔로워에서 리더로 가는 중요한 지점에 와 있는 것 같다.

　　방문단이 팬텀 시리즈 UAV 쿼드콥터(Quadcopter) 드론을 만드는 DJI를 방문했을 때는 정말로 앞서가는 회사를 목격할 수 있었다.[33] DJI는 매년 다섯 배씩 성장하고 있는 스타트업이다. DJI에서 만드는 드론은 소비자용으로, 디자인 드론들 중에서도 가장 인기 있는 축에 속한다. 이 회사는 중국에서 10위 안에 드는 특허 보유처기도 하다. DJI는 선전 공장들의 사업 수완에서 도움을 받는 것이 분명했지만 지적권 재산 측면에서 깨끗해야, 그리고 공격적이어야 한다는 것도 잘 알고 있었다. DJI는 마치 방문단이 그동안 방문한 공장들의 사업 수완과 직업 윤리를 뒤범벅시켜 놓은 실리콘밸리 스타트업 같은 느낌이었다.

　　방문단은 수백만 대의 전화기를 만드는 최첨단 휴대 전화 공장도 방문했다. 모든 부품은 완전히 자동화된 창고에서 로봇이 가져온 것들이었다. 프로세스와 장비는 업계 최고 수준이었고 전 세계 어느 공장보다도 정교해 보였다.

　　다음으로 간 곳은 한 달 케이블 방송 요금 정도에 해당하는 돈으로 아주 정밀한 보드를 소량씩 조립해 주는 작은 가게였다. 그 가격에 그렇게 해 줄 수 있는 이유는 보드를 손으로 만들기 때문이다. 그들은 겨우 눈에 보일까 말까 한 크기의 칩을 손으로 보드 위에 올린다. 그리고 미국인이 본다면 5만 달러짜리 기계가 아니고는 이렇게 못 한다고 손사래 칠 법한 납땜 기술을 갖고 있다. 현미경도, 확대경도 없이 말이다. 황은 그들이 대부분 촉감과 근육의 기억으로 작업하는 거라고 생각했다. 지켜보고 있으려니 놀랍고도 아름다웠다.

조이 일행은 다음으로 PCH 인터내셔널을 방문했다. 자재가 적시에 들어와서 조립되고, 박스에 담기고, 태그가 붙어, 적재되고 있었다. 공장에서 매장까지 예전 같으면 석 달이 걸릴 일이 지금은 겨우 사흘밖에 걸리지 않는다. 세계 어디로 보내든 마찬가지다.

방문단은 HAX 액셀러레이터에도 갔다. 시장 지구 한가운데에 위치한 이 하드웨어 인큐베이터는 프랑스인 기업가 둘이 운영하고 있었다.[34]

방문단이 이 모든 회사를 방문하며 느낀 것은 하나의 완전한 생태계였다. 컴퓨터로 조종하는 깜박거리는 버닝맨 배지 50개를 주문할 수 있는 작은 가게에서부터 로봇들이 SMT들 사이를 바삐 돌아다니는 클린룸에서 빅맥을 먹으며 휴대 전화를 재조립하는 사람들까지, 전 세계 가장 정교한 제조 작업이 이곳에서 이루어지고 있었다. 그 원동력은 저임금이겠지만, 무엇이든 어느 규모든 생산할 수 있도록 이곳 공장들의 네트워크와 사업 수완을 발달시킨 것은 이 생태계였다.

사람들이 아무리 시도해도 다른 곳에 제2의 실리콘밸리를 만들 수 없듯이, 선전에서 나흘을 보내고 나니 조이는 이런 환경을 다른 곳에서 재현하는 것은 불가능하다는 확신이 들었다. 선전도, 실리콘밸리도 점점 더 많은 사람, 자원, 지식을 끌어들이는 '임계 질량'을 갖고 있다. 하지만 둘 다 그 어느 지역도 혼자서는 만들어 내기 힘든 다양성과 직업 윤리와 경험이 가득한, 살아 있는 생태계다. 다른 곳들에도 지역적 우위는 있다. 보스턴은 하드웨어나 생명 공학 쪽으로는 실리콘밸리에 필적할 수 있고, 라틴 아메리카와 아프리카 지역은 특정 자원과 시장에 대한 접근성 면에서는 선전에 필적할지도 모른다. 하지만 조이는 선전이 실리콘밸리와 마찬가지로 하나의 '온전한' 생태계가 되었기 때문에, 선전과 정면으로 경쟁하는 것보다는 선전과 연결되는 네트워크를 구축하는 편이 성공 가능성이 더 크다고 생각한다.

　　　그러나 우리가 선전과 경쟁할 수 있으려면 선전을 형성하는 데 기여한 정서를 적극 받아들여야 한다. 리스크와 실험을 인정할 뿐만 아니라 심지어 축하할 수 있는 마음가짐과, 기꺼이 실패했다가 다시 처음부터 시작할 의지가 있어야 한다. 미국과 같은 나라, 미국에서 성장한 기업들에게는 그게 마치 퇴보처럼 느껴진다. 별 계획도 없이 일하던 경제 시대로 되돌아가는 것처럼 말이다. 실제로 그럴 수도 있다. 하지만 혁신에서 안전이 더 이상 미덕이 아닌 시대이자, 기업과 경제가 물속에 빠지지 않으려면 기회를 잡는 것이 무엇보다 중요한 시대다. 살아남고 번영하기 위해서는 중요한 일이다.

PS.

싸게 사서
비싸게 팔아라

어떻게 해야 투자를 통해 돈을 벌까? 싸게 사서 비싸게 팔아야 한다. 언젠가 나는 주식 투자를 하는 일본 정부의 펀드 매니저에게 투자처를 어떻게 고르는지 물어본 적이 있다. 그는 이렇게 말했다. "저는 큰 회사에 투자합니다. 리스크 없는 회사들이요." 나는 그에게 모든 것에는 리스크가 있고, 필요한 건 해당 리스크가 무엇이며 가능성이 어느 정도인지 아는 것이라고 설명해줘야 했다. 그래야 그 주식의 가치를 측정할 수 있을 테니 말이다.

예컨대 제프가 훌륭한 사업가라는 것을 내가 알고 있고, 그가 내가 잘 아는 공간에서 작업한다면 나는 다른 사람들보다 제프가 하는 사업의 기회와 리스크를 잘 평가할 수 있다. 나는 제프나 그쪽 분야를 모르는 사람보다는 해당 주식에 더 많은 돈을 지불할 수 있다. 왜냐하면 다른 사람들 눈에는 내가 보는 것보다 리스크가 더 커 보일 것이기 때문이다. 나중에 제프의 회사가 큰 성공을 거두어 주식 시장에 상장되고 《뉴욕타임스》의 1면에 나게 되면, 그때가 나로서는 주식을 팔 때일 수도 있다. 그때는 나의 지인인 일본 정부 펀드 매니저를 포함해 모든 이들이 이렇게 말할 것이다. "이런, 진짜 대단한 회사네! 이제 뭐가 잘못되겠어?" 가격이 급등할 것이다. '정보는 가격 속에 있다'고들 하지 않는가. 회사는 내가 처음 투자했을 때보다 더 좋아 보일지 모르지만, 어쩌면 사람들은 리스크를 과소평가하고 기회는 과대평가하고 있을지도 모른다. 주식 가격이 과대 책정되어 있을 수도 있다.

다시 말해 여러분이 가진 정보를 사용해서 리스크를 이

해하고 리스크를 선택하되, 싸게 사서 비싸게 팔아라. 리스크를 이해하고 나면 그 리스크를 보다 정확히 평가할 수 있다. 그리고 리스크는 언제나 존재한다.

프로젝트가 정말 잘 될 때 인수해서 재앙이 될 때까지 쥐고 있는 사람들은 '비싸게 사서 싸게 파는' 사람들이다. 대학에 입학할 때 절정에 달한 분야를 공부하기 시작한 학생은 졸업할 때쯤에는 쇠락한 업계에서 일자리를 구하기 위해 치열하게 경쟁해야 하는 경우가 많다. 일본에서 일부 최상위 대학의 입학 동향을 보면 업계가 어디로 가고 있는지 뒤늦게 알 수 있다고들 한다.

'싸게 사서 비싸게 팔아라'를 대학 교육 버전으로 바꿔보면, '나에게 특히 이점이 있고 내가 열정을 가진, 이제 막 출현하는 분야를 찾도록 노력하라'가 된다. 리스크가 클 수도 있지만 경쟁이 적은 신규 분야에서는 최고 위치에 오를 가능성이 훨씬 높다. 그리고 최악의 경우에도 결국은 좋아하는 일을 하고 있을 것이다.

'싸게 사서 비싸게 팔아라'에 더해 벤처 투자를 통해 알 수 있는 또 하나 중요한 교훈이 있다. 혁신에 드는 비용이 아주 낮아질 때는 실패를 줄이려 하기보다 승리를 확장하는 편이 더 중요하다는 점이다. 4장에서 우리는 투자 가격보다 더 많은 돈을 실사에 쓰지 말 것과 이미 잘못한 투자를 살리기 위해 돈을 퍼붓지 않는 것이 중요하다는 걸 알았다. 여기에 더해 잘 되는 쪽에 에너지를 집중하고, 포트폴리오에서 성공하고 있는 쪽을 더 키워라.

혁신에 드는 비용이 하락하면서 회사를 차리는 초기 투자 금액이 아주 적은 경우도 종종 있다. 자금은 희소하고 스타트업의 비용은 높던 시절에는 돈을 가진 사람이 더 많은 권력을 가졌다. 하지만 지금 실리콘밸리에서는 좋은 제품과 좋은 팀을 보유한 연쇄 창업자가 투자자를 직접 고르는 일도 드물지 않다.

조이 이토

5

순종보다
불복종

**Disobedience
over
Compliance**

1926년 듀폰(Dupont) 사의 화학팀장 찰스 스타인이 "순수 과학 혹은 기초 연구 작업"에 자금 지원을 해 달라고 경영 위원회를 설득했다. 지금에야 아주 당연한 소리처럼 들리지만 그때는 아직 기업에 R&D 부서라는 것이 생기기 훨씬 전이었다. 그러니 실로 아주 도발적인 생각이었다.

스타인은 듀폰이 기초 과학에 종사하는 과학자들에게 월급을 주기에 충분한 이유가 네 가지나 있다고 했다.

1. 과학적 명성은 '광고 가치'가 있다.
2. 획기적 연구를 할 기회가 있으면 사기가 진작되고, 박사 학위가 있는 화학자들을 채용할 기회가 생긴다.
3. 새로운 과학 지식을 가지고 다른 기관의 흥미로운 연구와 맞바꿀 수도 있다.
4. 마지막으로, 중요하지는 않을지 몰라도 순수 연구를 실제 응용할 일이 생길 수도 있다.[1]

연구진들은 듀폰의 연구실을 퓨리티 홀(Purity Hall)이라 부르기 시작했다. 초창기 여기에서 일했던 과학자 중에는 하버드 출신의 젊은 유기 화학자 월리스 흄 캐러더스(Wallace Hume Carothers)도 있었다. 듀폰에서 캐러더스는 폴리머(Polymer)에 초점을 맞추었다. 폴리머란 수많은 작은 부분으로 구성된 크고 복잡한 분자다. 스타인은 폴리머가 가지는 산업적 잠재력이 엄청나다는 것은 알았지만, 그 뒤에 숨은 화학적 원리, 특히 분자들을 서로 묶어 주는 힘이 무엇인지는 당시 제대로 알려져 있지 않았다. 캐러더스의 등장으로 이 신비한 '고분자'에 대한 일반적 지식이 금세 늘어나게 되었다.[2] 그의 연구실에서 나온 업적은 결국 네오프렌(neoprene, 합성 고무)과 최초의 진짜 합성 섬유로 이어진다. 이 합성 섬유는 잠정적으로 '파이버 66'이라 불렸다.[3]

퓨리티 홀에서 일하던 과학자들에게는 안된 일이지만 1930년 6월 스타인이 승진하면서 화학 부서는 하버드 출신의 유기 화학자인 엘머 볼턴(Elmer Bolton)이 이어받게 된다. 스타인과는 달리 볼턴은 상업적 결과로 이어지는 연구만이 가치가 있다고 생각했다. 1920년 볼턴은 「연구 효율성(Research Efficiency)」이라는 의견서를 썼는데, 이 글에서 그는 연구를 잘 관리해서 "예상되는 결과에 합당하지 않은 금전 지출과 시간 낭비"가 없도록 해야 한다고 주장했다.[4]

볼턴이 그렇게 응용 연구를 강조했음에도 캐러더스는 계속해서 자신의 관심 영역을 추구했다. 1930년대 초 볼턴이 합성 섬유로 관심을 옮기라고 하자, 캐러더스는 스타인의 자유분방한 통치 아래에 있을 때 발전시킨 상당량의 폴리머 관련 지식을 활용했다. 폴리아미드와 아미드, 에스테르 등 서로 다른 조합을 실험하며 수년간 좌절한 끝에 1935년 캐러더스는 마침내 이렇게 말할 수 있었다. "여기 당신이 원하던 합성 섬유요."[5] 이 섬유는 이후 빠르게 개발되었고 1937년 특허 신청서가 제출되었다. 안타깝게도 캐

러더스는 몇 주 후 자살했고, 퓨리티 홀의 실험도 얼마 못 가 끝나고 말았다.[6]

하지만 캐러더스가 만든 나일론(듀폰에서는 그 섬유를 이렇게 부르기 시작했다.)은 금세 저절로 탄력이 붙었다. 나일론 스타킹은 세상에 처음 공개된 날 80만 개가 넘게 팔렸다. 1941년 12월에는 미국 시장의 30퍼센트를 차지하며 역사상 가장 성공한 소비자 제품 사례 중 하나에 등극했다.[7]

문제 해결처럼 중요한 영역에서 불복종은 종종 순종보다 훨씬 큰 이득을 가져온다. 혁신에는 창의성이 필요하다. 그리고 창의성에게는, 선의의 매니저들에게야 참으로 안된 일이지만, '제약으로부터의 자유'가 필요하다. 우리는 더 많은 것을 해낼 수 있다. 토머스 쿤이 기념비적인 책 『과학 혁명의 구조』에서 보여 준 것처럼, 언제나 새로운 패러다임이 세상에 나타나는 것은 예외 없이 일부 과학자가 지배적 아이디어를 '받아들이지 않았을 때'다.[8] 다시 말해 위대한 과학적 발전이 등장하려면 기존의 규칙을 깨야 한다. 시키는 대로 해서, 혹은 남의 청사진을 그대로 따라가서 노벨상을 탄 사람은 아무도 없다.

1920년대 초 3M의 연구원 딕 드루(Dick Drew)는 회사의 대표 제품이었던 사포에서 새로운 종류의 테이프로 관심을 돌렸다. 그가 영감을 얻은 것은 자동차 정비공들이 테이프를 욕하는 소리를 들었을 때다. 정비공들은 차체를 두 가지 색으로 칠할 때 차의 일부를 가리기 위해 그 테이프를 썼는데, 종종 테이프를 떼어 내면 페인트까지 함께 벗겨졌던 것이다. 새 연구는 딕 드루가 늘 하던 일인 연마제를 종이에 더 잘 붙이는 방법을 찾는 것과 크게 다르지 않았지만, 3M의 회장인 윌리엄 맥나이트(William McKnight)가 보기에는 충분히 다른 일이었다. 회장은 드루에게 그만두고 하던 일로 돌아가라고 했다.

드루는 알았다고 했다. 하지만 굴하지 않고 다시 자동차 업계가 쓸 더 좋은 마스킹 테이프 개발에 매달렸다. 맥나이트 회장은 연구실에 들어갔다가 드루가 새 연구를 하고 있는 모습을 보았지만 아무 말도 하지 않았다. 그러나 드루가 요청한 기계 구매 자금은 대 주지 않았다. 새로운 테이프를 시장에 판매할 만큼 제작하려면 그 기계가 필요했던 드루는 기죽지 않고 규칙을 최대한 우회해 보기로 했다. 그는 허가 없이도 100달러까지는 구매할 수 있다는 점을 이용해서 99달러짜리 주문을 잔뜩 내 새 기계를 매입했다. 결국 드루는 자신이 한 짓을 맥나이트 회장에게 털어놓았는데, 이에 감명을 받은 맥나이트 회장은 회사에 새로운 정책을 만들었다. "해당 프로젝트에 딱 맞는 사람을 배치했고, 배치된 사람이 해결책을 찾는 데 헌신하는 것이 확실하다면, 그 사람을 가만히 내버려두어라. 그들의 자발적 시도를 용인하고 신뢰해라."[9]

1925년 드루의 노력은 결국 결실을 거두어, 누르는 압력에 민감한 접착제를 쓴 최초의 마스킹 테이프가 나왔다. 얼마 후 그는 '스카치테이프'로 잘 알려진 투명한 셀로판테이프를 만들어 3M의 사업 방향을 영원히 바꿔 놓는다. 3M은 사포와 접착제를 만들던 지방 공장에서 아주 다양한 사업 부문을 가진 기업으로 변모했고, 지금까지도 예기치 않은 연구, 그러니까 포스트잇을 만들어 낸 것 같은 우연한 발견을 적극 받아들이고 있다. 포스트잇은 초강력 접착제를 개발하려다 실패한 것이 결과적으로 재사용이 가능한 끈적한 메모지를 만들어 낸 경우다.[10]

캐러더스와 드루의 공통점은 상사가 자신에게 원하는 것과 관계없이, 지시받지 않은 자유로운 연구에 대한 열정이 있었다는 점이다. 1920~1930년대에 이런 일은 드물었고, 어쩌면 지금은 더 드문 일일지 모른다. 우리 기업들, 부서 이기주의에 빠진 직장들, 심지어 교육 시스템조차 관심 분야에 대한 학습과 탐구는 좌절시키면서 학생들에게 규칙을 따르고 질문을 삼가라고 가르친다. 많은 사람들이 나이가 들수록 창의성이 줄어든다고 느끼는 것은 그 때문이다. 조이 이토는 종종 강연에서 사람들에게 묻는다. 유치원 때 자기가 그림을 정말 잘 그린다고 생각한 분 계신가요? 그렇다면 아직도 그렇게 생각하는 분은요? 답이 뻔히 예측된다는 것은 안타까운 일이다.

연구와 학습에서 캐묻고, 의심하고, 불복종하는 접근법이 바로 인터넷을 만들어 냈고, 제조부터 보안에 이르기까지 업계를 바꿔 놓고 있다. 인터넷의 선구자들 중 사업 계획서가 있었던 사람은 아무도 없다. 누구의 허가를 구했던 사람도 없다. 그들은 그냥 자신에게 필요한 일, 하고 싶은 일을 했을 뿐이다. 조이 이토가 일본에서 최초의 인터넷 서비스 제공 업체 설립을 도울 때도 텔레콤 업계의 변호사들은 조이에게 그렇게는 안 될 거라고 편지를 보내왔다. 그래도 조이는 해냈다. 실리콘밸리를 만든 혁신가들도 마찬가지였다. 실리콘밸리는 여전히 기민하고 즉흥적이며 누구의 허락도 구하지 않는 혁신의 허브로서 특별한 공간으로 남아 있다.

실리콘밸리와 MIT 미디어랩으로 혁신가들을 끌어들인 창의적인 불복종 문화가 기존의 위계 서열에 익숙한 관리자나 수많은 전통적 기업에게는 심각한 위협이다. 그러나 정작 이런 문화를 누구보다 끌어안아야 할 당사자는 바로 그들이다. 창의적인 직원들을 지원하고 다가오는 파괴적 혁신의 시대에 살아남고 싶다면 말이다. 순종보다 불복종이라는 원칙을 실천하는 혁신가들은 자기 자신의 창의성만 높이는 것이 아니다. 이들은 다른 사람들까지 탁월한 능력을 발휘하도록 영감을 준다. 1970년대 이후 사회 과학자들은 '긍정적 일탈자'들의 긍정적 영향을 인정해 왔다. 긍정적 일탈자들의 이단아적인 행동은 그들의 삶을 향상시킬 뿐만 아니라, 그 행동이 보다 넓게 받아들여진다면 그들이 속한 커뮤니티까지 향상시킬 수 있는 잠재력을 갖고 있다.[11]

지난 25년간 우리는 긍정적 일탈을 활용해서 영양실조, 병원 내 감염, 여성 할례 등 전 세계 보건 및 사회 문제와 싸워 왔다.[12] 또한 기업들은 긍정적 일탈을 사용해 성공적인 변화 프로그램을 시행했다. 위로부터 새로운 규율을 부과하는 대신 이미 기업 내에 있는 긍정적 일탈자들의 재능을 활용한 것이다. 특히 다른 직원들에게는 아웃사이더의 규칙에 순종하도록 요구하기보다, 긍정적 일탈자 동료들의 생산적 불복종을 받아들이게 함으로써 더 큰 창의성과 혁신이 나올 수 있었다.[13]

19세기와 20세기 산업화된 대량 생산 사회에서는 오직 몇 안 되는 사람들에게만 창의성을 요구하고, 나머지 사람들에게는 그저 지시받은 대로 행동하라고 했다. 그러나 자동화와 3D 프린팅을 비롯한 여러 기술은 이제 모두에게 더 많은 창의성을 요구하는 방향으로 업무 지형을 빠르게 바꾸고 있다. 이런 환경에서 가장 성공할 수 있는 사람은 질문을 하고, 자신의 본능을 믿고, 규칙이 방해가 된다면 그 규칙을 거부하는 사람일 것이다.

컴퓨터 보안과 디지털 화폐가 겹치는 영역에 걸려든 많은 사람들처럼, 오스틴 힐(Austin Hill)도 사업을 하면서 때로 기본적 사업 윤리 같은 것은 유연하게 해석했다. 1973년 6월 18일 캘거리에서[14] 7남매 중 둘째로 태어난 힐은 어릴 때부터 컴퓨터에 푹 빠져 있었고 사업에도 유달리 관심이 많았다.[15] 열한 살 때 힐은 벌써 인터넷 게시판을 운영했고, 열여섯 살에 첫 회사를 세웠다. 그 회사는 힐도 지금은 인정하는 것처럼 '사기'였다. 힐과 친구들은

스스로를 '넬슨 커뮤니케이션즈(Nelson Communications)'라 부르며 캐나다 전역에 신문 광고를 냈다. "텔레비전을 보면서 일주일에 400~600달러 벌기." 응답한 사람들은 당연히 모두 가장 좋아하는 프로그램을 '평가할 사람으로 선발'되었다. 49달러짜리 교육 프로그램만 이수하면 말이다. 넬슨 커뮤니케이션즈는 이 프로그램을 팔아 석 달 만에 10만 달러를 벌었다. 그리고 다른 친구가 힐을 쫓아내지 않았다면 더 많은 돈을 벌었을지도 모른다. 힐의 기억에 따르면 그 친구는 이렇게 말했다. "너는 내 평생 만난 사람 중에서 가장 똑똑한 사람 중 하나야. 하지만 그게 다라는 게 나는 정말 슬퍼." 힐은 친구의 말이 옳다는 것을 깨달았다. "이후 제가 만든 회사는 전부, 수많은 실수를 저지르긴 했지만, 어떻게 하면 더 좋은 세상을 만들 수 있을까 하는 비전이 있었죠. 그날 이후로 전 다시는 사과할 필요가 없었어요."[16]

힐이 받은 정규 교육은 고등학교 1학년이 끝이었다. 선생님들 중 한 명에게 '험한 말'을 해서 정학을 당했던 것이다. 어찌 보면 가풍이라고도 할 수 있었다. 힐의 형 햄닛은 힐보다 빠른 중학교 3학년 때 학교를 그만두었다. 햄닛은 나중에 투어 중이던 록 그룹 그레이트풀 데드를 따라 몬태나 대학에 등록했고 힐은 컴퓨터 가게에 일자리를 구했다. 1994년 힐은 아버지 해미를 찾아갔다. 아버지는 잠시 몬트리올로 파견 온 차였다. 아버지는 햄닛에게 같이 일하자고 설득했다. 얼마 후 두 형제는 아버지와 힐의 전 사장으로부터 5만 달러를 투자받아 몬트리올 최초의 ISP 중 하나인 인포반 온라인 서비스(Infobahn Online Services)를 설립했다. 이 회사는 1996년 1월 토털(Total.net)에 합병되었고, 1997년 힐 형제는 주당 약 180달러에 지분을 팔았다. 최초 호가인 2.85달러와 비교되는 거액이었다.[17]

지분을 판 돈으로 힐 형제는 그다음 벤처를 차렸다. 시대보다 몇 해나 앞서간 온라인 프라이버시 회사였다. 최초 제품인 '프리덤'은 공개 키 암호 방식을 사용해 이용자들에게 안전한 가명(익명이 아니라)의 디지털 신분을 만들어 주었다. 그러나 제로 날리지 시스템스(Zero-Knowledge Systems)로 알려진 이 회사는 논란이 많았다. 많은 기자들은 프리덤이 소비자를 보호하기 때문에 인기가 있다고 보았지만, 사이버 범죄자들이 가명의 베일을 쓰고 나쁜 짓을 숨길 가능성에 주목하는 기자들도 있었다. 1999년 12월 AP 통신의 데이비드 칼리시는 제로 날리지 시스템스를 "사이버 공간의 가면 팔이"로 묘사하면서 다음과 같이 전했다. "이 서비스의 의도는 인터넷 이용자가 더 많은 프라이버시를 갖고 아이디어를 주고받거나 온라인 쇼핑을 하게 해 주려는 것이지만, 비판자들은 이 서비스 덕분에 파렴치한들이 아무 두려움 없이 폭력적 이메일을 보내거나 아동 포르노나 해적판 소프트웨어 같은 불법 물건을 교환할 수도 있다고 우려한다."[18]

힐은 일부 프리덤 이용자들이 이 시스템을 남용한다는 점은 인정한다. 미국 대통령을 위협하는 경우도 너무 많았다. 하지만 그는 이렇게 말한다. "우리는 우리 기술을 부정적으로 이용하는 경우보다 긍정적인 경우를 훨씬 많이 보았어요." 실제로 프리덤은 처음부터 철저히 남용을 막도록 디자인되었다. 서비스의 금전적 비용도 그렇고 익명이 아니라 가명의 신분을 사용하는 것도 그렇다. 힐의 말처럼 "대화, 커뮤니티, 인간관계, 강한 정서적 유대 같은 것은 일종의 사회적 형태의 죄수의 딜레마가 반복되면서 형성된다.[19] 반복되는 죄수의 딜레마에 참여하는 사람이 신분이 없다거나 사회적 교류에서 자신의 행동에 대한 책임을 전혀 느끼지 않는다면, 커뮤니티들은 금세 바닥으로 추락할 것이다."[20]

비트코인을 출현하게 만든 지극히 비밀스럽고(편집증) 꼼꼼한(인간 혐오) 사람들의 세상을 이해하려면 훨씬 오래된 이야기에 대해 좀 알고 갈 필요가 있다. 바로 음모와 암투로 싸인 암호학이라는 영역이다. 서아시아와 유럽에서는 읽고 쓰는 능력과 심지어 수학적 지식의 많은 부분이 처음부터 암호학과 떼려야 뗄 수 없는 관련을 맺고 있었다.

1960년대 말 프랑스인 고고학자 드니즈 슈망베세라(Denise Schmandt-Besserat)는 신석기 시대 점토의 용도를 연구 중이었다. 그는 터키에서 파키스탄에 이르는 지역에 흩어져 있는 수천 점의 조그만 점토 유물의 기원과 목적에 관해 조사했다. 그동안 장난감이나 부적, 게임 도구 등으로 알려져 있었지만, 슈망베세라는 이것들이 '대용 셈법'에 사용하는 토큰임을 알아보았다. 빵이나 기름, 옷감, 양에 이르기까지 여러 물건에 해당하는 만큼 세어서 물건의 양을 기록하는 방법이었다.

점토로 최초의 토큰을 만든 지 5000여 년이 지난 후 수메르의 한 사원의 혁신적인 필기사들이 문자의 전조에 해당하는 것을 개발했다. 티그리스 강과 유프라테스 강 사이 현재 이라크 남부에 해당하는 지역에 둥지를 틀었던 부유한 메소포타미아 문명에서의 일이다. 필기사들은 토큰들을 점토로 된 인장이나 봉투에 꾹 눌러서 모양이나 표면 장식을 기록한 뒤 용기를 봉인했다. 얼마 지나지 않아 누군가 뾰족한 갈대나 뼛조각으로도 똑같은 표식을 만들 수 있다는 사실을 깨달으면서 토큰은 이제 한물간 물건이 되었다.[21]

물리적으로 세어야 하는 토큰의 필요성이 사라지자 수메르의 필기사들은 숫자를 나타내는 문자도 자유롭게 발명할 수 있게 되었다. 더 이상 '빵 빵 빵'이라 쓰지 않고 '빵 3개'라고 쓸 수 있게 된 것이다. 펠릭스 마틴(Felix Martin)이『돈: 그 비공식 전기 (*Money: The Unauthorized Biography*)』에서 말한 것처럼 "판때기 하나에 14만 리터의 곡물 영수증을 기록한다는 점을 고려하면 실제 편의성은 분명 상당했을 것이다."[22] 그러나 현대적 암호학이 발달하는 데 더욱 관련이 깊은 것은 이 새로운 부기법을 쓰려면 기록자가 추상적인 숫자를 이해해야 했다는 점이다. 수메르인의 또 다른 기술인 '회계'가 출현하려면 이 부분이 필수적이었다.

　　수메르인의 문자와 수학이 그리스까지 전해지는 데는 거의 3000년이 걸렸다. 아마 페니키아와의 교역을 통해서였을 것이다. 하지만 일단 전해지자 이것들은 현대 세계의 모습을 결정지은 학문적, 과학적 혁신을 쏟아 낸 원천이 되었다. 그리스의 시인들과 극작가들은 오늘날까지도 읽히고 공연되는 작품들을 만들어 냈고, 그리스의 철학자들은 2000년 후 계몽 운동의 지도 역할을 하게 될 물질주의적, 합리적 세계관을 발달시켰다. 그리스의 상인들은 수메르인의 추상적 숫자 개념을 이용해 세상을 바꿔 놓은 새로운 아이디어를 만들어 냈다. 바로 '경제적 가치'라는 것이었다.[23]

　　고대 에게 해 연안에 문자가 확산되면서 문자의 내용을 숨길 필요성도 함께 확산되었다. 지금처럼 그때도 방법은 크게 두 가지였다. 첫째는 스테가노그래피(steganography). 또 다른 '그릇' 안에 평문 메시지를 숨기는 방법이었다. 레몬주스로 비밀 편지를 작성해 보았거나 디지털 워터마크(watermark, 불법 복제 방지 기술)가 있는 영화를 본 적 있다면 여러분도 이미 스테가노그래피를 접해 본 것이다. 기원전 5세기의 역사가 헤로도토스에 따르면 그 시대의 스테가노그래피 방법에는 노예의 두피에 메시지를 문신으로 새기고 머리카락이 다시 자라기를 기다리거나, 나무판자에 글을 쓴 다음 왁스로 코팅하는 방법(극적인 기분은 덜하지만 더 편리했을 것

이다.) 등이 있었다고 한다.[24]

스테가노그래피의 장점은 정의 그대로 그 자체로 시선을 끌지 않는다는 점이다. 하지만 의도했던 수신자 외의 다른 사람이 숨겨진 메시지를 발견한다면(예컨대 타투를 한 노예가 아파서 길에 쓰러졌는데 의사가 열을 내리려는 의도로 머리를 밀어 버렸다거나) 그 사람이 메시지를 읽는 것을 막을 방도가 없다. 반면 암호법은 의도한 수신자 혹은 특별히 똑똑하거나 집요한 상대만 해독할 수 있게 정보를 암호화했다. 문제는 결과 메시지를 다시 또 스테가노그래피 기법으로 숨기지 않는 한 암호라는 사실이 뻔히 보였다는 점이다.

초창기 암호법 중에는 스파르타인들의 스키테일(scytale)이 있었는데, 나무로 된 원통에 양피지로 된 끈을 감은 것이었다. 메시지를 평문으로 써도 되지만 감긴 양피지를 일단 풀고 나면 글자가 뒤죽박죽이 되어 버려 비슷한 크기의 스키테일 없이는 읽을 수가 없었다.[25] 그리스의 또 다른 역사학자 폴리비오스(Polybius)는 글로 된 메시지를 숫자로 암호화하는 격자를 개발했다. 이렇게 하면 암호화된 통신 내용을 횃불을 올리고 내리는 방식으로 먼 거리까지 전달할 수 있었다. 말하자면 전신의 초기 형태였던 셈이다.[26] 율리우스 카이사르도 간단한 치환 암호에 의지했는데, 각 문자를 알파벳 순서에서 일정 거리만큼 떨어진 글자로 바꿔치기했다. 초등학생들이 익숙할 이 시스템은 예컨대 A는 C가 되고 C는 E가 되고 E는 G가 되는 식이다.[27]

이런 암호들은 상대적으로 세련되지 못하고 조야했지만 그 암호를 깨는 방법들 역시 그 수준에 머물렀다. 이런 상황이 바뀌기 시작한 것은 9세기 때였다. 아랍의 무슬림 철학자 알 킨디가 『암호화된 메시지 해독법』이라는 책을 출판한 것이다. 알 킨디는 당시 자기가 살던 아바스 바그다드에서 꽃피고 있던 수학, 언어학, 통계학의 발전을 활용해 빈도 분석식 접근법의 초창기 버전을 개발했다. 그는 이렇게 썼다. "암호화된 메시지를 해독하는 한 가지 방법은 이렇다. 그게 어느 언어인지 안다면 같은 언어로 된 한 페이지 정도 분량의 다른 평문을 찾는다. 그런 다음 각 글자가 쓰인 횟수를 센다. 가장 자주 등장하는 글자를 '첫째'라 부르고, 두 번째로 자주 등장하는 글자는 '둘째'로, 그다음으로 자주 등장하는 글자는 '셋째' 하는 식으로 부른다. 그렇게 평문에 있는 서로 다른 글자를 모두 세어 둔다. 그런 다음 우리가 해독하고 싶은 암호문을 보고 이번에도 역시 기호들을 분류한다. 가장 자주 등장하는 기호를 찾으면 그 기호를 평문의 '첫째'에 해당하는 글자로 바꾼다. 다음으로 흔한 기호는 '둘째'에 해당하는 글자로 바꾸고, 그런 식으로 해독하고 싶은 암호문에 있는 기호를 모두 다 설명할 때까지 바꾼다."[28]

　　유럽 최초의 다중치환 암호(polyalphabetic cipher)를 만든 사람은 레온 바티스타 알베르티(Leon Battista Alberti)였다. 15세기에 그는 빈도 분석에 관한 서양 최초의 논문을 발표하기도 했다. 르네상스 시대에 암호에 매료되었던 학자가 알베르티만은 아니었다. 당시에는 유럽의 수학이 나날이 정교해지고 있었고, 종교적 미스터리를 풀어내거나 비전을 밝혀 줄 자연의 숨은 패턴을 찾으려는 연구도 이어졌다. 또 인쇄기를 통해 유례없이 정보가 확산되었고, 얽히고설킨 르네상스 시대 유럽의 외교 환경도 그 어느 때보다 복잡한 암호법과 암호 해독법이 발달할 수 있는 비옥한 토양이 되었다. 16세기에는 요하네스 트리테미우스(Johannes Trithemius)와 조반 바티스타 벨라소(Giovan Battista Bellasso)가 자체적으로 다중치환 암호를 만들어 냈고, 제롤라모 카르다노(Gerolamo Cardano)와 블레즈 드 비즈네르(Blaise de Vigenère)는 메시지 자체가 열쇠와 하나가 된 자동키 암호를 개척했다.[29]

　　이 모든 암호학적 혁신에는 암호 해독의 혁신도 따라왔

다. 말하자면 오늘날 사이버 보안과 사이버 공격이 서로를 발전시키는 것과 같은 현상의 르네상스 버전이었다. 알베르티가 알파벳 순서를 옮길 때 사용한 암호판처럼 비교적 원시적이었던 초창기 기계 장치는 점점 더 복잡해져서 제2차 세계대전에 쓰인 독일의 에니그마(Enigma) 같은 첨단 암호 기계에서 정점을 이룬다. 에니그마의 암호는 이론상 깨는 것이 불가능했지만 설계상 단순한 결함 한 가지가 문제였다. 에니그마로 암호를 만들면 모든 글자가 자기 자신으로는 바뀌지 못한다는 점이다. 영국 블레칠리 파크(Bletchly Park)에서 앨런 튜링(Alan Turing)과 고든 웰치먼(Gordon Welchman)이 이끄는 팀이 에니그마 암호의 시프팅 키를 발견하게 도와주는 전자 기계 장치를 만들었다. 봄베(Bombe)라는 이 장치는 몇천 가지의 가능한 조합을 제거해서 블레칠리 파크에 있던 암호해독가가 훨씬 적은 조합을 시도할 수 있도록 했다.[30]

나치가 에니그마를 로렌츠(Lorenz, 텔레프린터 메시지를 무선 송신용으로 안전하게 암호화할 수 있는 장치로 영국인들은 '터니(Tunny)'라 불렀다.)로 대체하자, 영국의 엔지니어 토미 플라워스(Tommy Flowers)는 최초의 프로그램 가능한 전자식 디지털 컴퓨터인 콜로서스(Colossus)로 대응했다. 이 프로젝트는 1970년대까지 비밀로 남아 있었고 관련 기록은 모두 파괴되었지만 그때 일했던 몇 사람이 계속 다음 세대의 디지털 컴퓨터를 만들어 갔다.[31] 그들의 작업이 상당량 알려진 것은 1940년대 말 클로드 섀넌(Claude Shannon)이 발표한 두 개의 논문 「수학적 통신 이론(A Mathematical Theory of Communication)」과[32] 「기밀 시스템의 통신 이론(Communication Theory of Secrecy Systems)」[33]을 통해서다. 이 논문들은 정보 이론 분야의 기초를 놓았고, 이론적으로 깰 수 없는 암호는 반드시 일회용 패드를 가져야 한다는 점을 입증했다.

19세기 말 처음 개발되어 제1차 세계대전 말미에 재발

견된 일회용 패드는 송신자와 수신자 모두 최소한 메시지의 길이
만큼 되는 난수표로 만들어진 키를 갖고 있어야 한다. 난수표의 각
숫자는 필요한 이동 개수, 즉 알파벳 순서에서 몇 자리를 위로 혹
은 아래로 옮겨야 하는지를 가리킨다. 이렇게 하면 암호 해독가는
빈도 분포를 사용해 메시지를 해독하는 것이 불가능하다. 그러나
이렇게 하려면 키가 완전히 무작위여야 했다. 영국에서는 정부 통
신 본부(GCHQ)가 콜로서스 프로젝트의 회로를 수정해 랜덤 노
이즈(random noise)에서 일회용 암호 패드를 만들어 냈다. 에니그
마나 터니 같은 기계식 키 제조기의 함정도 피하고, 혹시 일회용
암호 패드를 재사용할지도 모를 인간 오퍼레이터의 결점도 피하
기 위해서였다.[34] 그 외 일회용 패드 생성기는 방사성 붕괴나 장식
용 램프 안에서 돌아가는 왁스 방울을 사용했다.[35] 그러나 키를 만
들어 내는 방법이 뭐가 되었든 간에 일회용 패드는 너무 비싸서 세
계 지도자들 사이처럼 아주 특별한 통신의 경우만 사용되었다.

　　　　르네상스 시대 암호학의 혁신을 이끈 것이 왕자들의 음
모였다면, 제2차 세계대전기 이래로 암호학자들을 이끈 것은 컴
퓨터와 냉전이었다. 1970년대까지 암호학은 군대와 정보 기관의
전유물이었다. 이들 기관은 암호화를 위해, 그리고 암호 해독을 위
해 점점 더 막강해지는 컴퓨터와 정교한 소프트웨어에 투자했다.

　　　　호기심 많은 일반인들에게 현대 암호학의 문을 개방
한 것은 1970년대에 일어난 세 가지 혁신이었다. 첫째는 1976년
발표된 데이터 암호화 표준(DES)이었다. IBM과 국가 표준국
(지금의 NIST), 미국 국가 안보국이 설계한 대칭 키 알고리즘이
었는데, 미국 국가 안보국은 이 알고리즘이 56비트, 그러니까
100,000,000,000,000,000키를 넘지 않는다고 주장했다. 미국 국
가 안보국은 이 정도 숫자면 자체 컴퓨터로는 비교적 쉽게 해독할
수 있으나 민간 컴퓨터로는 깰 수 없다고 믿었다.[36] 보안 기술 전문

가 브루스 슈나이어(Bruce Schneier)는 이렇게 말했다. "데이터 암호화 기준은 암호 해독 분야를 자극하는 데 그 무엇보다 큰 역할을 했다. 이제는 연구할 알고리즘이 생겼던 것이다."[37]

　미국 국가 안보국의 규제를 받는 DES 알고리즘을 지금 당장의 컴퓨터로는 깰 수 없을지 몰라도, 몇 년 안에 상황이 바뀔 거라고 비난했던 횟필드 디피(Whitfield Diffie)와 마틴 헬먼(Martin Hellman)은 그해에 『암호학의 새로운 방향(*New Directions in Cryptography*)』을 출판했다.[38] 이 책은 비대칭 공개 키 암호법을 소개했는데, 일반인들이 접근할 수 있는 암호 기술로는 최초로 정부의 시스템과 견줄 만했다. 스티븐 레비(Stephen Levy)는 1994년 《뉴욕타임스 매거진》에 이렇게 썼다. "1976년 디피와 헬먼이 발견한 내용을 발표한 순간 미국 국가 안보국의 암호 독점은 사실상 끝났다."[39] 『암호학의 새로운 방향』은 공개 키 암호 체계를 제안하기는 했어도 그것을 실천할 방법을 특정하지는 않았다. 1년 뒤 MIT의 수학자 로널드 리베스트(Ronald Rivest)와 아디 샤미르(Adi Shamir), 레너드 애들먼(Leonard Adleman)은 바로 그 방법에 해당하는 RSA 비대칭 암호 알고리즘을 개발했다.[40] 이 모든 조각들이 맞아 들어가면서 1980년대 사이퍼펑크 운동이 탄생하게 된다.

———

　2001년 9월 11일 테러리스트 공격이 있고 나서 오스틴 힐의 프리덤 시스템에 대한 염려가 커진 것은 당연한 일이었다. 비평가들이 걱정할 필요도 없었다. 제로 날리지 시스템스는 이미 프리덤에서 가명 기능을 없애기로 결정하고, 기업 보안으로 관심을 돌렸다. 당시 힐은 프리덤이 "프라이버시 과학의 외연을 넓혔으나 지금으로서는 시장 수용이라는 측면에서 시대에 앞서 있다."라고 설명했다. 아니면 정크버스터스(Junkbusters)의 회장이 말한 것처럼 "그들의 네트워크는 언제나 롤스로이스 디자인이었는데, 거기에 프리미엄을 지불하려는 사람이 충분히 많지 않을 뿐이다."[41]

플래그십 프로그램을 잃어버리고 기술 버블까지 터지면서 내상을 입었지만 제로 날리지 시스템스는 살아남았다. 2005년 회사는 이름을 레이디얼포인트(Radialpoint)로 바꾸었고 햄닛은 언스트앤영(Ernst & Young)에서 선정한 '올해의 기업가상' 최종 후보에 올랐다. 이번에는 형이 동생의 전례를 따르고 있었다. 오스틴은 앞서 2000년에 언스트앤영 '퀘백의 떠오르는 기업가상'을 수상했다.[42]

2006년 힐은 초기 단계 앤젤 투자 회사이던 브루더 벤처스(Brudder Ventures)와 함께 벤처 캐피털로 전향한다. 브루더 벤처스는 당시 몬트리올에서 신규 기업에 초점을 맞춘 몇 안 되는 투자 회사 중 하나였다. 힐은 또 아코하(Akoha)라는 게임도 개발했는데, 기술과 기업가 정신, 자선 사업, 사회적 변화 등 자신의 관심사를 모두 엮어 넣은 게임이었다. 각 플레이어가 받는 미션 카드에는 하루, 또는 평생을 좀 더 좋게 만들 수 있는 제안들이 프린트되어 있었다. 미션을 완수하면 플레이어는 제안된 선행을 받았던 사람에게 그 카드를 주어 다시 선행을 이어 나가게 했다. 가장 성공적인 미션은 여러 번 수행되었는데, 플레이어의 온라인 로그는 어떤 미션이나 접근법이 가장 효과적인지에 관한 귀중한 소스를 제공했다.[43] 아코하는 튼튼한 플레이어 커뮤니티를 발전시켰지만 매출 목표는 한 번도 달성하지 못했다. 게임은 힐이 회사를 떠난 지 1년 뒤인 2011년에 막을 내렸다.[44]

2013년 말 힐은 다시 애덤 백(Adam Back)과 연결되었다. 제로 날리지 시스템스의 초창기 팀에 함께했고, 리드 호프먼이 '비트코인에서 사토시 다음의 2인자'라 불렀던 애덤 백 박사는 힐을 자신의 새로운 스타트업인 블록스트림(Blockstream)에 영입했다.[45] 비트코인의 핵심 블록체인에 사이드 체인을 비롯한 여러 혁신적 요소를 만들어 낸 블록스트림은 비트코인 기술을 하나의 플랫폼으로 변신시키겠다는 약속을 내놨다. 보통 믿을 만한 중개인의 중재가 필요한 주식 거래나 자동 실행 스마트 계약을 비롯한 비트코인 2.0 애플리케이션이 기대되고 있다. 그렇게 되면 혁신적 아이디어를 가진 개발자들이 핵심적인 비트코인의 코드를 건드리거나 자체 암호화 화폐를 넘겨주지 않고도 직접 비트코인에 맞는 애플리케이션을 만들 수 있을 것이다.

블록스트림의 잠재성은 많은 관심과 자금을 끌어들였다. 구글 회장 에릭 슈밋(Eric Schmidt)의 이노베이션 엔데버스(Innovation Endeavors), 야후의 공동 설립자 제리 양(Jerry Yang)의 AME 클라우드 벤처스(AME Cloud Ventures), 리드 호프먼 등 기술 업계의 거물들이 관심을 가졌다. 블록스트림은 또 논란도 불러왔는데, 비트코인의 핵심 개발자 몇 명이 블록스트림과도 일할 예정이기 때문이다. 비트코인의 열성 지지자들은 개발자들이 시간적 요구를 감당할 수 없거나 둘 사이에 이해 충돌이 생겨 비트코인 코어에 곤란이 생길 것을 걱정하고 있다. 특히 우려하는 점은 블록스트림이 이익을 지향한다는 점이다. 아이디 redditor historian1111은 이렇게 댓글을 썼다. "과거에 오스틴 힐과 얘기를 나눠 본 적이 있는데 협조가 잘 안 되었고 그의 이익 모형이나 비트코인 개발을 독점하겠다는 최종 목표도 수상쩍었다. 나는 그가 개발자들을 이용만 하는 뱀 같은 인간이라고 본다."[46]

힐은 이런 논란에 공개적으로 대응한 적은 없는 것으로 보인다. 하지만 그래야 할 이유도 없다. 이런 논란은 오픈소스 커뮤니티에서는 흔한 일이고, 이런 논란이 비트코인, 혹은 블록스트림의 향후 발전에 어떤 영향을 미칠 것 같지는 않다.

대부분의 시스템은 공격을 받거나 스트레스를 받으면 깨진다. 그러나 면역 체계나 인터넷 같은 일부 시스템은 공격을 받으면 오히려 더 강해진다. 고통은 있겠지만 시스템은 적응하면서 더 강해진다. 너무나 복잡하고 어쩌면 존재하지도 않는 것을 찾으려 애쓰는, MIT 미디어랩에서 꽃피우는 유형의 사람이나 작업들을 경영하는 유일한 방법은 자기 적응적 시스템을 만드는 것이다.

미디어랩에 있는 각 개인의 창의적 결과물을 극대화하려면 종종 '옳은 답'이나 내게 지금 요구되는 것, 혹은 '통과'하려면 뭘 지켜야 하는지 따위를 알아내려는 태도를 버려야 한다. 물론 가이드라인은 있다. 또 큰 연구소의 일원으로서 따라야 할 규칙도 일부 있다. 중요한 것은 이런 규칙이 중심은 아니라는 점이다. 돌파구를 만들어 내는 것은 허락을 구하지 않고 행동할 수 있는 자유다. 티모시 리리(Timothy Leary)가 말한 것처럼 "스스로 생각하고 권위에 도전해야" 한다.[47]

매년 얼마나 영향을 끼쳤고 어떤 돌파구를 만들어 냈는가를 성공의 척도로 삼는 연구소라면, 불복종의 태도를 끌어안고 권장하며, 특이한 사람이나 비판이 단지 필요한 것이 아니라 자체 생태계의 필수 요소라고 생각하는 문화와 시스템을 만들어야 한다.

MIT는 개교 150주년을 기념해서 『나이트워크(*Night-work*)』라는 책을 발간했다. MIT의 '장난질'을 기념하고 기록한 책이다.[48] 연구 기관으로서 MIT는 학생들이 캠퍼스 경찰차를 캠퍼스 중앙 빌딩 돔 꼭대기에 올려 놓을 방법을 찾아냈다는 사실에 기뻐한다. MIT 미디어랩에서 재미난 이야기는 항상 "알고 보니까 말이야……."로 시작된다. 이 말은 "우린 이렇게 멋지게 틀린 생각을 해냈지."라는 뜻이다.

불복종은 비판과는 별개라는 점을 아는 것도 중요하다.

예컨대 '비판적 디자인(critical design)'이라는 아주 중요한 디자인 운동이 있다. 우리 같은 기술 전문가들이 저도 모르게 자주 경도되고 마는 현대판 기술 유토피아주의에 대해 비판을 제공하는 관점이다. 그러나 비판은 우리 작업에 '관한' 것이고, 불복종은 우리 작업 자체다.

컴퓨터 보안은 컴퓨터 네트워크 해커 없이는 발전하지 않고, 우리는 장 속 세균 없이는 존재할 수 없다. 좋든, 나쁘든 말이다. 물론 대부분은 그 사이 어디쯤이겠지만.[49]

PS.

의식 있는
불복종

나는 종종 MIT 미디어랩에서 내가 주로 쓰는 회의실 스크린에 아홉 가지 원칙을 띄워 놓는다. 어느 날 MIT의 자문 변호사 마크 디빈센조(Mark DiVincenzo)와 회의를 하고 있는데 그의 한쪽 눈썹이 올라가는 게 보였다. 스크린에서 '순종보다 불복종'이라는 구절을 본 것이다. 대학의 관점에서 보면 '불복종'이라는 단어는 분명 권장하고 싶지 않은 단어처럼 들린다. 특히 '순종'을 희생하면서까지는 말이다. 나는 즉시 설명이 필요하다는 것을 깨달았다.

나는 이번 장에서도 썼던, 내가 가장 좋아하는 문장으로 말문을 열었다. "시키는 대로 해서 노벨상을 탄 사람은 아무도 없죠." 계속해서 나는 시민들의 불복종이 없었다면 미국의 시민운동은 없었을 거라고 설명했다. 비폭력주의자였지만 확고한 불복종 운동을 펼쳤던 간디와 그의 추종자들이 없었다면 인도는 독립하지 못했을 것이다. 이곳 뉴잉글랜드에서 기념하는 '보스턴 차 사건' 역시 다분히 불복종 운동이었다.

사회에 도움이 되는 불복종과 그렇지 못한 불복종을 구분하기는 쉽지 않다. 때로는 시간이 지난 후에만 그 구분이 명확해지기도 한다. 나는 사람들에게 법을 어기라거나 불복종을 위한 불복종을 하라고 부추기는 것은 아니다. 그러나 때로는 처음의 원칙들로 돌아가 법률이나 규칙이 공정한지, 의심해야 하는 것은 아닌지 숙고해 봐야 한다.

사회나 기관은 일반적으로 질서를 좋아하고 혼돈을 멀

리하려는 경향이 있다. 그 과정에서 불복종은 질식당한다. 불복종뿐만 아니라 창의성, 유연성, 생산적 변화, 그리고 장기적으로 보면 사회의 건강과 지속 가능성까지 질식당할 수 있다. 이것은 학계부터 기업, 정부, 사회에 이르기까지 모두 해당되는 얘기다.

나는 MIT 미디어랩을 '강건한 불복종(disobedience robust)'으로 생각하고 싶다. 미디어랩의 모형이 강건함을 유지할 수 있는 한 가지 요인은 이곳에서는 불복종이나 의견의 불일치가 건강하고 창의적이고 서로를 존중하는 방식으로 존재하며 또 드러나기 때문이다. 나는 '강건한 불복종'이야말로 모든 건강한 민주주의와 열린 사회가 지속적으로 스스로를 바로잡고 혁신하기 위한 필수 요소라고 생각한다.

2016년 7월 우리는 MIT 미디어랩에 '금지된 연구(Forbidden Research)'라는 콘퍼런스를 조직했다. 우리는 정부가 깰 수 없는 완벽한 암호에 대해, 그리고 로봇 섹스가 개인과 사회에 미칠 영향에 대한 과학적 연구의 중요성에 대해 학문적인 대화를 나눈다. 유전자 드라이브 기술을 사용한 유전자 조작 생물을 야생에 방사하는 문제와 성층권에 다이아몬드 가루를 뿌려 태양빛을 반사해 지구의 온도를 낮추는 것 같은 극단적 지질 공학에 관해 의견을 나눈다. 우리는 학생들이 한밤중에 MIT 돔 위로 소방차를 올려놓았던 캠퍼스 장난질(MIT가 특정 종류의 장난이라고 부르는 것)에 대해 아마도 최초로 공개 토론을 가졌다. 우리는 에드워드 스노든(Edward Snowden)과 화상 회의를 갖고 전쟁 지역에서 저널리스트들을 보호하기 위한 기술에 관해 논의했다. 우리는 학계 출판사들의 분노와 경악에도 불구하고 사이허브(Sci-Hub, 거의 모든 학계 논문을 불법적으로 온라인에 공짜로 게시하고 있는 웹사이트)를 만든 논란의 인물 알렉산드라 엘바키안(Alexandra Elbakyan)을 초청하기도 했다.

이 콘퍼런스에서 우리는 25만 달러의 상금이 걸린 '불복종상'의 제정을 발표했다. 리드 호프먼이 자금을 지원한 이 상은 사회의 이익을 위해 뛰어난 불복종을 보여 준 개인이나 단체에 수여될 것이다.

MIT의 원로 교수진 몇 명은 내게 이 콘퍼런스에서 불편한 기분이 들기는 했지만, 발표가 진지하고 엄정해서 좋았다고 말했다. 나처럼 그들 역시 MIT가 이런 주제를 웃지 않고 학문적으로 논할 수 있는 전 세계에서 몇 안 되는 장소라고 생각했다. 이런 종류의 토론과 연구를 할 수 있는 공간을 조성하는 일이 MIT처럼 강건한 불복종을 장려하는 기관의 역할이라고 말이다.

조이 이토

6
___

이론보다
실제

Practice
over
Theory

이론상, 이론과 실제 사이에는
아무런 차이도 없다.
실제로는, 차이가 있다.

요기 베라 (Yogi Berra)[1]

바이어드 러스틴 교육 단지(The Bayard Rustin Educational Complex)는 언뜻 보면 오래된 공장 같다. 실제로 공장이기도 하다. 뉴욕에 있는 이 공립 학교는 1931년 섬유 고등학교로 지어졌다. 지하에는 진짜 방직 공장도 있었다. 학교 연감은 '더 룸(The Loom, 베틀)'이라 불렸다.[2] 이후 여러 번 용도 변경을 거쳐 지금은 이 거대한 건물에 공립 학교 여섯 개가 들어와 있다. 그중에서도 모든 과목의 중심에 '비디오 게임'이 있는 학교는 하나뿐이다.

PS422의 다른 이름인 '퀘스트 투 런(Quest to Learn)'은[3] 이 오래된 섬유 고등학교 건물의 두 층을 쓰고 있다. 학생들은 '과학' 수업이 아니라 '사물 원리' 수업을 듣는다. 영어(교육 전문가들은 '영어 언어 기술'이라 부른다.)는 '코드세계(Codeworlds)' 시간과 '존재, 우주, 장소' 시간에 배운다. 학생들의 시간표에서 '체육'은

못 찾아낼 것이다. 대신 '건강'을 찾아라. 선생님들도 교과를 '암석 및 지형' 같은 '과'로 편성하지 않는다. 대신에 끝까지 가면 '보스 레벨'이 되는 '원정'이나 '미션'이 있다. 게이머라면 누구나 알 만한 용어다. 학교 행정부는 이 학교의 목표가 게임 디자이너들을 잔뜩 양성하는 게 아니라고 주장한다. 퀘스트 투 런의 공동 이사 어레이나 샤피로(Arana Shapiro)는 말한다. "우리는 21세기의 역량을 가르치고 있습니다."

　　이런 얘기가 도미닉에게는 낯설 수도 있다. 도미닉은 열심히 '크릿(crit)' 과정을 밟고 있는 열한 살 꼬마다. 크릿은 보통 예술가나 시인이 되고 싶은 학생들이 받는 교육 과정이다. 도미닉의 또래들, 그러니까 '정신 스포츠' 과목에 등록한 나머지 6학년생 스물세 명은 도미닉의 비디오 게임에 대한 피드백을 제공하는 중이었다. "적들은 모두 보스 라이노만 제외하고 한 가지씩 데미지를 입힐 수 있어요. 그런데 총을 쏘면 데미지를 입지만, 티렉스를 만났을 경우엔 헬스를 전부 잃게 돼요."

　　"그래, 사이러스. 알았어. 다 좋은 지적이야." 이렇게 말하는 사람은 넘치는 에너지로 수업을 이끌고 있는 마이클 드미니코(Michael DeMinico) 선생님이다. 도미닉은 별로 납득하지 못하는 눈치다. 도미닉은 미심쩍은 눈빛으로 사이러스를 보다가 의자에 앉은 채 몸을 비비 꼬며 한 손을 들었다. 도미닉이 입을 열었지만 드미니코 선생님이 손을 들자 말을 멈춘다. "도미닉, 곧 네 차례가 올 거야."

　　드미니코 선생님은 교실 앞 좌석에 허리를 꼿꼿이 세우고 앉은 여학생 몰리에게 시선을 돌리고 다시 한번 수업 시작 때 얘기한 규칙을 설명한다. "정말 중요한 건, 도미닉은 자기의 게임을 우리한테 공유하고 있고, 우리는 친구가 게임을 개선할 수 있게 도와준다는 거야. 그러니 솔직하게 얘기하면서도 친절해야 해. 게임을 보여 주는 친구가 여러분 자신이라고 생각하도록."

그렇게 5분 정도 더 이어졌고 아이들은 기업 이사회실에서나 볼 수 있을 법한 온갖 미묘한 어투와 몸짓을 보여 주었다. 마지막에는 도미닉이 평가단에게 발언을 했다. 방어적인 태도는 화해의 태도로 바뀌어 있었다. 보고 있으니 마치 아이들이 어른 놀이를 하는 것 같았지만 그게 바로 핵심이었다. 샤피로는 이렇게 말했다. "우리는 대학이나 기업들이 졸업생에게 부족하다고 지적하는 것들을 면밀하게 귀 기울여 들었습니다. 그중에서도 협동 능력이 제일 위에 있더군요."

퀘스트 투 런은 공립 학교인 만큼 학생들에게 비디오 게임을 디자인하고 루브 골드버그 장치(Rube Goldberg device)를 만드는 것 이상의 교육을 해야 한다. 이 나라를 광기에 빠뜨린 규격화된 시험은 뉴욕 시라고 해서 빠져나갈 수 없다. 샤피로에 따르면 지금까지 퀘스트 투 런은 그 시험들에서 평균보다 살짝 높은 성적을 냈다고 한다. 비전통적 교육 방식을 취하고 있는 학교로서는 썩 좋은 소식은 아니다. 실제로 학교 사무실에서 대기 중이던 어느 학부모에게 퀘스트 투 런을 어떻게 생각하느냐고 물었더니 그 어머니는 어깨를 으쓱하며 이렇게 말했다. "뭐, 그런대로요. 아들이 비디오 게임을 정말 좋아하거든요."

하지만 다른 기준으로 보면 퀘스트 투 런은 목표를 달성한 것 같기도 하다. 샤피로는 4년 연속 이 학교가 수학 올림피아드를 휩쓸었다고 했다. "아이들이 서로 협업해서 수학 문제를 풀어야 하는 대회거든요. 평소 수업 시간에 협업을 워낙 많이 하다 보니 여기 아이들에게는 아주 자연스러운 일이죠."

변화가 새로운 상수가 되어 버린 더 빨라진 미래에는 기다리고 계획을 세우는 것이 오히려 더 비용이 많이 들 수 있다. 일단 한번 해 보고 즉석에서 대응하는 것이 비용이 쌀 수도 있는 것이다. 이론보다 실제를 우선시한다는 원칙은 바로 이 점을 인식하는 것이다. 모든 게 천천히 진행되던 호시절에는 '계획'이라는 것이 실패를 피하기 위한 당연한 단계였다. 실패는 커다란 금전적 타격을 입는 동시에 사회적 낙인이 찍힐 수도 있는 사건이었다. 그러나 네트워크 시대에는 우수한 리더를 가진 기업들이 실패를 적극 받아들일 뿐만 아니라 심지어 권장한다. 새로운 신발 시리즈가 되었든, 개인 컨설팅 회사가 되었든, 이제는 출시 비용이 급격히 떨어졌기 때문에 기업들은 '실패'를 흔히 싼값에 무언가를 배울 수 있는 기회로 간주한다.

경악할 소리처럼 들릴지 몰라도 이것은 놀랄 만큼 강력한 툴이다. 이론보다 실제를 강조하게 되면 허락을 기다리거나 내 입장을 설명할 필요 없이 곧장 시작할 수 있다. 그리고 일단 시작하고 나면, 환경이 바뀌든 혹은 개발 과정에서 뜻밖의 일이 벌어지든 매번 멈춰 서서 무슨 일인지 파악할 필요 없이 계속해 나갈 수 있다. 어느 정도로 이론보다 실제를 실천할 수 있느냐는 내가 작업하는 '층'이 어디냐에 달려 있다. 인프라와 기타 자본 집약적 프로젝트라면 당연히 상대적으로 출혈이 없는 리스크를 감수할 기회나 재시도의 기회가 더 적을 것이다. 반면 완전히 새로운 비용 구조를 갖게 된 소프트웨어나 마케팅 층은 그 반대일 테니 그에 맞게 접근해야 할 것이다.

예컨대 애자일(agile) 소프트웨어 개발은 혁신 비용이 줄어든 점을 잘 활용한다. 애자일 개발법은 '발사, 준비, 조준, 다시 발사' 같은 방식의 적응적 기획과 빠른 납기, 예상 못한 난관에 즉

석 대응하는 능력 등을 강조하면서 빠르게 널리 퍼지고 있다.

이것은 전통적인 제품 개발 방법과 대조된다. 전통적 접근법은 상세한 계획을 세운 후에야 무엇이든 생산을 시작할 수 있었다. 왜냐하면 제품 출시에는 새로운 기계를 장만하고 기존 공장을 바꾸는 등 광범위한 자본 지출이 필요할지도 몰랐기 때문이다. 즉 실패의 비용이 높았다.

또 다른 예도 있다. 듀폰의 엔지니어들이 워싱턴 주 핸포드에서 세계 최초의 본격 플루토늄 생산 원자로인 B 원자로를 설계할 당시, 함께 일하던 물리학자들은 저들이 왜 그렇게 많은 설계도를 요구하는지, 설계 속에 왜 그렇게 많은 오류 대비 여유 공간을 만들어 두려는지 이해할 수 없었다. 엔리코 페르미(Enrico Fermi)는 '풋내기'라 불리던 듀폰의 화학 엔지니어 크로포드 그린월트(Crawford Greenwalt)에게 이렇게 말했다. "당신이 할 일은 최대한 빨리 원자로를 만드는 거예요. 자잘한 것들은 건너뛰고 빨리 완성할 수 있는 방법이라면 뭐든 하세요. 그다음에 가동해 보고, 작동을 안 하면 그때 왜 작동하지 않는지 알아내서 작동하는 원자로를 만들면 돼요."[4]

원자로라면 누구도 자잘한 일을 건너뛰고 싶지 않을 것이다. 하지만 페르미가 제안한 것은 바로 이론보다 실제를 우선하는 태도였다. 중요하고 위험한 인프라 구축에서조차 말이다. 그러나 이 경우에는 엔지니어들이 빨리 시도해 보고 실패하면 재시도할 수 있는 돈이나 자재를 갖고 있지 않았다. 그와 대조되는 것이 MIT 미디어랩에서 나오는 많은 작업들이다. 미디어랩에서 학생들은 그냥 동료들과 대화를 나누다 생각난 것도 일상적으로 시제품을 만들어 보곤 한다. 아이디어가 시제품으로 나오는 데까지 겨우 몇 시간밖에 걸리지 않는 경우가 많고, 하루도 안 되어서 첫 번째 재시도를 하기도 한다. 학생들이 이렇게 할 수 있는 것은 첨단 제조법과 오픈소스 소프트웨어가 혁신에 드는 비용을 많이 낮추었기 때문이다. 그래서 많은 경우 말로만 얘기하고 있는 것보다 뭔가를 시도해 보는 편이 오히려 비용이 덜 드는 수준까지 온 것이다. 그런데도 일부 조직에서는 제안을 검토하고 자금 지원을 '안 하기로' 결정하는 데에 물건 만드는 데 드는 것보다 더 많은 시간을 쓴다.

　　매니저나 리더가 이론보다 실제를 우선하게 되면(이런 디지털 시대에는 특별한 전략이라 할 수도 없다.) 이 책에서 설명하는 다른 원칙들에서 나오는 목표를 이루기가 훨씬 더 쉬워진다. 학과를 뛰어넘는 실험과 협업이 과격한 무언가가 아니라 성공 사례에 가까운 일이 된다. 이것은 다시 직원이든, 하청업자든, 학교에서 협업 프로젝트를 추진하는 학생들이든 주어진 그룹에게 장기적인 결정 없이도 실천을 통해 배우며 새로운 영역을 탐구할 기회를 제공한다. 또 재능 있는 사람들이 평소 전문 분야를 벗어난 프로젝트에 시간을 쓸 수 있게 해서 혁신에 드는 비용을 낮추기도 한다. 구글은 직원들이 자기 시간의 20퍼센트를 원하는 프로젝트에 쓰게 하는 것으로 유명하다. 지휘 통제식 경영 집단의 관점에서 보면 이 것은 기껏해야 사기 진작을 위한 값비싼 책략에 지나지 않겠지만, 구글의 관점에서 이것은 신제품 아이디어를 저렴하게 만들어 내는 방법이다. 실제로 이 프로그램을 통해 많은 혁신이 출현했고, 결과적으로 구글의 실적에 수천 만 달러를 이바지했다.[5]

　　이런 접근법은 제조 회사나 소프트웨어 개발 회사에만 국한되지 않는다. 합성 생물학은 살아 있는 세포를 설계하는 데 이론보다 실제 원칙을 적용한다. 실천적인 학습에 아이들을 참여시키고, 관심 있는 프로젝트에 스크래치 같은 도구를 사용해 프로그래밍 원칙을 배우게 하는 교육 체계는 이론보다 실제라는 원칙을 실천하는 것이다. 짧은 시간에 퀘스트 투 런의 선생님들이 분명히 보여 준 것처럼 말이다. 실로 퀘스트 투 런의 기본 철학을 요약하면 '아이들은 행동으로 배운다.'라 할 수 있다. 이런 철학은 마리아 몬테소리를 비롯한 교육계의 선구자들로까지 거슬러 올라가는 것이다. 하지만 지금처럼 시험이 늘어나는 시대에는 여러 업계의 수많은 기업들처럼 대부분의 학교에서도 실습은 뒷전이 되기 쉽다.

구식 접근법은 뿌리가 깊다. 예컨대 많은 비영리 단체도 수치를 중시한다. 수치는 하고 싶은 일이 무엇인지 정확히 알고 있을 때 진척 정도를 측정하는 데 중요하다. 그러나 수치는 혁신을 질식시킬 수도 있다. 자금의 많은 부분을 보조금에 의존하는 조직은 점증적 개선에 속발될 수 있다. 보조금 신청서마다 어떤 연구를 실행할 것인지, 그것을 어떻게 측정할지까지 설명해야 한다면 예기치 못한 경로 탐구나 잘못되었지만 흥미로운 시도 같은 것은 해 볼 수 없을 것이다.

———

2013년 12월 시끌시끌한 10대들이 투 시그마 건물의 작은 회의실에 모여들었다. 투 시그마는 데이비드 시걸이 소유하는 헤지펀드 회사다. 시걸은 미치 레스닉과 함께 아동용 프로그래밍 언어 스크래치의 홍보를 추진 중이었다.[6] 지도를 보면 그날 사무실에 모인 10대 대부분은 그곳에서 걸어갈 수 있는 거리에 살았다. 하지만 어떻게 봐도 도심에 사는 이 아이들은 딴 세상에서 온 듯했다. 대부분 과학이나 기술 분야에서는 도통 찾아보기 힘든 흑인이나 히스패닉이었던 것이다. 아이들은 투 시그마에서 매주 수업을 받았다. 시걸이 몇 년 전 만든 프로그램의 일환이었는데, 시걸은 자신의 가장 유능한 프로그래머들에게 주식 투자할 시간을 쪼개서 아이들에게 코딩하는 법을 가르쳐 주도록 권하고 있었다.

미치 레스닉이나 스크래치 재단과 관련된 일을 하기 훨씬 전부터 이 프로그램을 시작했다는 사실은 시걸의 진정성을 잘 보여 준다. 지역 학교와의 이런 파트너십에는 그 어떤 광고 효과도 없다. 기자 회견을 가진 적도 없다. 제프 하우가 이 프로그램을 알게 된 것은 수업을 꾸린 투 시그마의 직원 토린 슈라이버(Thorin Schriber)를 우연히 만난 덕분이었다.

그날 수업에는 근사한 옷에 하이힐을 신은 여성 세 명이 함께했다. 세 사람은 투 시그마의 직원들이었지만 오늘은 '아워 오브 코드 챌린지(Hour of Code Challenge)' 때문에 참석했다. 이는 '컴퓨터 과학 교육 주간(Computer Science Education Week)'과 합동으로 추진하는 새로운 대회다. 아워 오브 코드 챌린지를 만든 곳은 코드닷오알지(Code.org)라는 비영리 단체로, 스크래치 재단과 몇 가지 같은 목표를 가지고 있었다. 이 주간이 끝날 때까지 2000만 명이 넘는 사람이 6억 줄이 넘는 코드를 작성했다고 주최 측은 밝혔다.

코드닷오알지는 마크 저커버그, 빌 게이츠, 트위터의 잭 도시(Jack Dorsey)를 비롯한 유명한 자금 지원자들이 함께해 튼튼한 재원을 자랑한다. 하지만 모든 사람이 깊은 감명을 받은 것은 아니었다. 2013년 2월 이 단체가 출범한 직후 컴퓨터 업계의 오랜 잔소리꾼이자 블로그 '스크립팅 뉴스(Scripting News)'의 운영자인 데이브 와이너(Dave Winer)는 이런 글을 썼다. "코딩은 좋아서 해야 한다. 재미있어서 해야 한다. 왜냐하면 머릿속으로 기계를 만드는 것은 아주 근사한 일이기 때문이다. 소프트웨어는 움직이는 수학이다. 생각이 만들어 내는 기적이다. 정말로 잘할 수만 있다면 그만큼 멋진 일도 없다." 그러나 와이너는 코드닷오알지가 미국인들을 "글로벌 시장에서 경쟁할 수 있게" 준비시키겠다고 강조하는 것은 여기에 해당하지 않는다고 콕 집어서 말했다. 그는 자신이 어린이인데 그런 말을 들었다면 "걸음아 날 살려라 도망칠 것"이 라고 썼다.[7]

와이너의 관점은 실용성보다는 열정 때문에 프로그래 머가 된 많은 사람들의 관점을 대변한다. 당연히 이런 사람들은 예술의 한 장르가 직업 훈련으로 둔갑하는 것에 분개한다.

동기가 무엇이든, 프로그래밍을 정규 교과에 포함시키 려 한다면 깜짝 놀랄 장애물들을 만나게 된다. 레스닉은 이렇게 말 한다. "어떻게 하면 아이들이 코딩을 하게 만들까, 이 21세기의 능 력을 개발하도록 가르칠까 고심하는 똑똑한 사람들은 아주 많죠. 그러나 학교나 지역구에서는 그들이 그토록 원하는 높은 시험 성 적에 코딩이 별로 중요하지 않다고 맞서요." 코딩을 우선 사항으 로 만들려면 옹호자들은 양면 작전을 써야 한다. 정책을 정하는 고 위 관료들뿐만 아니라 미국 교육 시스템의 일선에 있는 선생님들 도 설득해야 한다.

말은 쉬워도 추진하기는 쉽지 않다. 여러 연구가 보여 주었듯 스크래치 같은 비주얼 프로그래밍 언어는 아이들에게 프 로그래밍의 기초를 가르치는 데 효과적이며, 이런 언어를 접한 아 이들은 즐거운 경험을 통해 과학, 기술, 공학, 수학 쪽 전공을 고려 할 가능성이 크다.[8] 컴퓨터적 사고는 측정하기가 쉽지 않다. 특히 대부분의 미국 학교들이 의지하는 표준화된 시험을 통해서는 어 려운 일이다.

여러 사례들을 통해서 보면 분명히 어느 정도의 연관성 은 있는 것 같다. 그저 스크래치를 잘하는 것과 수학 점수가 높은 것 사이의 관련성 말고도 말이다. 루카라는 학생은 스크래치가 영 어 수업에 가장 도움이 되었다고 말한다. "스토리를 구상하는 데 도움이 됐어요."

이 말을 들은 레스닉은 미소를 지었지만 놀란 것 같지는 않았다. 레스닉은 긴 게임을 하는 중이고, 한 명씩 한 명씩 학생과 선생님들을 얻게 될 것이다. 레스닉은 코드닷오알지의 성과에 대해 박수를 보내면서도 두 조직 사이에는 분명한 구분을 둔다. "요즘에는 코딩을 배우는 것에 대한 관심이 커지고 있지요. 프로그래머나 컴퓨터 과학자가 되는 길을 열어 주고 싶어서 말이죠. 그것도 좋은 뜻이에요. 실제로 프로그래머와 컴퓨터 과학자가 더 필요하니까요. 하지만 우리는 그게 가장 중요한 미션이라고는 생각지 않습니다."

실제로 코드닷오알지, 코드아카데미(CodeAcademy)를 비롯해 학교에 더 많은 컴퓨터 과학을 도입하려고 싸우는 여러 단체의 포부도 대단하지만, 레스닉과 시걸은 훨씬 대담한 목표를 갖고 있다. 레스닉은 이렇게 말한다. "우리가 아이들에게 글쓰기를 가르치는 게 꼭 저널리스트나 소설가가 되기를 바라서는 아니잖아요. 우리가 글쓰기를 가르치는 건 글쓰기를 통해 배울 수 있기 때문이죠. 글쓰기를 이용해서 생각을 표현하는 것처럼, 코딩을 이용해서 아이디어를 표현할 수 있습니다. 사람들은 이 부분을 이해 못 하죠. 이건 단순히 직업에 관한 문제가 아닙니다. 물론 직업도 근사한 부산물이 되겠지만, 이건 사람들에게 생각하는 법을 가르치는 문제예요." 그들의 비전에서 컴퓨터 과학은 단순한 과목이나 학과가 아니다. 컴퓨터 과학은 모든 과목과 학과의 뿌리가 될 분야다.

현재 스크래치 재단의 미션에 가장 공감하는 학교들이 재단 지원을 가장 덜 필요로 하는 곳이라는 점은 잔인한 아이러니다. 사립 학교와 부유한 지구에서는 이미 로봇 공학과 프로그래밍을 커리큘럼에 열심히 통합시키기 시작했다. 이런 양극화 현상은 학교들 사이에 존재하는 성취도 격차를 더 크게 벌려 놓을 것이다.

"이러다 결국 학교 시스템이 둘로 나뉠 수도 있습니다. 부자들을 위한 시스템과 가난한 사람들을 위한 시스템으로 말이죠." 언어학자이자 교육가이고 게임 디자이너기도 한 제임스 지(James Gee)의 말이다. 가난한 학교는 시험에 맞춰서 가르치고 공통 교과에 집착하며 "결국에는 기초 학습만 하게 해서 서비스직에 적합한 사람을 만들 것"이다. 반면 부유한 학교들은 문제 해결, 혁신, 새로운 지식을 생산하는 데 필요한 능력을 강조할 것이다. "그런 아이들은 글로벌 시스템에서 성공하겠죠." 지는 가장 최근 벌어지고 있는 시민권 전쟁은 투표권이나 동등한 취업 기회를 둘러싼 것이 아니라고 말한다. "대수(代數)예요."[9]

컴퓨터에서 특권은 접근권과 같은 말이다. 일부 이용자는 운영자의 특권이 있어서 다른 누가 또 그 컴퓨터를 사용할지 결정할 수 있다. 누구는 창조의 특권이 있고, 누구는 오직 소비할 특권만 있다. 이것은 많은 뜻을 내포한 은유이자 국가 전체가 답해야 할 의미심장한 질문이다. 점점 더 복잡해지는 미래에는 누가 특권을 갖게 될 것인가?

미묘한 문제다. 코딩은 학생들에게 문제 해결 방법과 세상에 대해 창의적으로 사고하는 법을 가르친다. 하지만 스크래치 같은 것이 가장 절실하게 필요한 학교, 일부는 스크래치를 띄울 컴퓨터조차 없는 학교 학생들은 프로그래머나 소프트웨어 엔지니어 계급에 속할 수만 있어도 기뻐서 어쩔 줄 모를 것이다. "스크래치를 일부 학교에서만 가르치는 것으로는 충분치 않습니다. '모든' 학교에서 가르쳐야 해요." 시걸의 말이다.

실제로 그러기는 쉽지 않을 수도 있다. 스크래치에 관심 있는 가족들과 개인들이 즐겨 찾는 연례 페스티벌인 2013년 스크래치 데이에서는 '스크래치는 뭐가 그렇게 대단한가?'라는 제목의 교육 전문가 세션이 있었다. 세션 리더는 컬럼비아 대학의 예술 교육 전문가 숀 저스티스(Sean Justice)였다. 회의실에는 일곱 명의 선생님들이 모여 세션 제목을 통해서도 알 수 있는 회의적 시선에 관한 얘기를 나누며 생생한 토론을 벌였다.

저스티스는 이렇게 말한다. "선생님들이 저한테 디지털 툴에 관해 물으면 저는 '스크래치라고 들어 보셨어요?'라고 묻죠. '아니요. 그게 뭔데요?'라고 되물으면 '아동용 프로그래밍 언어예요. 소셜 네트워크기도 하고요. 공유도 하고 커뮤니티도 이루죠.'라고 답합니다." 그러면 선생님들은 모르겠다는 듯 눈살을 찌푸린다고 한다. 저스티스는 스크래치에 관해 실컷 설명을 늘어놓는다. "그러고 나면 선생님들의 반응은 '왜 굳이……?' 하는 식이에요. 스크래치를 교과에 포함시키기는커녕 누구라도 프로그램을 한번 써 보게 만드는 것조차 쉽지 않아요."

테이블에 모여 앉은 선생님들은 다 안다는 듯 고개를 끄덕였다. 다들 한목소리였다. 그중에는 뉴욕 최고의 엘리트 사립 학교 중 하나인 브루클린의 패커 칼리지에이트 인스티튜트(Packer Collegiate Institute)의 컴퓨터 교사 켈레디 켄켈(Keledy Kenkel)도 있었고, 블루맨 그룹(Blue Man Group, 파란색 얼굴 분장으로 유명한 행위 예술 집단) 멤버들이 설립한 '독립' 학교인 블루 스쿨(Blue School)의 4학년 선생님이자 '기술 탐구자' 모린 라일리(Maureen Reilly)도 있었다. 이들은 미국 내 최고의 학교에서 근무하는, 기술에 가장 밝은 교육자들이다. 그런데도 학교에 이런 사고를 도입하는 데는 쉽지 않은 시간을 보내고 있었다.

2013년 스크래치 데이가 끝나고 몇 주 후 교육 정책 입안자들과 깊이 관련된 어느 교육자는 스크래치가 다방면으로 비판받고 있다고 지적했다. "실리콘밸리에 있는 사람들 중에는 스크래치가 진짜 프로그래밍 언어가 아니라고 하면서, 진짜 프로그램을 배우려면 아이들은 그런 나쁜 수업에서 배운 것을 결국 잊어야

할 거라고 말합니다." 하지만 스크래치 재단의 목표를 이루는 도
정에서 훨씬 더 버거운 장애물은 공통 핵심 교과라고 샤피로는 말
한다.

　　루카와 두 친구는 그런 염려에 반대하면서 스크래치가
성적에 도움이 되었다고 말한다. 장 피아제가 놀이라는 개념에 새
로운 빛을 던지게 만든 여러 기초적인 이유들을 고려해 봐도 마찬
가지다. 아이들 중 한 명인 피터 메이는 이렇게 말했다. "저한테 뭔
가를 가르쳐 주는 것 같아요. 재미도 있는데 뭔가 배우고 있기도
하거든요."

　　그래서 전국의 아이들이 모두 코딩을 배우면 어떤 일이
벌어질까? 이 질문에 대한 답은 조만간 알게 될 것이다. 전국의 시
골 구석구석까지 와이파이를 무료로 제공하고 있는 에스토니아는
2012년부터 초등학교 1학년생들에게 코딩을 가르치기 시작했다.
이 새로운 보편 교과의 영향에 관해서는 아무도 연구한 적이 없지
만, 에스토니아의 대통령 투마스 헨드릭 일베스(Toomas Hendrik
Ilves)는 든든한 정치적 후원을 제공하고 있다. "에스토니아에서는
초등학교 1~2학년에 외국어를 배우기 시작합니다. 일고여덟 살
에 문법을 배운다면 프로그래밍 규칙과 무슨 차이가 있겠습니까?
실제로 프로그래밍은 그 어느 언어보다도 훨씬 논리적인 언어입
니다."[10]

　　이런 생각은 확산 중이다. 2014년 9월에는 영국 공립 학
교에 있는 모든 초중등 학생들이 컴퓨터 프로그래밍을 배우기 시
작했다.[11] 지금까지 미국 정부는 이런 포괄적 정책은 거부해 왔다.
하지만 이런 태도에 변화가 생길 수도 있을 것이다. 교육자들 및
워싱턴 정책 입안자들과 관계를 맺고 있는 한 유력 벤처 캐피털리
스트는 미국 교육부 내에서도 스크래치를 전국에 시행하는 것에
관한 논의가 있었다고 했다. 2014년에는 매사추세츠 교육 사업 연

맹(Massachusetts Business Alliance for Education)의 의뢰를 받은 교육 전문가 그룹이 주 정부에 권고안을 제출했다.[12] "모든 학년에서 코딩을 의무 교육화할 것을 권고합니다." 이 보고서의 저자 중 한 명이자 피어슨(Pearson)의 수석 부사장인 사드 리즈비(Saad Rizvi)의 말이다. "우리는 또한 어린 학생들에게는 스크래치가 최선의 방법이라고 추천합니다."[13]

　　레스닉은 여전히 낙관적이다. 그는 언제나 낙관적이었다. 약 10년 전 어느 콘퍼런스에서 그가 강연을 했을 때 객석에서 한 사람이 일어나 질문을 한 적이 있었다.

　　"시모어 페퍼트도 20년 전에 '똑같은' 일을 추진하지 않았던가요?" 그렇게 묻는 남자의 의도는 칭찬이 아니라 레스닉에게 아이디어가 부족하다는 뜻이었다. 하지만 레스닉은 미끼를 물지 않았다.

　　"맞습니다. 저는 시모어 페퍼트가 20년 전에 하던 것과 '똑같은' 일을 하고 있습니다. 저는 이것이 계속할 만한 가치가 있는 일이라고 생각합니다. 우리는 진척을 보이고 있고, 제 남은 평생을 이 일에 쏟을 수 있다면 기쁘고 자랑스러울 겁니다. 그만큼 중요한 일이니까요."

━━━━━

　　우리가 '교육'이 아니라 '학습'을 말할 때는 전통적인 일방적 톱다운 방식의 지식 전수를 다른 방식으로, 즉 사람들에게 어떻게 배우는지를 가르칠 수 있는 적극적이고 연결된 시스템으로 대체하는 것을 의미한다. 교육은 남이 시키는 것이고, 학습은 스스로 하는 것이다.

　　학습 지향의 시스템은 학생의 관심을 중시한다. 스스로

를 발견하고 추구하는 데 필요한 툴을 제공한다. 정식 교육 기관에서 이런 시스템을 적용한다면 여전히 증거 기반의 교수법을 따르면서도 학생들이 스스로 교과 과정을 구성하고 멘토를 찾으며 또래와 지식을 나눌 수 있는 여유 공간을 제공할 수 있다.

학습 지향 시스템의 사회적 측면은 학생들의 참여에 특히 중요하다. 존 듀이(John Dewey)는 거의 100년 전에 이 점을 깨닫고 학생의 생활과 학습 사이의 매끄러운 통합을 주장했다.[14] 배우고 있는 것을 자신의 관심사나 개인적 인간관계 혹은 추구하고 싶은 기회와 연결할 수 있을 때 사람들은 가장 잘 배운다는 것을 보여 주는 연구 결과는 아주 많다. 그러나 미국을 비롯한 많은 국가의 전통적 교육 시스템은 시대에 뒤처진 교육 모형을 중심으로, 단절되고 수치에 기초한 접근법을 채택하고 있다. 12년간 엄격한 교육을 받은 아이가 빠르게 변화하는 사회 경제적 환경에서 성공하는 데 필요한 기술을 저절로 드러내리라는 잘못된 가정을 갖고 있는 것이다.[15]

이런 구시대 모형은 아직도 기계적인 암기와 고립된 시험을 강조한다. 마치 인터넷도 없는 산꼭대기에 연필 한 자루 들고 올라가 있는 격이다. 그러나 앞으로 수십 년간 가장 성공할 사람은 새로운 도전이 생겼을 때 네트워크를 활용해 필요한 것을 배울 수 있는 인물이다. 그리고 이 지점에서 '교육보다 학습'은 '푸시보다 풀 전략'을 필요로 한다. 학생들에게 쌓아 놓은 지식을 물어보는 것이 아니라 필요한 것을 필요할 때 네트워크에서 끌어오도록 하는 것이다. 풀 전략은 아이들의 배움에 평생 도움이 될 소셜 네트워크를 키우고 개척하고 헤쳐 나가는 데 필요한 능력 개발을 도와준다.

학생들의 관심사가 뭐가 되었든 다양한 연결 고리를 가진다면 자신의 관심사를 더 깊이 탐구하고 의미 있는 프로젝트와 논의에 기여할 기회가 더 많이 생길 것이다. 소셜 미디어와 기타 통신 기술은 젊은이와 성인이 공통의 관심사를 가진 사람들을 찾기 쉽게 만들어 주었다. 그러나 많은 학생들은 온라인 커뮤니티에 참여할 기회를 갖지 못했다. 교육 기관의 자금 사정이 부실해서, 또는 자신의 교육 지구가 제한된 사회적 틀을 벗어난 곳과의 소통을 막으려 해서, 혹은 교육을 맡은 어른들이 인터넷을 '딴짓'이라고 생각하기 때문이다.

　　최근 미국 교육 정책의 변화로 교실에 더 많은 기술을 도입해 교과 과정을 현대화하고 있지만, 단순히 새로운 기술을 도입하는 것만으로는 충분치 않다. 너무나 많은 학교에서 선생님들이 새로운 기술을 배울 시간이 부족하거나 교과 과정에 완전히 통합시킬 수 있는 제도적 지원을 못 받고 있다. 이런 문제들을 극복하는 한 가지 방법은 자신의 지식을 학생들과 공유하고 싶어 하는 관련 전문가를 초청하는 것이다. 교사는 필요하다면 대화의 방향을 유도하고 평가를 진행해야 한다.

　　옛날에는 선생님이나 주제 관련 전문가가 교실에 있어야 했기 때문에 이런 식의 해결책이 가능하지 않았을 수도 있다. 하지만 소셜 미디어와 스트리밍 영상 등 실시간 통신 기술 덕분에 학생들이나 선생님은 영감을 불어넣어 줄 전 세계 멘토들과 연결될 수 있다. 맥아더 재단 연결 학습 연구 네트워크(Connected Learing Research Network) 회장인 미즈코 이토 박사(조이 이토의 여동생이기도 하다.)는 이를 역사적으로 동일인 속에 존재하던 기능의 '분화(unbundling)'라고 표현한다. 주제 관련 전문 지식과 교수법에 대한 숙달, 그리고 평가라는 기능이 이제 서로 분화되는 것이다. 이렇게 분화가 일어나면 선생님은 자신의 전문 분야인 교수법과 평가에 집중할 수 있고, 외부 전문가는 학생들의 열정에 불을 지피면서 관심사를 발견하게 도울 수 있다.

교실에 있는 모든 학생이 똑같은 것에 홍미를 갖지는 않겠지만, 학생들이 관심 있는 학습(실제)에 참여할 기회를 준다면 꼭 필요하지만 지루한 교과 과정(이론)과 싸움하는 데도 도움이 되고, 다방면에 걸친 배움의 경험으로 이끌 수 있다. 유치원에서도 대학에서도 도망친 것으로 유명한 조이 이토는 다이빙과 열대어를 좋아한다. 그런 관심사를 실컷 탐구한다는 것은 다이빙하는 학생에게 보일의 법칙의 기초가 되는 수학과 수화학(水化學), 해양 생태계, 학명을 정하는 관행을 가르치는 법을 찾아낸다는 뜻이다. 최근 조이 이토는 다시 선형 대수를 꺼내 마르코프 모형을 공부했는데, MIT 미디어랩에 있는 한 학생이 조이 이토에게 인공지능의 기초인 기계 학습을 가르쳐 주려고 했기 때문이다. 이런 것들은 컴퓨터 과학으로 시작해서 물리학으로 끝난 조이 이토의 정식 교육 이력과는 직접적으로 아무 관련도 없지만, 지식을 향한 그의 계속되는 탐구에는 중요하다.[16]

그래서 교육보다는 학습에 초점을 맞춰야 할 이유가 하나 더 늘어난다. 교과 과정은 흔히 지금 시장의 수요, 혹은 예상되는 시장의 수요에 따라 바뀐다. 교과에 대한 학생들의 관심도 마찬가지다. 기술적, 사회적 변화의 속도가 계속 빨라지면서 자신에게 제공되는 교육을 단순히 흡수하기만 하고 관심사에 따라 스스로 찾아서 평생 학습을 하는 능력을 개발하지 못한 학생은 끊임없이 불리한 위치에 놓일 것이다. 학습에 대한 열정이 있는 학생들은 정규 교육이 끝난 지 한참 후에도 언제나 필요한 것들을 스스로에게 가르칠 수 있다.

앞을 내다보고 생각하는 혁신적인 기업들이 학위나 학교 이름, 혹은 특정 프로그램 같은 것을 우선하기보다 능력과 창의성을 강조하는 새로운 선발 기준을 개발한다면 학교들이 교육보다 학습으로 초점을 옮기는 데 도움이 될 것이다. 최대한 넓은 그물망을 펼칠 수 있도록 기술적 툴과 소셜 툴을 결합하는 것도 이 문제에 대한 유연한 접근법이 될 수 있다. 예컨대 프로그래머가 필요한 기업이라면 지원자들을 공개 경쟁에 초청해 알고리즘을 가지고 참가자들을 분석할 수도 있다. 또 거기에서부터 시작해 최고의 지원자들에게 다른 추천할 사람을 물어본다면 캠퍼스를 찾아가 면접하는 몇 안 되는 학교를 훨씬 넘어서 네트워크를 확장할 수 있고, 놓치기 쉬운 비전통적인 지원자들에게도 기회를 제공할 수 있을 것이다.

MIT 미디어랩은 관심사와 열정에 따라 실습을 통한 학습에 초점을 맞춘다. 그리고 이런 식의 창의적인 학습을 이해하고 사회에 전개하려고 노력 중이다. 사회는 점점 더 창의적인 학습자를 필요로 하고, 로봇이나 컴퓨터가 더 잘 해결할 수 있는 문제를 처리할 인간은 덜 필요로 할 것이기 때문이다.

제롬 위즈너(Jerome Wiesner)는 1971년부터 1980년까지 MIT의 총장이었다. 그는 똑똑하고 대담했을 뿐만 아니라 예술과 과학 모두를 배운 독특한 이력을 갖고 있었다. 당시 건축학과의 젊은 교수였던 니컬러스 네그로폰테의 사무실은 위즈너 교수의 운전사가 위즈너 교수를 기다리는 곳에서 아주 가까웠다. 그 덕분에 네그로폰테는 매일 책상 앞을 지나가는 위즈너 교수와 안면을 트게 되었다.

위즈너는 총장에서 은퇴할 준비를 하면서 자신이 아직 은퇴할 준비가 되어 있지 않다는 것을 깨달았다. 어느 날 위즈너가 네그로폰테에게 대담한 연구를 하는 새로운 연구소나 부서를 만든다면 어떤 모습이겠냐고 물었다. 네그로폰테는 그 순간을 놓치지 않고 '딱 맞는 생각'이 있다고 말했다.

MIT 출신이자 MIT 미디어랩 자문위원회 위원을 오래 역임한 알렉스 드레이푸스(Alex Dreyfoos)의 보트에 기대앉아 네그로폰테는 새로운 부서에 대한 아이디어를 정리했다. MIT 출판사의 아트 디렉터 뮤리얼 쿠퍼(Muriel Cooper)나 인공지능 개척자 마빈 민스키, 로고를 만든 컴퓨터 과학자 겸 교육 이론가 시모어 페퍼트 같은 MIT 최고의 교수들을 뽑아 와서, 예술과 과학을 모두 다루는 부서였다.

연구 자체도 학습이 될 수 있는 실험실 같은 학과를 만들 수 있을까? 과정명을 '예술과 과학'이라고 붙일 수 있을까?

네그로폰테는 종종 당시가 조수석에 고릴라를 앉혀 놓고 운전하는 것과 비슷했다고 회상한다. 규정을 어겼다고 대학 본부에서 부를 때마다 위즈너는 함께 가서 그냥 좀 넘어가 달라고 부탁했다고 한다. 앞을 내다볼 줄 아는 전직 MIT 총장과 급진적인 천재 니컬러스 네그로폰테의 만남은 마법과 같은 효과를 발휘해서 MIT 미디어랩이라는 실험이 시작되는 길을 닦았다.

미디어랩이 만들어졌을 때 네그로폰테와 위즈너는 기존 시스템을 '해킹'해서 미디어랩의 자체 교육 프로그램을 구성했다. 건축 설계 대학원 산하 미디어 아트와 과학 전공으로 석사 그리고 박사 학위를 받을 수 있는 프로그램이었다. 이 부분은 중요한 혁신이었다. MIT는 대학의 모토를 '정신과 손'을 뜻하는 '멘스 에트 마누스(mens et manus)'로 정할 만큼 실습을 특히 중시하는 학교인데, MIT 미디어랩은 실습을 통한 학습 쪽으로 그보다도 한 발 더 나아가는 모험을 감행한 것이다. 미디어랩이 설립되었을 때 미디어 아트와 과학 프로그램은 거의 모든 수업을 없애고 연구 프로젝트가 곧 학생과 교수진이 배우는 방법이 되는 시스템을 구축했다. 지도를 통한 학습이 아니라, 창조를 통한 학습이 된 것이다.

최근 교수법 분야의 연구 결과를 보면 맥락이 없는 학습은 공부하기가 아주 어렵다. 그런데도 우리는 교과서와 추상적인 문제들을 가지고 학생들을 가르치고 있다. 우리는 아이들에게 추상적인 문제에 '올바른' 답을 찾으라 말하고, '속임수'를 쓰지 말라고 한다. 시험에서 서로 협력하게 하는 것이 학습 결과를 더 향상시킨다는 증거가 있는데도 말이다.[17] 우리는 또 아이들에게, 그리고 어른들에게도 시간을 지켜라, 복종해라, 예상을 벗어나지 마라, 정돈하라고 가르친다. 놀이를 못 하게 하거나 쉴 때만 놀이를 하게 한다. 수학과 과학은 '진지한 일'인 양 취급하고, 학생들이 과학이나 기술, 공학, 수학 쪽 전공을 추구하지 않으면 너나없이 어쩔 줄 몰라 한다. 그런데도 회사들에게 어떤 사람을 채용하고 싶으냐고 물어보면 창의성, 사회성, 창작성, 열정, 쾌활함 같은 속성을 나열한다.

실제로 이제 우리는 거의 언제나 서로 연결되어 있고 협업은 선택이 아닌 기본이다. 로봇과 인공지능은 더 좋아지고 반복적인 업무는 해외로, 그다음에는 데이터 센터로 옮겨진다. 그러면서 창의성이야말로 우리 인생에서 너무나 중요한 부분이 되고 있다.

점증적인 문제, 일차원적인 문제를 해결할 때는 금전적 보상이나 압박을 가하면 속도가 올라간다. 하지만 창의적인 해결책이나 일차원적이지 않은 미래를 상상해야 할 때는 이런 압박이 오히려 속도를 늦춘다고 한다.[18] 이런 문제에는 놀이가 훨씬 더 중요한 역할을 한다. '답'을 내놓는 것이 문제가 아니라 완전히 새로운 것을 상상해 내야 하기 때문이다.[19]

미래에 우리는 몸과 정신을 보조해 주는 인공지능 및 로봇 옆에서 함께 성장하고 끊임없이 그것들과 연결되어 있을 것이다. 후기 산업 시대이자 전기 인공지능 사회(pre-AI society)에 맞는 인간이 아니라 공장에서 성공하게끔 프로그래밍 된 로봇으로 만드는 교육 시스템을 계속 유지할 이유가 무엇인가? 왜 인간의 엉

성하고 감정적이고 창의적이고 유기적인 본성을 확장하지 않는
가? 바로 이런 본성이야말로 향후 인공지능 및 로봇과 함께 미래
의 노동력을 구성할 텐데 말이다.

PS.

이론이 실패할 때

이론이 너무 많아도 치명적일 수 있다. 1347년 초가을 평범한 배 한 척이 시실리의 북적이는 메시나 항구로 미끄러져 들어왔다. 제노바인 상인이야 지중해 어느 항구를 가나 볼 수 있었지만 이들 선원은 달갑지 않은 화물을 싣고 있었다. 바로 예르시나 페스티스(Yersina pestis), 즉 흑사병을 일으키는 박테리아였다. 1년 만에 이 전염병은 유럽을 초토화시켰고 수많은 도시와 마을에서 인구의 절반을 앗아 갔다. 패닉에 빠진 사람들은 그때도 지금처럼 답을 구하기 위해 전문가를 찾아갔다. 14세기에 세계보건기구와 가장 비슷했던 것은 파리 대학 의과 대학 교수진이었다. 1348년의 끔찍한 여름 내내 의료계의 선각자들은 연구와 토론을 진행했고, 이어서 10월 파리 대학에서 「이 전염병에 대한 과학적 설명」을 발표했다.[20]

논문의 전반부 절반은 '이 초대량 살상'(당시에는 그렇게 불렸다.)의 원인을 진단했다. 1345년 3월 20일 오후 1시 물병자리의 세 행성이 만나는 일이 있었다. 화성과 목성의 이 회합이 "공기의 치명적 부패를 일으켰고" 이 공기가 시실리로부터 확산되면서 나머지 유럽을 모두 감염시켰다. 저자들은 가장 위험한 사람은 "신체가…… 뜨겁고 습한"자들과 "운동이나 섹스, 목욕을 너무 많이 하는 등 생활 양식이 나쁜 사람들"이라고 썼다.

700년이나 지나서 보면 이 엄숙한 발표가 놀라워 보일 수도 있다. 하지만 훨씬 더 놀라운 것은 그 자체로만 보았을 때 파리 대학의 보고서는 조심스럽고도 사려 깊은 학문적 작업이었다는 점이다. 이론이라는 신조에 사로잡힌 인간의 지식이 어떤 것인지 아주 훌륭하게 보여 준 사례였다. 1348년과 1350년 사이에 이 질병에 관해 쓰인 과학 논문은 24편이었다. 그중 다수는 당대 최고의 지성들이 쓴 것이다. 그중 박테리아 감염을 질병의 원인으로 지목하거나 그 근처라도 간 것은 단 하나도 없다. 최초의 현미경이 나오려면 아직도 300년은 더 기다려야 했다. 아무도 쥐나 벼룩 때문에 질병이 빠르게 확산했다고는 생각하지 않았다.

　그러나 그들은 실제로 아리스토텔레스와 히포크라테스, 그리고 중세의 유명한 철학자 알베르투스 마그누스의 글을 인용해 가며 신중하게 선례를 활용했다. 당시 병리학은 주로 1000년이 넘은 이론에 의존하면서 점성학과 '네 가지 체액'에 관한 의견을 결합해 일관된 시스템을 만들어 냈다. 이 시스템 안에서 논문의 저자들은 옳다. 정말 잘못된 방식으로, 아주 옳다. 아직까지도 가톨릭적 신념이라는 구속에서 분리될 수 없었던 학계는 현대 과학의 원동력인 직접 관찰을 권장하지 않았다. 경험적 바탕이 전혀 없는 채로는 이런 뜬구름 잡는 이야기가 증명 가능한 진실에 조금이라도 근접한지 알기 어려웠을 것이다.

　계몽된 우리 시대에는 그런 바보짓은 도저히 있을 수 없다고 생각하기 쉽다. 하지만 실제로는 그 반대라는 증거가 많다. 1996년 물리학자 앨런 소칼(Alan Sokal)은 당시 급성장하던 문화 연구 분야의 저명한 학술지 《소셜 텍스트》에 논문을 한 편 제출했다. 「경계를 넘어: 양자 중력의 획기적 해석학(Transgressing the Boundaries: Towards a Transformative Hermeneutics of Quantum Gravity)」이라는 논문은 양자 물리학이 실제로는 사회적이고 언어적인 개념이라는 의견을 내놨다. 소칼의 주장에 감명을 받은 편집부는 이 논문을 해당 학술지의 봄·여름 판에 실었다.

　소칼에 따르면 문제는 그의 논문에 아무 논리가 없었다는 점이다. 이것은 "아무렇게나 난센스 범벅인 논문이 첫째, 그럴

듯해 보이고 둘째, 편집부의 이데올로기적 선입견을 칭찬할 경우 북미 최고의 학술지 편집부가 그 논문을 출판할 것인가"를 알아보기 위한 '실험'이었다. 답은 '그렇다'로 드러났다. 소컬의 논문은 그의 말에 따르면 자크 데리다나 자크 라캉 같은 포스트모더니즘의 거장들을 인용한 "짜깁기"였다. "'비선형성', '흐름', '상호 연결성' 같은 용어들을 모호하게 언급하며 합쳐 놓은 거였다." 그 어디에도 "논리적인 사고 연결 비슷한 것조차 없었다. 권위 있는 사람을 인용하고, 말장난을 하고, 억지 비유를 대고, 뻔한 주장뿐이었다."라고 소컬은 이 실험을 폭로한 글에서 밝혔다. 아이러니컬한 것은 흑사병을 점성학으로 설명했던 것처럼 소컬의 논문도 반드시 틀린 것은 아니라는 점이다. 그의 논문도 일관되고 쓸데없이 이해하기 난해한 어느 시스템 안에서는 옳다. 저 멀리 어디 외딴섬에서만 쓰는 언어 속에서는 이기는 논쟁처럼 말이다.

　　지난 150년간 일어난 지식의 방출 속에서 이론이 중추적 역할을 했음을 반박하려는 것은 아니다. 그러나 이론 그 자체로는 유혹적인 만큼이나 위험할 수 있다. 이론이 실제에 정보를 제공하듯이, 실제도 이론에 정보를 제공해야 한다. 빠르게 변하는 세상에서는 이 점이 그 어느 때보다 더 중요하다. 앞으로 나타날 과학적 발견 중에는 우리가 그동안 소중히 간직해 온 믿음들을 시험하는 것들도 분명히 있을 것이다. 우리가 그저 하나의 별 주위를 공전하는 또 하나의 행성에 지나지 않는다는 증거가 나타났을 때 바티칸이 했던 역할을 다시 우리가 자처하는 일은 없어야 한다.

제프 하우

7

능력보다
다양성

Diversity
over
Ability

    2011년 가을 학술지 《네이처 구조 분자 생물학》에 논문 한 편이 실렸다. 10년 이상의 연구 끝에 HIV와 유사한 레트로바이러스에 사용된 효소의 지도를 그려 내는 데 성공했다는 내용이었다.[1] 획기적 업적으로 널리 평가된 이 논문에는 또 다른 깜짝 놀랄 점이 있었다. 이 발견에 이바지한 국제 과학자들 명단 사이에 '폴딧 보이드 크러셔스 그룹(Foldit Void Crushers Group)'이라는 단체가 있었던 것이다. 일단의 비디오 게이머들을 부르는 이름이었다.

    폴딧[2]은 워싱턴 대학의 과학자와 게임 디자이너 들이 만든 기발한 실험이었다. 폴딧은 단백질이 효소 안에서 어떻게 접힐지를 결정하기 위해 게이머들, 일부는 아직 중학생이고 미생물학은커녕 과학 전공 경력도 거의 없는 사람들에게 물어 보았다. 몇 시간도 안 되어 수천 명의 사람들이 서로 경쟁하고 또 협업하고 있었다. 3주 뒤 이들은 미생물학자와 컴퓨터도 하지 못한 일을 해냈다. "제가 알기로는 게임 플레이어들이 오래된 과학 문제를 풀어낸 첫 사례예요." 폴딧의 제작자 중 한 명인 데이비드 베이커(David Baker)가 당시 한 말이다.[3]

    그러나 마지막 사례는 아니었다. 폴딧은 계속해서 다른

아주 복잡한 효소에 관해서도 정확한 모델을 만들어 내는 데 성공
했다. 그리고 다른 연구 프로젝트들도 비슷하게 크라우드를 활용
해서 간단한 데이터 수집부터 고급 문제 해결에 이르는 과제를 수
행하고 있다. 폴딧의 또 다른 제작자 에이드리언 트로일리(Adrien
Treuille)는 비슷한 게임인 이터나(Eterna)를 계속해서 만들었다. 이
터나에서는 게이머들이 합성 RNA의 디자인을 만든다.[4] 이터나의
모토는 이 프로젝트의 핵심 전제를 간략히 요약한다. "퍼즐을 풀
어라. 약품을 발명해라." 이터나의 뛰어난 일반인 과학자들이 만
든 디자인은 나중에 스탠퍼드 대학에서 합성된다.

　　폴딧을 비롯해 7장에서 이야기할 여러 작업은 우리가
질병을 대하는 방식에 혁명을 일으킬 수도 있다. 그런데 여기에는
또 하나 시사점이 있다. 특정한 과제 수행에 가장 적합한 사람이
누군지 생각할 때 기존의 관리 관행이 완전히 잘못된 경우가 종종
있다는 점이다. 인재와 과제를 연결하는 최고의 방법은, 적어도 나
노바이오테크 분야에서는 근사한 학위를 가진 사람을 가장 어려
운 일에 투입하는 것이 아니다. 오히려 수천 명의 행동을 관찰해서
과제가 요구하는 인지 능력에 가장 적합한 태도를 보여 주는 사람
을 찾아내는 것이다.

　　"생화학 박사면 단백질 분자 디자인을 아주 잘할 거라
고 생각하기 쉽죠." 폴딧의 배후 인물인 워싱턴 대학의 게임 디자
이너 조란 포포비치(Zoran Popović)의 말이다. 그런데 그렇지 않다
고 한다. "생화학자는 다른 걸 잘합니다. 하지만 폴딧은 좁고 깊은
전문성을 요하죠."

　　게이머들 중에는 불가사의할 만큼 패턴을 잘 인식하는
능력을 가진 사람들이 있다. 우리 대부분은 갖지 못한 일종의 타
고난 공간 추론 능력을 갖고 있는 것이다. 반면 어떤 사람들은(포
포비치는 고등학교도 못 나온 할머니를 예로 든다.) 특정한 사회적 능력

을 발휘한다. "사람들을 휘저어 놓는 데 능하죠. 문제를 다른 방식으로 접근하게 만드는 거예요." 대형 제약사 중에서 교육도 못 받은 할머니를 채용할 줄 알았던 곳이 과연 있을까? 만약 엘리 릴리(Eli Lilly) 제약 회사의 인사 팀에서 채용 전략을 수정할 생각이 있다면, 일자리를 구하는 분들을 우리가 몇 명 알고 있다.

트로일리는 이터나가 "수십만 명 중에서 아주 특수한 일을 잘하는 사람도 추려 낼 수 있었다."라고 말한다. 다시 말해 그들은 사람들의 재능과 과제를 대단히 효율적으로 연결해 줄 수 있었다. 이력서에 기초해서도 아니고, '자기 선택'이라는 마술을 통해서도 아니고, 게임을 통해 만들어지는 수천 개의 데이터 포인트를 통해서 말이다.[5] 이터나는 '지휘 통제 스타일의 경영진을 통해 노동력을 할당하는 것이 최고의 방법'이라는 자본주의의 중심 가정 하나를 근본적으로 다시 생각해 본 경우다. 그 대신 이터나는 전통적으로 과소평가되었던 속성, 즉 다양성에 기댄다. 실제로 인터넷이 생기기 전에는 달성하기 힘들어 보였던 일이다.

2006년 6월 제프 하우는 《와이어드》에 「크라우드소싱의 부상(The Rise of Crowdsourcing)」이라는 기사를 썼다.[6] 이 기사는 스톡 사진(주제별로 분류하여 판매하는 다양한 범용 사진)이나 고객 지원 같은 업계에서 증거를 끌어왔다. 오픈소스 소프트웨어나 위키피디아, 그리고 디지털 카메라에서 생물학 실험 장비에 이르는 여러 기술 도구의 가격이 급격히 하락했다. 이를 통해 조성된 비옥한 토양에서 완전히 새로운 형식의 경제 생산 방식이 자라나고 있다. "취미 생활자, 파트타이머, 장난 삼아 뛰어든 사람들이 갑자기 자신의 노력을 팔 수 있는 시장이 생겼다. 똑똑한 기업들은…… 크라우드의 잠재적 재능을 활용할 방법을 찾아낸다." 제프는 또 이렇게 썼다. "이 노동력이 항상 공짜는 아니지만, 보통 직원들에게 지불해야 할 돈보다는 비용이 훨씬 적게 든다. 이것은 아웃소싱이 아니다. 크라우드소싱이다."

　　제프와 《와이어드》의 편집자 마크 로빈슨(Mark Robin-son)이 농담 삼아 주고받던 대화에서 만들어진 단어 '크라우드소싱'은 금세 여기저기에서 쓰이기 시작했다. 처음에는 크라우드소싱이 자리를 잡아 가던 광고나 저널리즘 쪽 사람들이 사용하다가, 나중에는 일반인들까지 사용하게 됐다. '크라우드소싱'이라는 표제어가 『옥스퍼드 영어 사전』에 처음 등재된 것은 2013년이다.[7] 사업의 한 방식으로서 크라우드소싱은 기술과 미디어에서 도시 계획, 학계, 그 이상의 분야에 이르기까지 표준적인 절차로 자리 잡았다.

　　크라우드소싱이 효과를 낼 때는(초기의 과대 선전과는 반대로 디지털 시대의 만병통치약은 아니다.) 거의 마법 같은 힘을 발휘한다. 미국 우주 항공국(NASA)이나 레고, 삼성 같은 기관 및 기업들은 일반인들의 기여를 사업 방식의 핵심에 통합시켰다. 그 과정에서 전통적으로 물건의 생산자와 소비자를 나누던 경계가 재설정되었다. 이제 그 경계는 투과성이 있는 층이 되었고, 아이디어와 창의성, 심지어 장기 전략 결정과 같은 중요한 측면에 대한 통제권까지도 협업을 통한 작업이 됐다.

　　이런 식의 접근법에 대한 이론적 토대는 복잡계라는 새로운 학문이다. 크라우드소싱이 갖는 마법의 힘은 대체로 사람들이 대규모로 모인 집단이라면 어디에서나 자연스레 생기는 다양성이 작용한 결과다.

　　과학 분야는 광범위한 학문에 존재하는 다양성을 효과적으로 동원할 수 있는 다양한 분산 지식 네트워크를 오랫동안 활용해 왔다. 그중 잘 알려진 사례가 '경도상(經度賞)'이다. 1714년 영국 의회는 누구라도 경도를 결정할 수 있는 방법을 알아내는 사람에게 1만 파운드의 상금을 내걸었다. 당대 최고의 과학자들이 이 문제를 풀기 위해 재능을 쏟아부었으나 결국 상금을 가져간 사람은 독학으로 공부한 시계공 존 해리슨(John Harrison)이었다.[8]

물론 천문학이나 기상학처럼 다수의 관찰이 필요한 학문에는 언제나 아마추어들의 공헌이 있었다. 하지만 인터넷이 생기기 전에는 다른 종류의 과학적 지식이 만들어지는 데 일반인이 기여할 기회는 거의 없었다. 최근에는 다양한 기업과 개인, 학계가 이 글로벌 통신 네트워크를 활용해 개별 문제를 해결할 브레인 파워를 늘리고 있다. 더욱 중요한 점은 특정한 사람들만 모여 있는 기업이나 학교 실험실에 부족해지기 쉬운 인지 다양성을 촉진한다는 점이다.

제약 회사 엘리 릴리가 2000년에 설립한 이노센티브(InnoCentive)는 이처럼 다양한 지적 능력을 고객에게 전달하는 것을 비즈니스 모델로 삼고 있다. 이노센티브는 대기업이나 상업적인 R&D 연구소, 의학 연구 운동 등으로부터 어려운 문제를 받아 온라인 게시판에 게시한다. 200여 개 국가의 40만 명이 넘는 직업 혹은 아마추어 과학자들이 이 게시판을 자주 방문하고, 그중 절반 이상은 남북 아메리카 외 지역에 살고 있다.[9] 이 게시판에 오르는 문제들은 판에 박힌 과학 문제들이 아니다. 메르크(Merck) 같은 다국적 제약 회사에서 일하는 수천 명의 화학자가 풀 수 없는 화학 문제를 텍사스 대학 전기 공학과 1학년생이 풀 수 있을 거라고는 아무도 생각하지 못할 것이다.

그러나 해결책은 누구나 게시할 수 있다. 그리고 효과가 있을 경우 해당 개인은 보통 1만 달러에서 4만 달러 정도의 사례금을 받는다. 이노센티브는 문제의 85퍼센트 정도가 결국에는 해결된다고 말한다. 문제들이 얼마나 어려운지를 감안하면 상당히 높은 타율이다. 그런데 흥미로운 것은 이 문제들을 어떻게 푸느냐가 아니라 '누가' 푸느냐 하는 점이다. 하버드 비즈니스 스쿨의 연구 결과에 따르면, 연구자 카림 라카니(Karim Lakhani)가 "분야로부터 거리"라 부르는 것과 성공적 해결책 사이에 양의 상관관계가 있다고 한다. 쉽게 말해 문제 분야에 노출이 덜 된 사람일수록 문제를 해결할 가능성이 크다는 얘기다.[10]

이노센티브의 '문제 해결자'의 60퍼센트 이상이 석사학위 이상 소유자라는 사실보다 더욱 놀라운 점은 40퍼센트 가까이 학위가 없다는 점이다. 실제로 문제를 가장 많이 푼 사람 중 한 명은 부모님을 돌보려고 입자 물리학 박사 과정을 그만두고 캐나다에서 잡역부로 일하는 사람이다.

하지만 그리 놀랄 일은 아니다. 이노센티브가 게시하는 문제들은 보통 똑똑한 사람들도 풀지 못한 문제라는 점을 한 번 생각해 보자. 만약 어느 대형 소비자 제품 회사가 어떤 화합물을 경제적으로 생산할 수 없다는 문제에 부딪혔다면 최고의 화학자들을 해당 문제에 투입할 가능성이 크다. 우리는 해당 분야에서 가장 똑똑하고 가장 잘 교육받은 사람들, 즉 전문가들이 그 특수 분야의 문제를 가장 잘 풀 거라고 생각하는 경향이 있다. 실제로 그런 경우가 많은 것도 사실이다. 그러나 가끔 그들이 실패하면 우리는 '능력'이라는 원칙을 절대적으로 믿고 있기 때문에 '더 잘하는' 문제 해결자가 필요하다고 생각한다. 비슷한 높은 수준의 교육을 받은 다른 전문가 말이다. 하지만 그 높은 능력이 바로 같은 상황을 재현하는 원인이 된다. 새로운 팀의 전문가들도 이전 전문가들과 똑같은 저명한 학교와 기관, 기업에서 훈련받았기 때문이다. 비슷하게 똑똑한 두 팀의 전문가들은 문제에 대해 똑같은 방법을 적용하려고 하고, 똑같은 편견과 맹점과 무의식적 경향을 갖고 있다. 『차이: 다양성의 힘은 어떻게 더 나은 집단, 기업, 학교, 사회를 만들어 내는가(The Difference: How the Power of Diversity Creates Better Groups, Firms, Schools, and Societies)』의 저자인 스콧 페이지는 이렇게 말한다.[11] "능력은 중요하죠. 하지만 모아 놓으면 성과가 줄어듭니다."

이 모든 얘기가 다소 어이없게 들릴지도 모른다. 하지만 우리는 이런 점을 지적 자산을 할당할 때 활용할 수 있다. 또 앞으로 보듯 지적 자산 스스로가 자신을 할당할 때도 적용할 수 있다. 이노센티브나 이터나의 프로젝트처럼 말이다. 다양한 응용 사례에서 다양성을 가진 집단이 더 생산적이라는 연구 결과가 계속해서 보고되고 있다.[12] 그 결과 다양성은 학교나 기업, 기타 조직에서도 필수 불가결한 전략이 되고 있다. 훌륭한 책략이자 훌륭한 홍보 효과를 가질 수 있고, 인종이나 양성 평등에 대한 개인의 시각에 따라 마음의 건강에도 좋은 일이 될 수 있다. 그러나 다른 것은 모두 차치하더라도, 극도로 복잡한 장애물을 만날 가능성이 높은 시대에 다양성은 훌륭한 '경영 전략'이다. 능력을 희생해야 다양성을 얻을 수 있다고 생각하던 시대로부터 확실한 안녕을 고하는 것이다.

인종, 성별, 사회 경제적 배경, 학과 교육은 모두 중요하다. 그러나 이것들은 거기에 반영된 인생 경험이 인지적 다양성을 만들어 내는 한에서만 중요하다. 나아가 그런 다양한 배경과 교육 경험, 지적 경향 중 어느 것이 돌파구를 만들어 낼지는 미리 알 수가 없다. 그래서 페이지는 우리에게 보낸 이메일에서 이렇게 말했다. "우리는 우리의 다름을 재능의 한 형태라고 생각해야 합니다. 이 재능을 십분 활용하려면 인내와 연습이 필요합니다." 이 자체도 쉬운 일은 아니다. 그 이점이 뭐가 되었든 다양성은 종종 우리가 잘 키워 내지 못하는 자질이기도 하고, 그 영향은 비즈니스의 영역을 훨씬 뛰어넘기 때문이다.

2015년 4월 20일《뉴욕타임스》는 불길한 인구학적 미스터리 하나를 폭로했다. 다수의 흑인 남성 미국인들이 사라진 것처럼 보인다는 것이다. 단순한 실종으로 보기에는 너무 많은 숫자였다. 인구 통계 조사 데이터가 충격적인 헤드라인이 되는 경우는 드물다. 그렇지만 이번 제목은 대부분의 평범한 독자들조차 관심이 가지 않을 수 없었다. 「150만 명의 사라진 흑인 남성」. 이 기사는 업샷(Upshot)이라는 《뉴욕타임스》의 데이터 저널리즘 팀의 작품이었다. 하지만 2010년 인구 통계 조사 한가운데에 통계적 변칙성이 떡하니 버티고 있다는 것은 꼭 탐사 보도 기자가 아니어도 알 수 있는 일이었다. 당시 보호 시설 밖에 살고 있는 24~54세의 흑인 남성은 700만 명도 되지 않았고, 같은 연령대의 흑인 여성은 850만 명이 넘었다.

    '사라진'이라는 단어는 도발적이긴 해도 호소력이 있었다. 150만 명의 미국인이 갑자기 외계인에게 납치된 것은 분명 아닐 것이다. 교회에 간 것도 아니다. 부엌에 있거나 아이들 숙제를 도와주고 있거나 저녁 식사 전에 볼일을 보고 있는 것도 아니다. 그중 일부는, 그러니까 60만 명 정도는 감옥에 있다. 그렇다면 나머지 90만 명은? 극히 일부는 당시 노숙자였을 수도 있다. 또 일부는 해외 파병 복무 중이었다. 하지만 훨씬 더 많은 사람들은 죽은 것 같았다. 심장 질환으로, 당뇨병으로, 그리고 최악의 유행병인 자살로. '핵심 연령층'이라 부르는 인구 집단 중에 이렇게 죽은 흑인 남성이 장장 20만 명이 될 수도 있을 것 같았다.

    미국에 사는 중간 연령의 흑인 여성은 여성 67명당 남성이 43명밖에 안 되는 동네에 살고 있을 가능성이 컸다. 성별 격차가 가장 큰 곳은 미주리 주 퍼거슨이라고 《타임스》는 밝혔다. 퍼거슨은 2014년 한 경찰관이 비무장 흑인 10대 소년을 죽인 후 '흑인의 목숨도 중요하다(Black Lives Matter)' 운동이 벌어졌던 바로 그곳이다. 성별 격차는 노스 찰스턴에서도 컸다. 노스 찰스턴은 경찰이 역시나 비무장 상태로 달아나려던 흑인 용의자 월터 스콧

(Walter Scott)을 죽인 곳이다.

그렇게 많은 사람들이 사라지면, 그렇지 않아도 이미 학교나 사업, 사회 구조 등에서 어려움을 겪는 경우가 많은 동네들은 더욱더 힘들어진다. 최근 시카고 대학의 경제학자 두 사람은[13] 남자들이 아내를 얻기 위해 경쟁할 필요가 없게 되면 장기적으로 가족을 형성하거나 가족에게 헌신할 동기가 줄어든다는 의견을 내놓았다. 이것은 다시 갱단의 폭력에서부터 피임하지 않는 성행위, 자살에 이르기까지 흑인 남성이 부재할 요인을 더 악화시킨다. 이렇게 많은 사람이 없어지는 악순환은 지역 사회를 사실상 부상 병동처럼 바꿔 놓는다.

이런 부정적 피드백 고리에 둔감해지지 않기는 어렵다. 학교 교육의 실패에서부터 10대 임신, 영양 부실에 이르기까지 가장 힘든 지역을 괴롭히고 있는 이런 문제들은 수십 년에 이르는 좋은 의도의 개혁 운동과 정책 처방을 통해서도 좀처럼 개선되지 않고 있다. 이런 헤드라인이 난무하면 모든 희생자와 가해자, 방관자들이 누군가의 형제자매, 자녀라는 사실을 잊기 쉽다.

그런데 일반적으로 우리의 행동을 촉구하기보다 냉담함을 부추기는 요소들이 오히려 더 강해진 것 같다. '수정의 밤(Kristallnacht, 91명 이상의 유대인이 살해되고 100개 이상의 유대교 회당이 파괴된 학살 사건)'에서 얼마 지나지 않은 1938년에 한 심리학자가 41명의 나치 당원들을 인터뷰했는데, 인종 박해에 찬성하는 사람은 겨우 5퍼센트뿐이었다.[14] 독일인들은 이후 줄곧 죄책감과 공모라는 문제와 씨름해 왔다. 나치가 권력으로 부상하고 뒤이은 범죄들이 발생한 것은 그 시점, 그 장소에서만 가능했고, 되풀이될 수 없는 상황의 산물이라는 견해도 있다. 군사 국가였던 독일은 베르사유 조약으로 수치심과 함께 빈곤을 겪었고 이것이 폭동 및 혼돈과 절망으로 이어졌다. 폐허 속에서 히틀러라는 권위주의적인 인물이 나타나 질서와 국가 구제를 제안했다. 히틀러는 약속을 이행했고, 그의 어둡고 허무맹랑한 의도가 분명해졌을 즈음에는 이미 그에게 반대하기에 너무 늦은 상태였다. 이런 식의 이야기는 많은 위안이 된다. 충분히 설득력을 가질 만한 진실이 들어 있고, 고개를 푹 숙이고 누군가 미친놈을 죽여 주기만 기도했던 사람들을 용서하고, 나머지 우리 모두에게는 그런 일이 절대로 일어나지 않을 거라고 말해 주기 때문이다.

하지만 그런 일이 이곳에서 벌어지고 있다. 우리는 역사적 사건이 일어나면 우리가 마땅히 알 거라고 상상한다. 그런 사건 없이 일상으로 돌아오면 우리의 양심은 털끝 하나 다치지 않고 건재하다. 그러나 역사적 사건이 일어나지 않는 것일 수도 있지만, 반대로 우리가 면밀히 귀 기울이지 않아서 들리지 않는 것일 수도 있다. 체감되는 이점 이상으로 다양성을 우선에 두는 것은 우리 사회의 트로피들을 분배할 때 전략적 필요만이 기준이 되어서는 안 된다는 사실을 제대로 인지해야 가능하다.(피부색에 상관없이 능력을 측정했다고 하지만 실제로 피부색을 의식하지 않은 적은 한 번도 없다.) 강의실에만 있는 것이 아니라 사무실과 배달 트럭과 병원 대기실이라는 험한 세상에도 나가 있는 밀레니얼 세대들 사이에서는 옳은 것, 이익이 되는 것, 재능이 있는 것만으로는 충분치 않다는 인식이 확산되고 있다. 우리는 정의롭기도 해야 한다.

백만 명이 넘는 사람이 사라진 사건에 대한 공범자로 누군가를 지목하는 것은 만만한 일이 아니다. 또한 그렇게 하는 과정에서 그 추상적인 숫자를 구성하는 형제와 아버지와 아들 개개인의 개별성이 사라질 위험도 있다. 우리는 살면서 누구나 능력을 발휘하지만 능력은 우리 사회에 골고루 분포되어 있지 않다. 인종주의의 원인과 결과를 규명하는 것은 이 책의 범위를 훨씬 넘어서는 일이다. 우리 논의에서는 두 가지 통계면 충분하다. 1934년과 1962년 사이 연방 정부는 주택 담보 대출에 1억 2000만 달러를 지원했다. 멜빈 올리버(Melvin Oliver)와 토머스 샤피로(Thomas Shapiro)가 1995년에 낸 책 『흑인의 부, 백인의 부(Black Wealth/White Wealth)』를 보면, 그것은 "미국사에서 부의 축적을 위한 가장 큰 대중적 기회"였고, 수조 달러의 자산을 만들어 냈다. 이 자산이 결국에는 여러 선택권으로 이어졌다. 더 좋은 대학에 진학하고, 무급 인턴이 되고, 장래가 촉망되지만 때로는 바보 같은 젊은이들이 감옥에 가지 않게 더 좋은 변호사를 고용할 수 있는 선택권으로 말이다. 대출금의 98퍼센트는 백인 가정에게 갔다. 1984년까지 미국의 백인 가정의 순자산 중앙값은 9만 달러가 넘었다. 흑인 가정의 순자산 중앙값은 채 6000달러도 되지 않았다. 이후 수십 년간 부동산 가격은 상승했고 부의 격차는 더 커졌다. 2009년 백인 가정의 자산 중앙값은 26만 5000달러 이상이었다. 흑인 가정은 어떨까? 백인의 10분의 1이라고 할 수 있는 2만 8000달러다.

동성혼 제한을 폐지한 '오버게펠 대 하지스' 사건에서 앤서니 케네디(Anthony Kenndy) 판사는 "불의의 본질은 당대에는 우리가 그것을 보지 못할 수도 있다는 점이다."라고 다수 의견을 썼다.[15] 하지만 2016년 우리가 그 어느 때보다 잘 보고 있다는 점은 인정해야 한다. 지난 세기의 대량 학살이 아직 집단 인식에 생생히 남아 있고, 조직적인 인종주의의 결과가 매일같이 신문 1면을 장식하는 상태에서 우리는 결백하다고도, 무지하다고도 주장할 수 없다.

역사상 어느 시기보다 우리는 역사가 우리를 어떻게 평가할지 잘 알고 있다. 남북 전쟁이 일어나기 몇 해 전 미국의 신학자이자 노예 폐지론자였던 시어도어 파커(Theodore Parker)는 설교 중에 이런 말을 했다.

나는 도덕의 우주를 이해하는 척하지 않습니다.

그 긴 곡선에서 나의 눈이 미치는 곳은 얼마 되지 않습니다.

눈에 보이는 것만으로 그 곡선을 계산하거나 전체 모습을 완성할 수는 없습니다.

양심으로 예측해 볼 뿐입니다.

그리고 나에게 보이는 바에 의하면 그것은 분명 정의의 방향으로 굽어 있습니다.

그로부터 100년 뒤 마틴 루터 킹은 파커를 인용해서 우리의 집단의식에 도덕의 곡선이라는 개념을 돌이킬 수 없도록 주입했다. 모두를 위한 정의라는 개념은 느리고 멈칫거리는 걸음이지만 목적지는 분명하다.

하버드 대학의 심리학자 스티븐 핑커(Steven Pinker)는 인류 역사상 일어난 폭력 연구를 통해 도덕의 곡선이 실제로 길다는 것, 그러나 변화 일반의 속도가 그렇듯 최근 그 속도가 빨라졌다는 것을 발견했다. 『우리 본성의 선한 천사』에서 핑커는 수백 년간의 범죄 및 전쟁 자료를 동원해 중세 말 이후 인간이라는 종이 놀라울 만큼 더 평화적이 되었다는 점을 보여 주었다. 한 가지 예를 들면, 스칸디나비아에서는 10만 명당 살인 사건이 100건에서 '1건'으로 감소했다. 핑커는 이렇게 평화로워진 데는 부분적으로 그가 "공감 범위의 확장"이라 부르는 것의 영향도 일부 있다고 지적한다. 한때 우리는 친족에게만 사랑과 관심을 보였지만 부족을 포함하는 범위로 공감을 확장하는 법을 배웠다. 다음으로 우리는 마을 전체를 끌어안았고, 1800년대쯤에는 일반적 인류애가 발동하면서 비슷한 인종과 종교, 교의, 심지어 같은 국적을 가진 사람들에게까지 마지못해 관심을 기울였다. 그러다 제2차 세계대전이 일어났다. 국가적 공감에 관한 호모 사피엔스의 끔찍한 본보기가 될 사건이 미친 듯이 벌어졌다. 이 집단 트라우마에 이어 '공산주의적 관심'이 크게 확장되기 시작했다. 그러한 충동이 전형적으로 드러난 것이 독일의 루터교 목사이자 나치 수용소 생존자인 마르틴 니묄러(Martin Niemöller)의 시 「처음에 그들은……」이다.

처음에 그들은 사회주의자들을 잡으러 왔다.
나는 침묵했다……

나는 사회주의자가 아니었기 때문이다.

다음에 그들은 노동조합원들을 잡으러 왔다.
나는 침묵했다……

나는 노동조합원이 아니었기 때문이다.

다음에 그들은 유대인들을 잡으러 왔다.
나는 침묵했다……

나는 유대인이 아니었기 때문이다.

다음에 그들은 나를 잡으러 왔다……
나를 위해 말해 줄 사람은 아무도 남아 있지 않았다.

다시 말해 우리 시대의 불의에 대해서는 우리가 책임지게 될 것이 불 보듯 뻔한 일이다. 이미 2016년 미국 대선 기간은 정부의 수동적 범죄 형평 정책을 재평가하게 했다. 남자 수감자가 200만 명을 넘어섰고 그중 37퍼센트가 흑인이었기 때문이다. 미래의 역사학자들은 이 나라의 정책 입안자들이 어느 인종을 향후 여러 세대 동안 빈곤하게 만들고, 그로 인한 기능 장애의 증상은 범죄로 치부한 다음, 또 열심히 그것과 싸우는 이상한 연방 시스템을 만들어 냈다고 결론 내릴 것을 어렵잖게 상상할 수 있다. 그런데도 그 의도란 유일한 죄라고는 그 시대에 가난하게 태어난 것과 백인이 아니라는 점뿐인 사람들을 구제하기 위한 것이었다고, 다른 시민들이 공감의 범위를 어디까지 뻗어야 할지 확신하지 못했던 시절에 벌어진 일이라면서 말이다.

　　물론 많은 사람과 많은 기관들, 심지어 많은 주들에서 대학과 직장에서의 다양성을 키우는 것이 옳기도 하고, 똑똑한 일이라는 비슷한 결론을 내렸다. 소수 인종은 미국 인구의 37퍼센트를 구성한다. 이와 비슷한 수준의 다양성을 달성한 기관이 거의 없다고 해서 노력조차 없었다고 말해서는 안 된다. 기술과 미디어 분야는 현재 노동력을 다양화하는 측면에서 가장 진척이 더디다. 이 분야의 이사회실과 경영진들은 말할 것도 없다. 2014년 말 현재 구글, 야후, 페이스북 전체의 흑인 직원 수를 다 합쳐도 758명밖에 되지 않는다. 미국 기술 업계의 리더 자리에서 흑인은 3퍼센트도 되지 않는다. 성별 격차도 그보다 덜하지 않다. 트위터는 특히 저조한 기록을 보이는데 사내 기술직에서 여성은 10퍼센트밖에 되지 않는다. 트위터의 고위 간부들은 그런 식으로 해서 전달될 이미지가 하나도 걱정되지 않았는지, 성별 편향이 한창 심했던 2015년 7월에 직원 '남학생 전용 환영회'를 열었다.

　　저들을 변호하자면 기술 대기업들도 소수 인종과 여성들을 더 많이 데려오기 위해 진정한 노력들을 기울였다. 저들은 큰 성공을 거두지 못한 이유가 자신들의 노력 부족이 아니라 '경로'와 관련이 깊다고 주장한다. 해당 일자리에 합당한 자격을 갖춘 지원자의 풀 자체가 적다고 말이다. 하지만 그 틈을 비집고 들어간

많은 여성 및 소수 인종 프로그래머들의 말을 들어 보면, '기술 전문가는 이렇게 생겼어.'라는 무의식적인 편견이 장애물일 가능성이 더 크다.

이 점에서는 MIT 미디어랩 역시 고전을 거듭해 왔다. 미디어랩도 트위터나 페이스북 같은 기업들이 다양성을 만들어 내기 어렵게 하는, 그 똑같은 사회적 역학 관계와 무의식적 편견에서 자유로울 수 없었다. MIT 미디어랩에서는 다른 모든 것과 마찬가지로 지원 절차도 특별하다. 대학원생이 될 학생들은(MIT 미디어랩은 학부 학위는 수여하지 않는다.) 미디어랩의 25개 연구 그룹 중 세 군데에 지원한다. 합격자 결정은 대체로 해당 그룹을 책임지는 교수진에게 일임된다. 최종 몇 명의 여성 또는 소수 인종의 지원자가 입학 허가를 받는지에 대해 최근까지 중앙의 감독은 거의 없었다.

조이 이토가 MIT 미디어랩의 소장으로 부임하고 처음 몇 년간 이런 수동적 태도는 당연히 예상할 만한 결과를 낳았다. 2012~2013년에는 136명의 학생이 등록했다. 그중 여성은 34명이었고, 소수 인종은 5명밖에 되지 않았다. 그다음 해에는 약간의 개선이 있었다. 55명 중 20명이 여성이었고 7명이 소수 인종이었다. 조이 이토는 미디어랩에 있는 동안 다양성을 늘리는 것을 자신의 중심 임무 중 하나로 적극 홍보했고 수치를 바꿔 보려 노심초사했다. 그 첫 단계로 새로운 자리를 하나 만들었다. 다양성 및 학생 지원 담당 부소장이라는 자리였다. 그리고 미디어랩의 '다양성 위원회'를 강화할 수 있는 여러 방안을 강구했다.

이후 몇 년간 미디어랩은 불균형을 해결할 다양한 프로그램을 도입했다. 첫째, 미래 지원자를 찾아내 그들의 지원 절차를 도와줄 재학생들을 연결해 주었다. 추가적으로 MIT 미디어랩의 문화와 활약상을 미래 학생들에게 소개할 수 있는 여러 활동을 시작했다. 이 과정에서 MIT 미디어랩은 고등 교육에서 문화적 격차를 극복할 수 있는 다양한 노력을 도입했다. 문화적 격차는 경제적으로 불리한 지역에 사는 뛰어난 학생들이 엘리트 대학교에 지원하지 못하는 원인이 되기도 했다. 그들의 성적과 시험 점수로 훌륭한 학교에 입학할 기회가 있다는 사실을 아는 사람이 아무도 없거나, 혹은 어느 학교의 프로그램이 그의 포부에 아주 잘 맞는다는 것을 말해 줄 사람조차 없다는 단순한 이유 때문이었다.

MIT 미디어랩의 경우 이런 노력은 효과가 있었다. 적어도 부분적으로는 그랬다. 여전히 목표에는 미치지 못했고, 연구 그룹에 따라 차이가 크기는 했지만, MIT 미디어랩의 프로그램에 등록하는 여성이나 소수 인종의 수가 눈에 띄게 늘어났다. 부족한 소수 인종 지원자의 비율은 꾸준히 6퍼센트 근처에 머물렀지만, 2016~2017년의 석사 과정 학생에서 소수 인종이 차지하는 비율은 16퍼센트로 늘었다. 석사 과정의 여학생 비율은 43퍼센트, 박사 과정은 53퍼센트였다.

신입생들뿐만 아니라 교수나 직원들 사이에서도 뭔가 문화가 바뀌었다고 인식하고 있다. 미디어랩이 더 다양한 가능성들을 가진 흥미로운 곳이 되었다고 느끼는 것이다. 그렇지 않아도 폭넓은 연구 분야에 관심을 가지라고 권장하는 것으로 명성이 높은 MIT 내의 조직인데도 말이다. MIT 미디어랩만 그런 것이 아니다. 정량화하기는 힘들지만 이런 분위기는 다양성의 영향을 조사한 최신 연구 결과들과도 일치한다. 몇 년 전, 1장에서 소개한 결핵 진단 키트를 개발한 젊은 합성 생물학자들 그룹 베텐코트 팀은 성별 다양성이 합성 생물학 프로젝트에 미치는 영향을 조사했다. 처음에는 발견한 내용이 그리 희망적이지 않았다. 합성 생물학자의 37퍼센트만이 여성이었고, 이것은 관련 과학 분야의 수치와도 비슷한 수준이었다. 하지만 자료를 더 깊이 파고들어 보니 훨씬 희망적인 그림이 그려졌다. 급성장하는 합성 생물학 관련자들 사이에서 콘테스트이자 문화적 시금석의 역할을 하는 연례 대회인 iGEM에 참여하는 여성 숫자가 지난 4년간 급격히 증가한 것이다. 나아가 양성 평등을 더 많이 성취한 팀들이 여성이 적은 팀들보다 더 좋은 성과를 내고 있었다. 이런 결과는 점점 더 많이 나타나고 있다.

더 많은 사람을 포함하면 모두에게 이득이 된다.

PS.

차이가 만들어 내는
차이

나는 2007년과 2008년 대부분을 크라우드소싱에 관한 책을 쓰며 보냈다. 근사한 사례들을 찾아내는 것은 어려울 게 없었다. 크라우드소싱에 관해 내가 최초로 썼던 기사가 《와이어드》에 실린 이후 몇 년 동안 (종종 잘못 생각한 곳도 있었지만) 야심 찬 스타트업들이 속속 생겨났기 때문이다. 그러나 크라우드소싱을 성공시키는, 혹은 성공하지 못하게 하는 집단 행동을 진지하게 연구한 사람들은 거의 없었다. 다양성의 역학에 관한 스콧 페이지의 연구를 발견한 것이 터닝포인트가 되었다. 다양성은 단순한 정책 항목이나 HR 프레젠테이션에서 무심히 나열된 항목 이상의 의미가 있었다. 다양성은 똑똑한 전략이었다.

페이지를 비롯한 여러 연구자와 학자들은 다양성이 모두에게 도움이 된다는 사실을 보여 주었다. 고용주나 고용인, 매니저나 노동력 할 것 없이 말이다. 인지 다양성이 있는 노동력을 보유한 조직은 문제 해결 측면에서 강점을 보이는 것 같았다. 금융위기 사태 및 뒤이은 경기 침체 이후 이 점은 특히 중요한 정보로 보였다. 많은 업계의 운명이 뒤집어졌지만, 건축업계와는 달리(주택 수요는 언제나 되돌아온다.) 미디어 업계는 경제학자들, 그리고 예리한 저널리스트들이 '주기적이고' '세속적인' 역풍이라고 부르는 것 때문에 힘들었다. 저널리즘은 대침체가 닥치기 진에도 이미 곤란에 빠져 있었고, 혁신적이고 대안적인 비즈니스 모델의 폭발을 막는 것은 결코 건실한 회복을 위한 태세라 보기 어려웠다.

문제를 가장 잘 해결하는 그룹, 다시 말해 가장 다양성이 있는 그룹이 공격해야 할 문제처럼 보였다. 하지만 안타깝게도 그것은 더 이상 가능하지 않았다. 인종이나 민족적으로 소수자에 속하는 저널리스트가 14퍼센트도 안 되었던(소수자는 미국 인구의 37퍼센트에 해당한다.) 2006년에 미디어 업계는 다양성에서 최고 기록을 찍었다.[16] 이러니 소수 그룹 독자를 늘리는 데 도움이 되지 않은 것은 당연한 일이었다. 그리고 가장 최근에 일어난 경기 침체의 가장 큰 희생양이 바로 다양성이었다. '가장 나중에 채용되고, 가장 먼저 해고된다'는 건 다양성을 위해 채용한 사람들, 그래서 뉴스룸을 개선한 사람들이 돈이 다 떨어지면 가장 먼저 사라진다는 뜻이다. 소수 그룹은 온라인으로 뉴스를 읽을 가능성이 훨씬 크지만, 그들과 그들의 지역 사회가 정확히 반영될 가능성은 크지 않다. 온라인 뉴스 협회(ONA)나 일반적인 디지털 뉴스의 경우는 문제가 훨씬 심각해서, 역사적으로도 단조로운 문화를 가졌던 미디어는 압도적으로 백인 남성 위주인 실리콘밸리 문화와 결합했다.

시절이 좋을 때 업계는 변방에 있는 여성과 소수자들을 채용하려 나름 최선을 다했지만, 겨우 몇 퍼센트 다양성이 증가했을 때 그 이상 파고들지는 못했다. 어쩌면 그 지점이 가장 큰 윤리적 실패일지도 모른다. 아니면 적어도 상상력의 실패거나. 따라서 이제는 노력을 집중해야 할 때다. 출구에 다 와서 그동안 흘러온 도관의 내용물을 한탄할 것이 아니라 도관이 시작되는 곳으로 가서 상류에서부터 다양한 사람을 채용해야 한다. 노스이스턴 대학의 미디어 이노베이션(Media Innovation) 프로그램의 장래 목표 중 하나는 더들리 스퀘어(Dudley Square, 노스이스턴 대학 인근의 흑인 지구) 같은 이웃 지역에 족적을 남기는 것이다. 그래서 미디어 분야 전반에 걸쳐 논픽션 스토리텔링에 관한 8년 과정의 멘토 제도를 실시하려 한다. 이 비전에 큰 영향을 준 것은 시카고의 원골(OneGoal) 프로그램이었다. 이 프로그램의 모토가 프로그램의 목표를 한마디로 정리한다. "대학 졸업. 끝."

　　　미디어 이노베이션 프로그램이 성공한다면 언젠가 세 가지 디딤돌을 갖게 될 것이다. 첫째, 노스이스턴 출신의 학부생 및 대학원생. 둘째, 사무실과 급료를 내주면 기꺼이 한두 학기 와서 가르쳐 줄 전문가들을 확보할 수 있는 펠로십 프로그램 및 저널리즘 교수진. 셋째, 더들리 스퀘어에 사무실을 가진, 인근 중학교들과 연계된 멘토십 프로그램. 다큐멘터리 영상, 탐사 보도, 팟캐스트, 만화 저널리즘 같은 논픽션 스토리텔링에 관심 있는 아이들은 원골에 기초한 8년 과정의 멘토십 프로그램에 초청될 것이다.

　　　이상적으로는 가넷(Gannett)이나 어드밴스(Advance) 등 대형 업체들이 아직까지 건강한 성장률을 기록하던 시절에 이런 프로그램을 잔뜩 만들어 두었다면 좋았을 것이다. 이제는 구글 같은 기업들이 비용을 부담할 가능성이 크다. 물론 거대한 포부처럼 들리겠지만, 그렇게 되면 구글은 우리 콘텐츠 뒷면에 많은 광고를 팔고, 실리콘밸리와 미국의 뉴스룸은 경험 풍부하고 더 다양한 배경을 가진 재능 있는 사람들로부터 큰 도움을 받을 것이다. 프로그래머든, 저널리스트든 말이다.

제프 하우

8

————————

견고함보다
회복력

**Resilience
over
Strength**

애야, 쇠가 튼튼한 게 아냐.
살이 더 튼튼해.
『원시인 코난』 중 툴사 둠의 말

　　힘보다 회복력이 더 중요하다는 얘기를 할 때 흔히 예로 드는 것이 갈대와 떡갈나무다. 허리케인이 불어닥치면 강철처럼 튼튼한 떡갈나무는 박살이 나지만, 나긋나긋하고 회복력이 있는 갈대는 낮게 몸을 숙였다가 폭풍이 지나가면 다시 벌떡 일어난다. 떡갈나무는 실패에 저항하려다 오히려 확실히 실패한다.

　　전통적으로 대기업들은 떡갈나무처럼 실패에 맞서 스스로를 단련해 왔다. 자원을 축적해 놓고, 위계 서열적인 관리 구조와 엄격한 절차를 시행하고, 혼돈의 힘이 스며드는 것을 차단하기 위해 상세한 5개년 계획을 세웠다. 다시 말해 그들은 리스크보다는 안전을, 풀 전략보다는 푸시 전략을, 창발보다는 권위를, 불복종보다는 순종을, 나침반보다는 지도를, 시스템보다는 대상을 중시했다.

　　그러나 인터넷 시대에 성장한 소프트웨어 회사들은 다

른 접근법을 취했다. 소프트웨어는 워낙 새로운 분야인 데다 빠르게 변해서, 전임자들과 같은 치밀한 리스크 회피 전략을 취했다가는 경쟁자들이 앞서갈 때 오도 가도 못 하는 신세가 됐다. 그 결과, 소프트웨어 회사들은 실패하는 경우도 많았지만 초기 투자 비용이 워낙 낮아서 실패에서 배우고 다음으로 넘어갈 수 있었다.

유튜브는 바로 이런 식의 접근법을 보여 주는 탁월한 사례다. 초창기에 유튜브는 '튠 인 훅 업(Tune In Hook Up)'이라는 영상 데이트 사이트였다. 이 사이트는 실패했지만 아카이브(Archive.org)에 가 보면 아직 그 유령이 살고 있다. 초창기 유튜브닷컴을 캡처한 것을 보면 '나는 18세에서 99세 사이의 남성/여성/모두를 찾는 남성/여성입니다.'라는 메뉴도 있다.[1]

유튜브의 설립자들은 인터넷에 필요한 것은 또 하나의 데이트 사이트가 아니라 영상 콘텐츠를 쉽게 공유할 방법이라는 사실을 이미 깨닫고 있었다. 2004년에 있었던 두 사건도 설립자들에게 영감을 줬다. 하나는 재닛 잭슨의 슈퍼볼 '의상 불량' 무대였고, 다른 하나는 인도양의 쓰나미였다. 두 사건 모두 수천 개의 영상이 있었지만 영상을 볼 수 있는 사이트를 찾기가 쉽지 않았으며 이메일에 첨부하기에는 용량이 너무 컸다.[2]

채드 헐리(Chad Hurley)와 스티브 첸(Steve Chen), 자베드 카림(Jawed Karim)은 2005년 2월 14일 유튜브닷컴을 등록하고 그해 4월 사이트를 출범시켰다. 카림은 사이트에 업로드한 첫 번째 영상에 출연하는데, 23초짜리 이 영상에서 그는 샌디에이고 동물원의 코끼리 울타리 앞에 서 있다.[3] 2006년 10월 세 사람은 자신들의 작품을 17억 달러에 구글로 팔았다.

전통적인 관점에서 보면 유튜브의 출발은 강하지 못했다. 멤버는 셋뿐이었고 그중 한 명은 경영자로서의 책임을 지는 대신 사이트가 출범하기도 전에 학교로 돌아가 버렸다. 최초 자금은 이베이가 설립자들의 이전 회사 페이팔을 사 가면서 받은 보너스였다. 사업 계획도, 특허도, 외부 자금도 없었지만 덕분에 처음 아이디어가 실패해도 얼마든지 초점을 다른 데로 옮길 수 있었다.

기본 미션이 한 번도 바뀐 적 없는 기업이라 해도 비용을 낮게 유지해 실패로부터 되살아날 수 있다면 견고함보다 회복력을 적극 수용하는 셈이다. 1993년 도쿄에 있던 조이 이토의 욕실은 일본 최초의 상업적 인터넷 서비스 제공자 IIKK(나중에 PSINet 저팬)의 일본 사무실로 바뀌었다. 장비는 대부분 낡았고 망가진 것도 많았다. 서버가 과열되면 새 팬이 올 때까지 바람을 불어 식혀야 했다.

확고한 기준과 높은 오버헤드를 가진 기존 텔레콤 회사였다면 이런 식의 임시변통식 설비를 하지는 못했을 것이다. 그러나 전통적 기업의 견고함에는 높은 비용이 따른다. PSINet 저팬이 수천 달러에 만들어 낸 것이 텔레콤 회사였다면 수백만 달러가 들었을 것이다. 하지만 장비가 고장 나면 PSINet 저팬은 복구했고, 수요가 증가하면 얼른 규모를 확대했다. 1년도 못 되어 회사는 조이 이토의 욕실을 벗어나 진짜 사무실을 구했고, 모회사인 버지니아(Virginia)가 과도한 확장으로 파산할 때까지 계속해서 이익을 냈다.[4] 1989년에 PSINet을 설립한 빌 슈레이더(Bill Schrader)는 나중에 이렇게 말했다. "우리가 좀 너무 빠르게 움직였죠. 한 번에 3개국에 진출할 필요는 없었습니다. 1개국만 들어갈 수도 있었죠. 그랬다면 뒤처졌겠지만 아직 사업을 하고 있을 겁니다."[5]

간단히 말해 PSINet은 초창기 회복력의 상당 부분을 빠른 성장과 맞바꾼 셈이었다. 수십억 달러의 빚을 진 공개 기업으로서 PSINet은 기민성이 부족했고, 2001년 닷컴 버블의 붕괴 사태에서 더 이상 회복될 수 없었다.

실패로부터 성공적으로 회복할 수 있을 만큼의 힘을 가

진 조직은 또한 '면역 체계 효과'에서 오는 이점도 있다. 건강한 면역 체계가 병원체에 저항할 새로운 방어 체계를 개발해 감염에 대처하듯이, 회복력이 있는 조직은 실수에서 배우고 환경에 적응한다. 이런 접근법이 바로 오늘날과 같은 인터넷의 형성을 도왔다. 인터넷은 가능한 모든 공격이나 실패에 대비한 계획을 세운 것이 아니라, 공격이나 보안 구멍이 생길 때마다 대처를 통해 배우면서 면역 체계를 발달시켰다. 실패로 지불해야 할 비용이 낮았던 초창기에는 이런 접근법이 비용을 증가시키지 않으면서도 살아남는 데 필요한 회복력을 제공했다. 그러나 악성 공격이나 우연한 실패로 인해 비용이 상승하더라도, 이런 종류의 유연한 면역 대응은 여전히 네트워크의 회복력을 향상시킬 것이다.[6]

견고함보다 회복력에 초점을 맞추면 시간이 지남에 따라 조직이 더 힘차고 강건하고 역동적인 시스템을 발달시킬 수 있다. 이런 시스템은 재앙에 가까운 실패에도 더 잘 버틴다. 동떨어진 우연한 사건을 예상하면서 자원을 탕진하거나 불필요한 형식 절차에 과도한 시간과 에너지를 소비하지 않는다면, 조직 건강의 기준선을 구축할 수 있고 이것은 예상치 못한 폭풍우를 견뎌 내는 데에도 도움이 될 것이다. 이는 인터넷 스타트업이나 소프트웨어 기업뿐만 아니라 하드웨어 기업이나 시민 조직, 비영리 단체에도 해당된다. 모든 영역에서 혁신에 드는 비용이, 따라서 실패에 따른 비용이 워낙 빠르게 감소 중이기 때문에 더 이상 회복력보다 견고함을 강조하는 것은 전혀 합리적이지 않은 선택일지도 모른다.

물론 혁신가와 혁신적 조직이 미래를 전혀 계획하지 말아야 한다거나 잠재적 문제 요인을 예상할 것 없다는 얘기는 아니다. 다만 언젠가는 실패가 있을 테고 제 기능을 잘하는 시스템이라면 빠르게 재생될 거라는 점을 인식하라는 얘기다. 핵심은 실패에 저항하는 것이 실패에 승복하는 것보다 비용이 높은 경우를 잘

살피고, 조직이 성장하고 있는 중일 때조차 회복력을 유지하라는 것이다.

———

사이버 보안만큼 견고함보다 회복력이 중요하다는 사실을 잘 보여 주는 분야도 없다. 2010년 여름 새로운 악성 코드(malware, 조사자가 분석하고 물리칠 수 있는 공격 코드를 포함한 작은 파일) 샘플이 전 세계 보안 전문가들의 관심을 사로잡았다. 현역에 있는 사람들에게는 악성 코드가 새로 발견된 것이 대단한 뉴스거리는 아니다. 일부 추산에 따르면 보안 업계에서는 매일 22만 5000여 종의 악성 코드를 발견한다고 한다. 그런데 스틱스넷(Stuxnet)이라 불린 이 샘플은 전혀 다른 종류였다. 터빈이나 프레스기 같은 산업용 기기 조종을 위해 주문 제작된 소프트웨어를 타깃으로 한 악성 코드가 목격된 것은 이때가 처음이었다.

몇 달간의 쉴 새 없는 분석 끝에, 이렇게 감시 제어 데이터 수집 시스템(SCADA)을 타깃으로 한 코드에는 아주 구체적인 목적이 있다는 것이 확인되었다. 핵 발전 시설의 우라늄 농축 과정을 망가뜨리는 것이었다. 이 시스템에 연결된 원심 분리기들이 특정 조건을 만나면 악성 코드가 강제로 모터 회전 속도를 바꿔서 결국 원심 분리기가 정상 수명보다 몇 년이나 앞서 고장 나도록 되어 있었다. 더욱 중요한 것은 원심 분리기가 우라늄을 제대로 농축하지 못하게 된다는 점이다. 또한 이 악성 코드는 영리하게도 컴퓨터 화면에 다시 보내는 정보를 바꿔서 터빈이 망가졌다는 사실이 오랫동안 감지되지 않게 했다. 스틱스넷은 고도의 보안된 산업용 시스템에 침투할 수 있는 능력과 오랜 세월 숨어 있을 수 있는 능력이라는 두 가지 대단한 발전 때문에 사이버 보안 전문가들 사이에서는 계속 매력적인 관심의 대상으로 남아 있다.

하지만 스틱스넷은 왜 항상 견고함보다는 회복력을 우선해야 하는지도 잘 보여 주었다. 바로 디지털 시대에 철통 금고는 없다는 사실이다. 해킹 될 수 있는 모든 것은 언젠가는 해킹 될 것이다. 스틱스넷이 공개되었을 때 보안 전문가들이 그토록 깜짝 놀란 데는 이유가 있다. 원자력 발전소에서 사용되는 감시 제어 데이터 수집 시스템은 인터넷과 연결되어 있지 않다. 즉 외부 세계와 절대적으로 아무 연결점이 없다. 기술자들이 실제로 이 시스템에 데이터를 옮길 때는 보호된 USB 스틱을 사용한다. 스틱스넷은 어떤 식으로든 발전소 직원의 USB 드라이브에 접근했거나 아니면 내부 소행이었다. 분석해 보니 이 바이러스는 전 세계에서도 가장 안전하다는 이란에 있는 다섯 곳의 핵 시설을 타깃으로 한 것이었고, 그래서 더 대단하게 여겨졌다.

스틱스넷의 두 번째 대단한 반란은 이란에 있는 거의 1000개의 원심 분리기를 이미 파괴해서 이란의 원자력 프로그램을 몇 년이나 후퇴시킬 때까지도 감지되지 않았다는 점이다. 놀랍게도 이런 시스템에는 보안 장치가 거의 하나도 없었다. 뚫을 수 없을 것으로 생각한 첫 번째 방어선을 일단 통과하고 나니, 스틱스넷은 닭장에 들어온 여우 같았다. 농부, 그러니까 이란의 원자력 당국은 자꾸 닭이 사라지는 이유를 몇 년 동안이나 파악하지 못했다.

유연성이나 회복력을 희생하고 견고함을 택했을 때의 문제점은 컴퓨터 시스템이 등장하기 전에도 있었다. 제1차 세계 대전 이후 프랑스는 언제라도 독일군이 쳐들어오지 않을까 노심초사했다. 그래서 프랑스는 1930년부터 1939년까지 720킬로미터에 이르는 독일과의 국경 지대에 거대한 요새를 지었다. 바로 마지노선(Maginot Line)이었다. 마지노선은 절대로 뚫을 수 없는 완벽한 요새라고 광고되었다. 제1차 세계대전이었다면 실제로 그랬을 수도 있다. 그러나 학생이라면 누구나 알고 있듯, 독일군은 그냥 어깨를 으쓱하고 벽을 '돌아서' 갔다. 수많은 강철 및 콘크리트와 함께 그 장벽에는 몇 가지 '가정'이 포함되어 있었다. 첫째, 전쟁이 나도 독일이 서유럽의 두 강대국 사이에 끼어 있는 벨기에나 네덜란드를 침입하지 않을 것이다. 둘째, 현대전에서 비행기가, 특히 폭격기가 여전히 큰 역할을 하지 않을 것이다. 셋째, 독일군이 프랑스의 견고한 요새를 넘어와서 프랑스 쪽에서 공격할 일은 절대로 없으므로 전 방향으로 회전 발사할 수 있는 대포는 설치할 필요가 없다. 아이러니컬한 것은 실제로 마지노선이 물리적으로는 한 번도 무너진 적이 없다는 것이다. 오늘날까지도 마지노선은 뚫을 수 없는 울타리로 남아 있다. 실패한 것은 그것을 만든 사람들의 '상상력'이었다. 어떻게 해야 실패하면서도 계속해서 싸울 수 있을지 상상하지 못한 실패 말이다. 그리고 이게 바로 회복력이라는 말의 아주 깔끔한 정의이기도 하다.

스턱스넷이 성공하는 데는 기만도 똑같이 중요한 역할을 했다. 원자력 발전소의 터빈을 조종하는 PLC라는 논리 제어 장치는 모터의 작동을 바꾸게끔 설계된 악성 코드를 감지해 낼 메커니즘이 없었고 시스템에 가짜 데이터를 표시해서 감시망을 피하려는 시도를 포착할 방법도 없었다. 스턱스넷이 원자력 시설의 보안 유지 벽을 일단 통과하고 나자, 다른 방어 수단은 하나도 마주칠 일이 없었다.

이런 상상력의 실패, 뚫을 수 없는 방어막이라는 유혹을 이기지 못하는 것은 이란이나 원자력 발전소에만 해당되는 얘기가 아니다. 정보 보안 분야는 나쁜 놈들을 가둬 두는 데 계속해서 실패하면서도 여전히 여기저기에 마지노선이 산재한다.

오늘날 우리는 사이버 보안이라 하면 즉시 컴퓨터와 그

취약성을 떠올린다. 하지만 사이버 보안은 정보를 보호해야 하는 기본적 필요성으로부터 진화해 왔고, 이런 필요성은 문자 언어의 초창기까지 거슬러 올라간다. 수백 년간 사람들은 민감한 정보를 주고받을 때 어느 정도 과학적인 형태의 암호에 의존해 왔다.

1970년대까지 암호는 대체로 군대 정보국이나 일부 교육받은 괴짜들의 전유물이었다. 후자에 속하는 사람으로 요하네스 트리테미우스(Johannes Trithemius)가 있다. 그는 1499년 『스테가노그래피아(*Steganographia*)』라는 세 권으로 된 책을 쓴 독일의 대수도원장이다. 이 책은 마법의 주문에 관한 책처럼 보이지만 실은 암호학에 관한 논문이다. 필사본 형태로 돌아다니다가 1606년 프랑크푸르트의 한 출판업자가 첫 두 권에 대한 해독 키와 함께 과감히 출판을 결정했다. 존 디(John Dee)가 1562년에 사본을 하나 찾아냈는데 점성학과 천사를 통해서 가능해진 즉각적 장거리 통신 매뉴얼이라고 믿었던 듯하다. 두 사람 다 인터넷을 접했다면 얼마나 재미있어했을까!

또 다른 독일인 볼프강 에른스트 하이델(Wolfgang Ernst Heidel)이 1676년 트리테미우스의 암호를 깼다. 하지만 그는 그 결과를 자신의 암호를 이용해 다시 암호화했고, AT&T 연구소의 수학 및 암호학부의 수학자 짐 리즈(Jim Reeds) 박사와 피츠버그에 있는 라로슈 대학의 독일인 교수 토마스 에른스트(Thomas Ernst) 박사가 각각 1990년대에 이 퍼즐을 풀 때까지는 아무도 내용을 읽지 못했다. 리즈 박사에 따르면 이 필사본을 해독하면서 가장 어려웠던 부분은 늙은 수도승의 숫자 표를 자신의 컴퓨터로 옮기는 일이었다고 한다. 그는 《뉴욕타임스》와의 인터뷰에서 이렇게 말했다. "그래도 500년간 발전이 있긴 있었죠."

그 발전, 즉 암호화 기술은 점점 더 정교해졌고, 속도가 빨라지고 처리 능력이 증가했으며, 어디서나 네트워크 컴퓨터를 쓸 수 있게 된 것이 암호학을 바꾸어 놓았고, 덕분에 장거리 통신과 금전 이체 등 현대 생활의 수많은 측면이 가능해졌다.

암호학의 여명기부터 암호에서 가장 불편한 부분은 키 교환이었다. 카이사르 암호에서부터 에니그마, 일회용 패드에 이르기까지 기존 암호 솔루션은 모두 송신자와 수신자가 키를 가지고 있어야 한다. 그러나 암호화되지 않은 키를 전송한다면 도청자가 해당 키로 암호화된 메시지라면 무엇이든 다 해독해 버릴 것이기 때문에 전자 메시지조차 물리적인 키 교환이 필요했다. 이것은 자금이 든든한 정부나 군 정보 기관에게도 문제였다.

이 문제에 사로잡혔던 사람이 1970년대 휫필드 디피다. 그는 자신의 관심을 공유할 사람을 도저히 찾을 수가 없었는데, 뉴욕에 있는 IBM의 토머스 왓슨 연구 센터의 한 암호학자가 스탠퍼드 대학의 마틴 헬먼(Martin Hellman) 교수와 얘기해 보라고 알려주었다. 첫 만남 후 헬먼 교수는 디피에게 자신의 연구소에 대학원생 자리를 마련해 주었고, 랠프 머클(Ralph Mekle)까지 합류해 세 사람은 키 배포 문제를 해결하는 데 집중했다.

세 사람은 곧 해결책이 일방향함수에 있다는 사실을 깨달았다. 일방향함수는 쉽게 역을 찾아낼 수 없는 수학적 함수다. 마치 여러 색조의 페인트를 섞거나 달걀을 깨뜨렸다고 생각하면 된다. 실제로 일방향함수는 종종 험프티 덤프티 함수(Humpty Dumpty function, '험프티 덤프티'는 동화 속에 나오는 달걀 캐릭터의 이름)라고도 부른다.[7]

한편 디피는 나름의 돌파구를 찾아냈는데, 순간적으로 떠오른 착상이 세계 최초의 비대칭 암호로 이어지게 된다. 기존에 알려진 암호들과는 달리 비대칭 암호는 송신자나 수신자가 같은 키를 갖고 있을 필요가 없다. 대신 송신자 앨리스가 공개 키를 밥에게 주면 밥은 그걸 이용해 메시지를 암호화해서 앨리스에게 보낸다. 앨리스는 자신의 개인 키를 사용해서 그 메시지를 해독한다. 이제는 도청자 역시 앨리스의 공개 키를 갖고 있더라도 전혀 문제가 되지 않는다. 왜냐하면 그걸로 할 수 있는 일이라고는 앨리스만 읽을 수 있게 메시지를 암호화하는 것뿐이기 때문이다.

　　이듬해 MIT의 수학자 로널드 리베스트(Ronald Rivest)와 아디 샤미르(Adi Shamir), 레오너드 애들먼(Leonard Adleman)은 RSA를 개발한다. RSA는 디피의 비대칭 암호를 시행하는 방법으로 오늘날까지도 사용되고 있다.[8] 디피-헬먼-머클의 키 교환과 마찬가지로 RSA는 일방향 모듈 함수에 의존한다. 이 경우 함수는 앨리스가 고른 아주 큰 소수(素數) 두 개를 서로 곱하여 N을 얻는다. 다른 숫자 e와 함께 N은 앨리스의 공개 키가 된다. 이 공개 키는 비교적 안전하다고 할 수 있는데, 왜냐하면 N을 깨는 것이 어마어마하게 복잡하기 때문이다. 특히 오늘날 사용되는 가장 잘 알려진 알고리즘들은 사실상 아주 큰 숫자는 인수분해할 수가 없다. 그래서 숫자가 클수록 컴퓨터가 유의미한 시간 내에 인수분해를 해낼 가능성은 더욱 낮아진다.

　　RSA로 암호화한 최초의 공개 메시지는 상대적으로 작은 N을 썼다. 겨우 129자리였기 때문이다. 그래도 자원자 600명이 SETI@Home 방식으로 자신의 프로세서 사이클(processor cycle)을 기부해서 이 코드를 깨는 데 17년이 걸렸다. 물론 큰 수들을 인수분해하는 더 쉬운 방법을 수학자들이 발견할 날이 언젠가 올지도 모른다. 또 RSA가 세상에서 가장 강력한 컴퓨터 네트워크에 대항해 안전을 확보할 만큼 충분히 큰 키를 생산하지 못하게 될 날도 올 것이다.

　　우리는 카이사르 암호에서부터 먼 길을 걸어왔다. 하지만 심지어 오늘날에도 우리는 키, 즉 메시지를 해독하게 만들어 주는 비밀이 사적으로 안전하게 보호될 수 있다는 미심쩍은 아이디어에 의존하고 있다. 우리 스스로 비밀을 보호할 힘이 있다고 말이다. 반면 시스템 보안의 역사는 상대적으로 짧다. 로버트 태편 모리스(Robert Tappan Morris, 전설의 암호학자이자 국가 안보국 국장인 로버트 모리스(Robert Morris)의 아들)가 버퍼 오버플로(buffer overflow)를 사용해 최초의 악성 코드를 유포시킨 1988년이 되어서야 사람들은 컴퓨터가 실제로 공격에 취약하다는 사실을 알았다. 우리는 모래 위에 성을 지은 것이다. 더욱 난감한 것은 우리가 전략을 바꾸는 대신, 즉 불가피한 패배를 인정하고 그 패배가 야기할 피해를 최소화하고 감당하는 법을 배우는 대신 그냥 그 성에 더 많은 모래를 추가하고 있다는 점이다. 또다시 그 무엇도, 시대착오적 가정에 대한 우리의 편협한 집착조차도 뚫을 수 없는 강한 벽을 쌓겠다는 환상의 희생양으로서.

———————

2014년 7월 월스트리트는 워싱턴에 있는 의원들에게 불길한 문서 하나를 보냈다. 금융 서비스 업계의 가장 큰 집단인 월스트리트는 정부에게 '사이버 전쟁 위원회'를 만들어 달라고 요청했다. 임박한 사이버 공격이 어마어마한 양의 데이터를 파괴하고 은행 계좌에서 수많은 돈을 빼내 갈 위험이 있다는 것이었다. "개인 및 기업의 예금과 자산 안전에 대한 신뢰가 상실되면 금융 기관에 대한 대대적인 예금 인출 사태가 일어날 수 있고, 이것은 은행, 증권 회사, 자산 운용사들에 대한 직접적 충격을 뛰어넘어 경제 전체가 초토화되는 결과를 낳을 수 있다."

이 문서는 은행들이 의존하고 있는 전기망 자체도 보안 취약성이 있어 위험을 가중시킨다고 했다. 바로 그달에 보안 회사 크라우드스트라이크(CrowdStrike)는 '에너제틱 베어(Energetic

Bear)'라고 알려진 일단의 러시아 해커들이 그간 미국 및 유럽의 에너지 기업들을 공격했다고 폭로했다. 표면상 러시아의 우크라이나 공격을 서방이 반대한 것에 대한 보복으로 보인다는 분석이었다. 이 해커 그룹을 수년간 추적했던 보안 전문가에 따르면 이들은 정부 지원이 있는 듯한 조직과 수단을 갖추었다고 한다. 처음이들이 출현한 것은 2012년인데 전기 생산 회사와 망 사업자, 석유 파이프라인 운영자를 타깃으로 했다. 당시 에너제틱 베어는 간첩 임무를 수행하는 듯했으나, 현재 악성 코드는 에너지 기업의 자체 산업용 제어 시스템에 접근할 수 있다.《포천》선정 500대 기업에 속하는 인터넷 보안 업체 시만텍(Symantec)의 한 연구원은《블룸버그 뉴스》와의 인터뷰에서 "설비 파괴가 매우 우려된다."라고 언급했다.[9]

2012년 후반 미국의 은행들은 디도스(DDOS) 공격으로 몸살을 앓았다. 디도스 공격이란 나쁜 놈들이 타깃이 된 서버에 메시지를 퍼부어서 기업의 IT 인프라가 정상적 작동을 멈출 수밖에 없게 만드는 공격이다. 또한 은행들에 따르면 이것은 '가까운 시일 내에' 훨씬 더 정교한 공격을 하기 위한 워밍업에 불과하다고 한다. 현재 은행업계는 그런 공격에 대항할 준비가 제대로 되어 있지 않다고 스스로 인정한다.

타깃은 대형 은행과 사회 기간 시설만이 아니다. 사이버 공격 대 사이버 방어라는 끝없는 게임은 공격 측이 계속 이기고 있었지만 최근 들어 거의 궤멸에 가까워졌다. 2013년 도난당한 신용 카드 번호는 8억 개가 넘고, 이것은 2012년보다 세 배나 많은 수치다.[10] 전 세계 인구의 10퍼센트에 해당하는 이 큰 숫자도 문제의 크기와 심각성을 제대로 나타내지는 못한다.《포천》500대 기업의 한 정보 보안 최고 책임자는 이렇게 말했다. "우리는 새 서버가 부팅한 지 10분도 안 되어서 '점령'될 거라고 가정하고 일합니다."

적이 장치에 침투하는 데 성공할 거란 얘기다.

　　암호학의 사례와 스턱스넷, 그리고 현재 사이버 보안 상황의 공통된 테마는 우리가 튼튼한 시스템을 만들어 내지 못한다는 것이 아니다. 오히려 문제는 공격자들이 적응하는 속도에 비해 우리가 새로운 방어 전략을 채택하는 것이 언제나 충분히 빠르지는 않다는 얘기다.

　　2012년 로널드 리베스트와 협업자들은 사이버 보안에 게임 이론적 접근법을 채용한 논문을 한 편 썼다. 이 논문의 목표는 양측 플레이어가 각각 최저 비용으로 시스템에 대한 장악력을 유지할 수 있는 최적의 전략을 찾는 것이었다. 이들은 내 시스템이 아무리 견고해도 언젠가는 뚫린다는 가정에서 출발했다. 그리고 공격자가 적응해 나갈 때 최고의 방어 전략은 '기하급수적으로' 플레이하는 것임을 보여 주려 했다. 똑같은 평균 시간에 예측이 어려운 서로 다른 간격을 두고 패스워드를 변경한다거나 서비를 파괴하고 다시 만든다거나 하는 방어 조치를 취하는 것이다.

　　방어 게임을 할 때 핵심 요소는 공격자보다 빠르게 움직일 수 있는 능력과 예측 불가능성을 갖추는 것이다. 견고함보다는 회복력인 것이다. 오늘날 악성 코드, 컴퓨터 바이러스 기타 형태의 사이버 공격은 순식간에 침투하여 번개 같은 속도로 반응하며, 방어를 우회할 수 있다. 그렇다면 방어가 그 속도를 따라갈 수 있는 유일한 방법은 아마도 현대 인터넷이 이질적 요소로 구성된 다른 수많은 네트워크만큼이나 복잡하다는 점을 제대로 이해하는 것이다. 사이버 보안 전문가이자 산타페 연구소(Santa Fe Institute)의 연구원 스테파니 포레스트(Stephanie Forrest)는 이렇게 말한다. "악성 구성 요소는 복잡계라면 어디에나 존재합니다. 생물학적 시스템이나 생태 환경, 시장, 정치 시스템, 그리고 인터넷에도 당연히 존재하죠."[11]

실제로 인터넷은 우크라이나의 사이버 마피아, 중국 사이버 유령, 미국의 심심한 아마추어 해커들 등 악당들이 난무하는 바람에 이제 그들에게 가장 큰 장애물은 해당 네트워크의 보안 제도가 아니라 악당 상호간일 정도다. 그리고 점점 공격도, 방어도 최일선은 자동화 시스템이 되고 있다. 2016년 8월 미국 국방 고등 연구 계획국은 최초로 '모든 기계 해킹 토너먼트(All-Machine Hacking Tournament)'라는 사이버 그랜드 챌린지를 개최했다.[12] 12시간의 경기 시간 동안 기계들은 서로의 방어를 시험했고, 취약성으로부터 보호하도록 프로그래밍 된 시스템에 패치를 설치하고, '자동화된 사이버 방어'라는 개념의 유효성을 확인했다.

문제를 악화시키는 점은 사이버 공격이 유리한 고지를 점하고 있다는 것이다. 경찰 수사와는 달리 해커는 국경이나 관할 구역을 걱정할 필요가 없다. 게다가 거대한 성의 한 부분만 뚫어도 공격은 성공이다. 반면 왕은 왕국을 둘러싼 장벽 모두를 한 치의 빈틈도 없이 방어해야 한다. 해커가 얼마나 빠르고 기민하게 움직이는지까지는 고려하지 않더라도 말이다.

"빛의 속도인 전자 통신과 인간이 만든 기관이 데이터 보안 및 프라이버시 우려에 대응하기 위해 필요로 하는 시간 사이에는 불일치가 크다. 이 불일치는 점점 더 커지고 있다." 다른 저자와 공동 집필한 《하버드 비즈니스 리뷰》의 블로그 게시물에서 포레스트가 한 말이다. 그러한 차이를 교정하려는 노력을 시작이라도 해보려면 우리는 사이버 보안을 더 이상 기술 문제로 생각하지 말고 정치적이고 사회적인 차원에서 인식해야 한다는 것이 저자들의 진단이다.[13]

기관들이 움직이는 속도는 대규모 그룹의 인간이 복잡한 새 지형을 헤쳐 나가는 속도와 같다. 그렇게 많은 것이 걸려 있다면 각자 기발한 계획을 갖고 있을 테고, 그 밑에는 숨겨진 목표들도 있을 것이다. 하지만 컴퓨터 바이러스는 빛의 속도로만 움직이는 것이 아니다. 컴퓨터 바이러스는 진화의 속도로 '적응'한다. 생물학적 바이러스는 이런 진화가 아주 아주 빠르다. 가장 흔한 바이러스 중 하나인 A형 또는 B형 인플루엔자는 10시간 안에 스스로를 1000개에서 1만 개까지 복제할 수 있다.[14] 조만간 숙주의 몸에 어떤 백신이 있든 저항할 수 있는 돌연변이를 가진 바이러스도 나타날 것이다. 몇 달 안에 혹은 몇 주 안에 그 돌연변이(바이러스의 관점에서 보면 '성공적 적응')는 말 그대로 바이러스의 속도로 퍼져 나갈 수 있다.

마찬가지로 악성 코드, 컴퓨터 바이러스 기타 형태의 사이버 공격도 어마어마한 속도로 반응하며 방어 체제를 우회하고 점령할 수 있다.

복잡계라는 새로운 분야는 플로리다의 늪지대 생태계라든가 파생 모기지 암시장처럼 혼돈으로 보이는 것의 기저에 숨은 역학 관계와 패턴을 밝혀내기 시작했다. 그런 시스템들을 흉내 내는 것이 우리에게도 도움이 될 거라고 포레스트는 믿고 있다. 쥐를 잡으려면 쥐처럼 생각해야 한다. 바이러스를 잡으려면 보안 전문가들이 한목소리로 말하듯 항체처럼, 혹은 면역 체계처럼 생각하는 것이 도움이 될지도 모른다.

"생물학적 시스템은 확산하는 병원체와 자가 면역, 무기 경쟁 심화, 기만, 의태(擬態, 동물의 색상이나 모양 등이 자신에게 유리하게 바뀌는 것) 등 여러 위협에 대응하도록 진화해 왔습니다. 생물학적 시스템이 이런 위협에 견디는 데 도움이 되는 디자인 전략 중 하나가 '다양성'입니다. 종 안에서 유전적 다양성, 생태계 내에서 종의 다양성, 면역 체계 내에서 분자 다양성 같은 것이죠." 포레스트의 분석이다.[15]

이와는 대조적으로 컴퓨터 업계는 동질성을 전문으로

한다. 똑같은 하드웨어와 소프트웨어를 거의 무한정 찍어 내고 있기 때문이다. 그 결과 한 가지 숙주, 다시 말해 컴퓨터 혹은 사물 인터넷에 연결된 수많은 물체를 망가뜨릴 수 있는 병원체는 똑같은 다른 개체도 얼마든지 쉽게 감염시킬 수 있다.

수억 년에 걸친 진화의 산물인 우리의 면역 체계는 미로처럼 복잡하다는 특징을 갖고 있다. 그러나 핵심적인 뿌리를 보면 '우리 대 저들'이라는 복잡한 게임을 하고 있는 셈이다. 숙주의 몸에 낯선 것은 무엇이든 '저들'이다. 우리 팀에 속하지 않는 것은 모두 '저들'이다. 포레스트와 동료들은 '행위자 기반 모형(agent-based modeling)'이라는 것을 사용한다. 무수한 개별 행위자들을 서로 싸우게 만들어서 복잡계를 흉내 내는, 강력한 컴퓨터들 위에서 펼치는 전쟁 게임 같은 것이다. 다른 컴퓨터 모델링 시스템, 예컨대 기후학자들이 사용하는 시스템과는 달리 행위자 기반 모형은 개별 행위자가 이기적으로 행동하는 것을 허용한다. 가장 중요한 것은 자신의 실수로부터 배우고 적응하는 것이다. 생태계에 있는 개별 참여자 또는 인체 내에서 벌어지는 끝없는 세포 내 전투처럼 말이다.[16]

포레스트는 이렇게 말한다. "이걸 보면 유행병이 어떻게 티핑 포인트에 도달하는지 알 수 있습니다. 각 행위자에게 '이기적인' 행동을 시킴으로써 복잡계 내에서 어떤 일이 벌어질지, 체스 게임의 다섯 수, 열 수, 열다섯 수 앞을 내다보는 거예요." 다시 말해 일부 사이버 방어 정책은 단기적으로는 그럴듯해 보여도 장기적으로는 재앙이 된다. 모방할 만한 가장 똑똑한 면역학적 전략 중 하나는 '열띤 전투 상황에서조차' 가진 자원을 모두 다 발휘할 수 있는 능력이다. 이런 회복력은 사이버 보안 회사들이 흔히 갖고 있는 군대적 사고방식에서는 잘 볼 수 없는 겸손과 수용이 어느 정도 필요하다. 하지만 포레스트의 연구가 보여 주듯이, 다음에 나오는 인큐텔(In-Q-Tel)의 댄 기어(Dan Geer)의 사례를 제외한 다면, 앞으로 유일하게 안전한 길은 그저 네트워크 망으로부터 최대한 떨어져 있는 것일지도 모른다.[17]

PS.

혼돈과 화해하고
예기치 못한 것을
예상하라

이 원칙이 나에게는 개인적인 의미가 있다. 나는 견고함을 중시하도록 배우며 자랐다. 하지만 성인이 되었을 때 내 주변 환경은 어마어마한 회복력을 필요로 했다. 2008년 1월 내 아들은 '전반적 발달 지연'이라는 진단을 받았다. 핀은 그때 생후 4개월인데도 목을 가누지 못했고 체중도 늘지 않았다. 그러나 의사들이 정말 걱정한 것은 돌처럼 표현이 없는 아들의 태도였다. 결국 핀은 웃기도 하고 잘 조잘거리고 큭큭거리고 빽빽거려서 오히려 언어 소통을 방해할 정도의 아이가 됐다. 이 글을 쓰는 지금 핀의 아홉 번째 생일이 다가온다. 핀은 자폐증을 포함해 여러 신체적, 지능적 난관에 직면해 있다. 동정을 바라서 꺼낸 이야기는 아니다. 아내와 나는 경제적으로, 그리고 여러 가지로 핀과 핀의 평범한 여동생에게 좋은 생활을 제공할 여건이 되는 것만으로도 운이 아주 좋은 편이다.

이런 이야기를 하는 건 이 책의 원칙들 중 다수가 개인적으로도 깊은 의미가 있다는 것을 보여 주고 싶어서다. 핀은 많은 것에서 뛰어나다. 물구나무서기도 잘하고, 물장난할 때는 교활한 전략도 잘 짠다. 하지만 핀의 가장 큰 재주는 보잘것없는 우리의 현상태를 뒤집어 놓는 능력이다. 나는 우리가 언제 집을 나서고 언제 돌아올지 전혀 모른다. 응급실을 가야 할 수도 있고, 당장 슈퍼마켓을 뛰어다니겠다는 요구를 들어줘야 할 수도 있다. 매일 우리 아들은(아들을 시스템이라고 할 수 있다면 복잡하고 혼돈스러운 시스템일 것이다.) 우리에게 익숙한 영역을 완전히 벗어나 응용해 볼 기회와 함께 귀중한 교훈을 배울 기회를 준다. 내 본능은 완강히 버티고 싶다. 내 아버지는 여름 내내 밀밭에서 코요테 사냥을 하며 엄격한 아버지의 표본을 세워 놓았다. 나는 용감한 표정을 짓고, 의지력을 발휘하고, 내 인내심을 테스트하며 이기려고 덤비고 싶다.

하지만 그 방법은 절대 먹히지 않는다. 지난 몇 년간 나는 육아나 지옥, 자유 의지에 관해 내가 갖고 있던 예상들이 잘못된 이분법을 낳았다는 사실을 인정할 만큼은 현명해졌다. 이기려 들면 언제나 질 것이다. 승자도 패자도 없다는 것을 받아들일 때에만, 그저 일들은 벌어지고 나는 그에 대한 반응을 선택할 뿐이라는 것을 받아들일 때에만 나는 성공할 수 있다.

이 모든 게 비즈니스 세상이나 기술의 빠른 변화와 대체 무슨 관련이 있을까? 내가 보기엔 관련이 많다. 나는 파괴적 혁신이 난무하던 2000년대에 《와이어드》에 음악 업계 및 신문 업계에 관한 기사를 썼다. 회복력이 반드시 실패를 예견한다는 의미는 아니다. 회복력이란 다음에 무엇이 올지 내가 예견할 수 없음을 예견하고, 상황 인식력을 높이는 것이다. 핀이 당황해서 볼에 주먹을 마구 비벼 댄다면 이건 '당장 집에 가!'라는 뜻이지, '아빠가 헤드폰 값을 치르고 난 다음에 집으로 가요!'의 뜻이 아님을 제대로 인식하는 것이 곧 회복력이다. 음악 업계라면 인터넷은 활용할 기회이지 무력화할 위협이 아님을 아는 것이 회복력이었다. 인쇄 매체들은 음악 업계를 빠르게 쇠퇴시킨 학살 사태를 면밀히 보도해 놓고서도 놀랄 만큼 비슷한 실수를 스스로도 저질렀다. 그들은 젖과 꿀이 흐르던 오래 세월 동안 혁신적인 신제품에 의미 있는 투지를 하지 못했다. 그러니 이익이 줄어들자 많은 훌륭한 회사들이 시들어 버린 것이다.

음악 업계도, 뉴스 업계도 갱도 속의 카나리아로 봐도 좋을 만큼 작은 산업들이었다. 무시무시한 변화가 법률, 의약, 에너지 산업까지 파괴적 혁신을 일으키겠다고 위협한다면 과연 무슨 일이 벌어질까? 이미 그런 징조는 보이고 있는데? 이 책은 바로 이렇게 어려운 결정을 내리고 새로운 전략을 마련해야 할 사람들을 위한 책이다. 승리나 권력이 아니라 예측 불가능한 세상에서 번창할 방법을 염두에 두고 전략을 짜야 할 사람들을 위한 책이다. 핀의 도움으로 내가 이해하게 된 것처럼, '받아들이기'는 또 다른 종류의 '용기'다.

제프 하우

9

대상보다
시스템

**Systems
over
Objects**

MIT 미디어랩에는 전 세계에서 가장 성공한 예술가와 사상가, 공학자들이 모여 있다. 하지만 이 점은 그냥 MIT 전체에도, 또 매사추세츠 대로 반대쪽 끝에 있는 학문의 전당, 즉 하버드 대학에도 똑같이 적용된다. 미디어랩이 독보적인 부분은 능력과 재능도 존중하지만 독창적 사고와 대담한 실험, 그리고 극단적 포부를 가장 높이 산다는 점이다. 어지간한 학문 기관이라면 이런 자질들은 금세 곤란을 야기하겠지만 미디어랩은 스스로 '어디에도 낄 수 없는 장난감들의 섬'(크리스마스 특집 애니메이션 「빨간 코 사슴 루돌프(Rudolph the Red-Nosed Reindeer)」에 나온다.)인 것을 늘 자랑스럽게 생각한다. 실제로는 슈퍼 히어로 군단에 더 가깝지만.

그런데 그런 곳에서조차 에드 보이든(Ed Boyden)은 단연 눈에 띈다. 에드 보이든은 여러 학과에 걸친 연구를 하고 있는 신경 과학자다. 사람들이 그에 관해 즐겨 하는 이야기가 있다. 보이든이 전 세계 유력 CEO와 정치가, 유행 선도가들이 모이는 연례 콘퍼런스인 세계 경제 포럼에 갔을 때의 일이다. 언제나 합병, 조약, 수십억 달러짜리 거래와 같은 진짜 작업들은 공식 행사와는 거리가 먼 만찬이나 개인 파티 장소에서 일어난다. 보노(Bono)가

캐나다 총리 쥐스탱 트뤼도(Justin Trudeau)와 정원 가꾸기에 관해 얘기를 나누는 그런 곳 말이다. 그래서 보이든도 콘퍼런스 마지막 날 열린 '컴퓨터광 만찬'이라는 파티에 갔다고 한다. 식사를 시작하면서 CNN의 파리드 자카리아(Fareed Zakaria), 미국 국립 보건원의 프랜시스 콜린스(Francis Collins) 등 손님들은 간단히 자신의 업적과 목표 등을 설명했다. 그러다 보이든 차례가 되었는데, 삐삐하고 턱수염에 어딘지 좀 단정치 못해 보이는 보이든은 자리에서 일어나 유명인 참석자들을 죽 둘러보더니 이렇게 말했다. "제 이름은 에드 보이든입니다. 저는 뇌를 풀고 있습니다." 그러고 다시 자리에 앉았다.[1]

만약 보이든이 과장이나 과대 선전을 한 것이라면 별로 인상적인 얘기가 아닐 것이다. 하지만 그는 과장이 아니었다. 보이든은 전형적인 과학자로서 매우 조심스럽고 회의적인 태도로 자신이 하는 일을 정의한다. 그가 자신이 뇌를 푸는 중이라고 한 것은 여러 증거를 종합해 볼 때 실제로 그랬기 때문이다. 우리 몸의 여러 기관 중 가장 수수께끼 같은 뇌는 우리가 아무리 이해하려 노력해도 좀처럼 모습을 드러내지 않는 것으로 유명하다. 그러나 지난 10년간 상당한 진전이 있었는데, 거기에는 서른여섯 살의 보이든이 주도적으로 열어 낸 돌파구가 꽤 큰 공헌을 했다.

아주 최근까지만 해도 과학은 콩팥 연구에 접근하는 것과 똑같은 방식으로 뇌 연구에 접근했다. 다시 말해 연구진은 뇌를 연구 '대상'으로 보았다. 그리고 신체 내에 있는 뇌 해부와 세포 구성, 뇌 기능 등을 평생토록 전공했다. 하지만 보이든은 이런 학문적 전통을 물려받지 않았다. MIT 미디어랩에 있는 그의 연구 그룹인 합성 신경 생물학 그룹은 뇌를 '명사'가 아니라 '동사'로 취급하는 편이다. 그리고 분리된 기관이라기보다 서로 겹치는 여러 시스템의 소재지로 파악한다. 늘 바뀌는 자극에 따라 기능이 결정되기 때문에 그 맥락 속에서만 이해될 수 있는 시스템들의 소재지 말이다.

그렇다면 보이든의 연구 그룹이 이론보다 실제를 중시하는 아주 실용적인 집단인 것도 놀랄 일은 아니다. "제 그룹에 새로 들어온 사람에게 저는 전제를 제시합니다. '뇌를 50년 안에 풀 수 있다고 가정하고, 그러려면 우리가 새로운 도구를 많이 발명해야 한다고 가정하라. 그런 도구란 무엇이며, 지금 우리는 어느 도구를 작업하고 있어야 할까?'" 보이든의 말이다.[2] 그의 연구실에 가면 비커, 피펫과 함께 전동 공구와 납땜 판이 놓여 있다. 시스템이라는 것은 명확한 학과의 경계를 존중해 주지 않기 때문에 일부러 보이든은 실력만 있다면 다양한 경력을 가진 사람들을 모집한다. 40명이 넘는 연구원, 협력 과정생, 박사 후 과정생, 대학원생으로 이루어진 보이든의 팀에는 전직 바이올리니스트도 있고, 벤처 캐피털리스트, 비교 문학 전문가, 대학을 여러 군데 그만둔 사람도 있다.

———

뇌를 푸는 것은 '어려운 문제'가 아니다. 어려운 문제라는 표현은 그저 뇌를 이해하려는 우리의 시도를 좌절시켰던, 서로 연결된 여러 난관의 양과 질을 한번 표현해 보려는 시도일 뿐이다. 일단 규모 자체가 사람을 압도한다. 인간의 뇌에는 평균 1000억 개의 뉴런이 있다. 뉴런을 사람이라고 치면 1제곱밀리미터(양귀비 씨를 생각하면 된다.)의 뇌 조직에 캘리포니아 주 버뱅크 시가 들어 있는 셈이다. 심지어 이것은 1조 개의 신경교(마치 자동차 경주의 피트 크루(pit crew)처럼 뉴런을 둘러싸고 돌봐 주는 세포들)는 셈에 넣지도 않은 것이다.[3]

그러나 정말로 경이롭고 또한 혼란스러운 것은 신경과학자가 연구하는 대상이 뇌에 있는 세포가 아니라 그 세포들 사이에 존재한다는 점이다. 사랑을 몇 개의 뉴런에서 찾아낼 수는 없다. 대뇌에서 다양한 형태의 분노를 책임지는 구역이 정확히 어디인지 정의할 수는 없다. 의식은 궁극적인 형태의 창발이다. 우리가 아는 한 의식은 우리가 숨 쉬는 매순간 뇌 속을 내달리는 무수한 화학적 신호에서 발산된다. 뉴런 하나는 시냅스라 알려진 다른 뉴런과의 연결점을 수천 개씩 가질 수 있다. 그 수백조 개의 연결점은 은하수에 있는 1000개의 은하에 있는 별의 숫자와 맞먹는다. 그러니 인간에게 알려지지 않은 미개척지라는 측면에서 뇌가 왜 광대한 우주와 맞먹는지 이해가 갈 것이다.

이런 연결점에서 생산되는 연산 능력을 생각하면 누구라도 자존감을 충분히 회복하고도 남을 것이다. 여러분의 뇌는 2.5페타바이트의 데이터를 저장할 수 있다.[4] 그 말은 열 명의 회백질만 있어도 1995년에 제조된 모든 하드 드라이브의 저장 공간을 초과한다는 뜻이다.[5] 비록 인간이 뇌의 처리 속도 220억 메가플롭(megaflop, 초당 100만 번의 부동 소수점 연산을 하는 속도)에 맞먹는 속도를 가진 슈퍼컴퓨터를 만들어 내기는 했지만, 세상에 딱 네 대뿐이고 창고 전체를 꽉 채우는 크기로 한 대당 1만 가정에 맞먹는 양의 전기를 쓴다. 그러나 그보다 훨씬 더 소형인 뇌는 침침한 전구 한 개 정도의 에너지밖에 사용하지 않는다.[6] 그러니 뇌를 푼다는 것은 단순히 어려운 문제가 아니라 전례도 없고 비교도 불가능한 역사적 난제다.

전통적 접근법을 거부하는 것은 뇌 이해 분야만이 아니다. 앞서 다룬 수많은 곤란한 문제들도 마찬가지다. 급격히 변화한 기후에 맞는 날씨 예보를 만드는 일이나, 튼튼하면서도 회복력이 있어 불가피한 실패에서도 금세 회복할 수 있는 글로벌 금융 시장을 만드는 일도 마찬가지다. 두 가지 모두 21세기의 독특한 문제 부류에 들어간다고 보이든은 말한다. "사람들이 문샷(moonshot, 달에 우주선을 보내는 정도의 혁신적이고 원대한 생각)에 관한 얘기를 많이 하죠. 하지만 원래 문샷은 한 가지 과학 학과에서 나온 아주 잘 확립된 원칙들을 이용해 성취한 일이었어요. '물리학' 말이죠. 기본 원리나 구성 부분들은 이미 알려져 있었던 거예요."

이렇게 새로운 문제들, 예컨대 알츠하이머를 치료하거나 급변하는 날씨 시스템을 예측하는 일은 근본적으로 다른 문제인 듯하다. 즉 이런 문제들은 복잡계 안에 있는 모든 구성 부분을 찾아내길 요구하는 것 같다. "우리는 이제 인간의 두뇌가 이해하기 어려운 영역으로 들어가야 할 겁니다. 하지만 그렇다고 우리가 현실에 맞서려는 시도를 그만둬야 하는 것은 아니죠." 간단히 말해 이런 영역들은 그 본성상 복잡계를 포함하는 것들이다.

복잡계를 포함한 문제를 풀려면 학과를 넘나드는 접근법과 반학과적인 접근법 사이의 미묘하지만 아주 중요한 구분이 중요하다. 전자는 물리학자와 세포 생물학자를 함께 데려와 '세포 생리학'이라 흔히 알려진 학과를 넘나드는 영역을 연구하는 것일 수 있다. 하지만 보이든은 훨씬 근원적인 질문을 한다. '이렇게 '다루기 힘든' 문제를 풀기 위해서는 과학 자체를 완전히 재구성해야 한다면? 완전히 새로운 학과들을 만들어야 한다면? 심지어 모든 학과에서 쓰지 않는 접근법을 개척해야 한다면?' 보이든은 '전학과적인(omnidisciplinary)'이라는 단어를 선호하게 되었다.

보이든은 열다섯 살에 고등학교를 떠나 MIT로 왔다. 열여섯 살이 되고 2주가 지났을 때 대학 수업이 시작됐다. 4년 후 그는 학부 학위 두 개와 석사 학위 한 개를 딴 상태였다. 그의 지적 관심사는 레이저에서 양자 컴퓨터에 이르기까지 다양했지만 보이든은 서로 배타적으로 보이던 두 요소를 결합했다. 그는 동기가 있었고, 한때 E. B. 화이트가 만족을 모르는 열린 마음을 가진 사람들을 묘사했던 표현처럼, "기꺼이 운 좋은 사람이 되고 싶었다."[7] 다시 말해 보이든은 연구 대상에 엄격한 경계를 긋지 않았다. 그는 연구 '대상' 자체를 갖고 있지 않았다. 대신 생명 자체에 매료되었다. 그 활기찬 복잡성, 서로 다른 화합물들이 화학 작용을 만들어 내는 과정이라거가 세포가 복제되고 암세포가 되는 원리 같은 것들 말이다.

　　보이든은 MIT에서의 마지막 해 몇 주를 뉴저지 주에 있는 벨 연구소에서 보냈다. 그곳에서는 서로 다른 전공을 가진 과학자들이 팀을 이루어 공통의 목표를 추구하는 모습을 볼 수 있었다. 그들은 '뇌를 해킹'하고 있었다. 특히 새의 신경 회로가 어떻게 새소리를 만들어 내는지 알아내려고 노력 중이었다. 보이든은 회로 기판에 들어가는 복잡한 알고리즘을 알아내려고 땜질하기를 즐기는 젊은 과학자에게는 뇌를 해킹하는 일이야말로 딱 맞는 직업이라는 것을 알았다. 그해가 끝나기 전에 보이든은 스탠퍼드 대학에서 신경 과학 박사 과정을 밟고 있었다.

　　스탠퍼드 대학이 연 새로 들어온 뇌 해커들의 모임에서 보이든은 의대생 칼 다이서로스(Karl Deisseroth)를 만났다. 두 사람은 당시의 뇌과학과는 달리 살아 있는 뇌에 실제로 들어 있는 특정 뉴런을 자극할 방법을 찾고자 오랫동안 브레인스토밍을 했다. 또 자석 구슬을 사용해 각 뉴런 안에 있는 이온 통로를 여는 방법을 고려했다. 그러나 얼마 지나지 않아 보이든은 동일한 목표를 달성하는 아주 다른 방법을 알려 주는 연구 결과를 찾아냈다. 옵신(opsin)이라는 빛에 민감한 단백질을 사용해 "빛에 대한 반응으로 이온을 뉴런 안팎으로 펌프질하는" 방법이었다.[8]

　　다른 프로젝트들을 진행하며 몇 년이 지난 후 다이서로스와 보이든은 개별 뉴런을 활성화시키는 당초 아이디어를 다시 논의해 보게 됐다. 2004년 박사 후 과정을 밟던 다이서로스는 보이든과 함께 옵신 샘플을 구해 연구를 시작하기로 했다. 그해 8월 보이든은 실험실에 들어가서 배양된 뉴런 접시를 현미경에 넣고 뉴런에 푸른빛을 보내도록 직접 만든 프로그램을 돌렸다. "놀랍게도 첫 번째 뉴런이 푸른빛에 반응해서 정확한 동작을 했어요. 그날 밤 수집한 데이터가 1년 후 《네이처 신경 과학》에 발표했던 핵심 원칙들을 죄다 증명해 준 거예요. 그래서 채널로돕신2(ChR2)를 사용해 뉴런을 탈분극시키는 게 가능하다고 발표할 수 있었죠."[9]

중요한 돌파구였다. 그리고 2015년 정확히 그 점을 인정받아 다이서로스와 보이든은 마크 저커버그 등 기술 업계 자선가들이 조직한 '혁신 상(Breakthrough Prize)'을 수상해 각각 300만 달러를 받았다.[10] 이전에 신경 과학자들은 뇌 활동에 관한 구경꾼에 지나지 않았다. 이런저런 자극에 광대한 길이의 뉴런이 반응하는 것을 지켜보기만 하며 인과 관계를 추론해 보려 했던 것이다. 하지만 다이서로스와 동료들이 '광유전학(optogenetics)'이라고 이름 붙인 새 기술 덕분에 연구자들은 각 신경 회로를 자극해서 그 행동을 관찰할 수 있게 됐다.

보이든은 얼른 광유전학의 공로를 다른 협업자들에게 돌렸다. 뿐만 아니라 2005년 보이든과 다이서로스가 처음으로 자신들의 방법을 공개했을 때 열심히 쫓아와 준 다른 과학자들에게도 공을 돌렸다. 그러나 어느 저명한 신경 과학자의 말을 빌리면 "아무도 생각지 못했던 것을 생각해 낸"[11] 두 사람이 모두 뇌를 더 큰 시스템 내의 존재로 보는 아웃사이더들이라는 사실은 결코 우연이 아닌 것 같다. 보이든이 말했듯이 '뇌를 위한 전등 스위치'를 만들기 위해서는 분자 생물학, 유전 공학, 외과 의학, 섬유 광학, 레이저학 등이 필요했다.[12] 표준적인 신경학 교과에는 포함되기 힘든 분야들이었다.

광유전학은 뇌 연구 분야에 혁명을 일으켰다. 최초의 발견 이후 보이든를 비롯한 연구자들은 기술을 더욱 정교화해서, 서로 다른 색의 불빛을 인식하도록 뉴런을 유전적으로 수정하는 수준에 이르렀다. 임상 적용에는 앞으로도 몇 년이 더 걸리겠지만, 인간 환자에 대한 첫 테스트는 2016년에 승인을 받았다.[13] 몇 년 전에 보이든과 다른 연구팀은 광유전학을 이용해 눈이 먼 쥐를 치료했다. 빛에 민감한 세포를 가진 장님 쥐가 정확히 무엇을 '보았는지'는 말할 수 없지만, 연구진은 이 쥐들이 밝은 빛으로 출구가 표시된 여섯 갈래의 미로를 치료하지 않은 장님 쥐들에 비해 훨씬 쉽게, 마치 시각이 멀쩡한 쥐들처럼 찾아갈 수 있다고 결론 내렸다. 이 효과는 연구가 진행되는 10개월 내내 지속되었다.[14]

광유전학의 장래성은 신경학이나 특정 유형의 시각 장애 치료에만 한정되지 않는다.[15] 보이든과 다이서로스, 장 평이 이 기술을 개발한 지 10년 만에 동 기술은 뇌 기능 연구와 기면 발작과 관련한 뉴런 조종,[16] 파킨슨병을 비롯한 신경 장애 연구[17] 등에도 쓰이고 있다. 또 심박 조절[18](심박 조정 장치가 정말로 심장의 일부가 되는 모습을 상상해 보라.)이나 간질 치료에 응용할 수 있는지도 조사 중이다. 미생물이나 조류 등에서 새로운 옵신들이 발견되면 가능성은 몇 배가 될 것이다. 옵신들이 서로 다른 종류의 빛에 반응하고 포유류 세포 안에서 서로 다르게 작용하여, 여러 그룹이 혼합된 세포들에 대해 다채널 조종이 가능해진다거나 푸른빛 대신 붉은빛을 사용할 수 있다면 말이다. 게다가 광유전학 연구는 신경 기록이나 영상 기술 같은 여러 보조 도구의 개발에도 자극제가 되고 있다.[19]

보이든은 이렇게 말한다. "지구상 10억 명이 넘는 사람들이 일종의 뇌 장애로 고생하고 있습니다. 파킨슨병에서 간질, 외상 후 스트레스 장애에 이르기까지 다수의 질환이 언젠가는 광유전학에서 시작된 통찰들을 활용해 치료될 수 있을지도 모릅니다."

조이 이토는 MIT 미디어랩에 합류한 지 얼마 안 되어 디트로이트로 출장을 떠났다. 최근 그는 '혁신가 길드(Innovator's Guild)'라는 프로그램를 조직했다. 특수한 사람들만 모이기 쉬운 저명한 학술 기관에 새로운 아이디어들을 도입하고 미디어랩을 더 큰 세상과 연결하려는 의도였다. 나이트 재단 및 디자인 컨설팅 회사 아이디오(IDEO)와 합작으로 이뤄진 이 프로그램을 통해서 세 기관은 MIT 미디어랩의 천재성을 활용해 디트로이트 도심의 가장 절박한 문제들을 해결하려는 목표를 세웠다. 이를테면 신선한 농산물 공급 같은 문제다.

하지만 막상 도착해 보니 이 동네가 어려운 문제로 꼽는 것은 따로 있었다. 디트로이트에서는 가로등 전선을 벗겨내 폐품으로 팔아 버리는 경우가 많아서 해가 지고 나면 길거리가 위험할 만큼 어두웠다. 미디어랩의 몇몇 디자이너는 플라스틱 부품으로 만든 태양광 발전 시스템을 이용해 해결할 방법은 없을지 고민했다. 그런데 동네 사람들과 얘기를 더 나눠 보니 처음 내놓은 이론이 틀렸다는 것을 알 수 있었다. 진짜 문제는 불빛이 없다는 사실이 아니었다. 문제는 거리에 조명이 없으면 다른 사람들이 어디에 있는지 모르기 때문에 불안하다는 점이었다. 지역 주민들과 함께 일하며 설명을 들으니 처음 생각한 이론을 과감히 던져 버릴 수 있었고, 공학 및 디자인을 전공한 학생들은 동네 사람들이 그 지역 자원을 활용해 스스로 거리 조명을 만드는 해결책을 마련하도록 돕기로 했다.

동네 사람들과 함께 앉아 얘기를 나누는 과정에서 동네

에 있는 유일한 가게가 주류 판매상뿐이라는 것을 알게 됐다. 그 상점에서 파는 손전등이 분해가 가능했다. 학생들과 디자이너들은 며칠간 아이들에게 납땜하는 법을 가르쳐 주었고 아이들은 웨어러블 조명을 만들 수 있었다. 이 조명 덕분에 빛이 생겼을 뿐만 아니라 어둠 속에서도 서로를 찾을 수 있었다. 학생들과 디자이너들은 이론을 설명하지 않고 그저 아이들이 조명 만드는 것을 도와주었다. 그리고 아이디어 대부분은 아이들이 스스로 낸 것이었기 때문에 다들 무척 신이 났다. MIT 미디어랩 팀도 교훈을 하나 얻었다. 책임감 있는 개입이란 혁신이 더 큰 시스템 안에서 어떤 역할을 할지 이해하는 데서 비롯된다는 점이다. 반면 미디어랩이 자체 디자인한 것은 모두 '대상'이었다. 그 태양광 발전 시스템이 과연 디트로이트 여러 동네의 복잡한 환경과 특정한 요구에 제대로 부합할 수 있었을까? 그럴 수도 있지만, 그건 아마 기획이라기보다는 우연이었을 것이다.

　　대상보다 시스템을 우선한다는 것은 책임감 있는 혁신에는 속도나 효율성보다 더 많은 것이 필요함을 인식하는 것이다. 또한 새로운 기술이 미치게 될 전반적 영향에 끊임없이 주목하는 것이고, 사람과 지역 사회, 환경 사이의 관계를 이해하는 것이다.

　　이전에는 혁신이 대체로 개인의 의문이나 기업의 이익에 따라 추진되었다. '이게 나한테 무얼 해 줄 수 있을까? 이걸 이용해서 어떻게 돈을 벌까?' 그러나 혁신가들이 생태적, 사회적, 네트워크적 영향을 고려하지 않은 채 신제품을 개발하고 기술적으로 개입할 수 있던 시대는 지나갔다. 앞으로 혁신을 추진할 때는 시스템에 미치게 될 잠재적 영향력 역시 깊이 고려해 보아야 한다. 이 원칙을 제대로 받아들여야만 미래의 혁신이 우리가 사는 다양한 자연 시스템에 미칠 영향을 긍정적으로, 혹은 최소한 중립적으로 만들 수 있다.

　　이런 목표를 달성하려면 우리가 작업하고 있는 지역 사회를 좀 더 온전히 이해해야 할 것이다. MIT 미디어랩이 대상을 창조하는 쪽에서 관계를 구축하는 쪽으로 강조점을 옮긴 것도 바로 그런 노력의 일환이었다. MIT 미디어랩을 네트워크 속의 하나의 노드로 만든 것이다. 과거에 미디어랩은 혁신적인 사람들과 제품, 아이디어를 담는 '용기' 같았다. 그렇다고 MIT 미디어랩이 그동안 소셜 네트워킹과 소통을 확산하기 위해 인터페이스를 개선하고, 개인들에게 힘을 실어 주고, 디지털 기기의 잠재력을 확대하는 작업을 해 오지 않았다는 뜻은 아니다. 미디어랩의 프로젝트 중에는 네트워크 자체를 구축하는 것과 관련된 일들도 있었다. 동키넷(DonkeyNet, 말 그대로 당나귀를 이용해서 외딴 지역에 '이동형' 와이파이를 제공했다.)을 만들었고, 뒤이어 '인도의 전자 우체부' 역할을 하고 있는 협업 작품 다크넷(DakNet)도 나왔다. 또 모바일 진단이나 시골 지역의 보건 인력을 위한 툴, 또 '모든 아이에게 노트북 컴퓨터를(One Laptop per Child, OLPC)' 프로젝트같이 하드웨어에 초점을 맞춘 노력들도 있었다. OLPC의 경우 전 세계 아이들에게 컴퓨터를 공급하기 위해 저가 노트북 컴퓨터와 나중에는 태블릿 PC를 디자인했다.[20]

　　지난 몇 년간 MIT 미디어랩은 '보다 확장된 네트워크를 사용하는 플랫폼으로서의 미디어랩'이라는 모델에 가까워지려고 시도했다. 글로벌 커뮤니티와 연결되고 그 어느 때보다 다양한 인풋을 환영하는 플랫폼. 미디어랩은 자선 재단과 개인 독지가들, 전 세계 지역 사회와 함께 작업하며 활동을 넓혀 가고 있다. 그런 노력 중에는 '소장 장학생' 프로그램도 있다. 이 프로그램이 만든 장학생들의 네트워크는 리비아에서 디트로이트까지, 체스 챔피언에서 수도승에 이르기까지 지역과 분야를 초월한다. 다크넷이나 OLPC 같은 과거의 프로젝트들이 꼭 필요한 인터넷과의 연결을 제공했다면, 소장 장학생은 인간의 지식과 새로운 운동의 네트워크를 확장하는 작업의 일환이다.

대상보다 시스템을 적극 받아들이는 접근법은 모든 과학적이고 기술적인 개입이 전체 글로벌 네트워크에 미칠 영향을 고려해야 한다는 원칙을 나타낸다.

이와 대조되는 것이 가격이나 공학적 문제의 영향을 받았던 전통적 산업 디자인이다. 전통적 접근법을 잘 보여 주는 사례 중에 헨리 포드의 이야기가 있다. 헨리 포드는 모델 T 자동차에 모두 검정색 페인트를 칠했다. 검정 페인트가 더 빨리 마른다는 이유 때문이었다. 최근 플리머스 주립 대학의 트렌트 보게스(Trent E. Boggess) 교수는 그 사례를 인용하면서, 포드는 모델 T 자동차를 대상 기반의 관점으로 보았다고 지적했다. 보게스 교수는 이렇게 말했다. "모델 T 자동차는 가장 실용적인 자동차였다. 분명 헨리 포드는 검정색이 해당 작업에 가장 실용적인 색이라고 확신했던 것이 틀림없다. 모델 T 자동차는 검정색이 빨리 말라서 검정색으로 칠해진 것이 아니다. 싸고 내구성이 좋았기 때문에 검정색을 택한 것이다."[21]

'대량'으로 제조하고 "충분한 봉급을 받는 사람이라면 못 살 사람이 없을 만큼 가격이 저렴하고, 가족과 함께 하느님의 드넓은 공간에서 축복받은 시간을 즐길 수 있는 차"를[22] 만들기 위해서라면 싸고 내구성 있는 페인트가 칭찬할 만한 속성일 수 있다. 그런데 알고 보니 차량 구입자들이 바라는 것이 그것만은 아니었다. 1927년 싸고 내구성 있는 모델 T 자동차는 모델 A 자동차에 자리를 내주었다. 모델 A는 이전에 포드가 거부했던 수많은 스타일리시한 미적 요소와 첨단 기술을 장착하고 있었다.[23]

이런 변화는 대중의 요구에 응한 것이었지만, 사회 과학 연구가 체계적으로 디자인에 적용된 것은 1980년대에 와서다. 그 결과 나온 것이 이용자의 니즈에 대응하려 했던 '인간 중심적 디자인'이다.[24] 스티브 잡스가 언젠가 말했던 것처럼 "고객 경험에서부터 시작해 거꾸로 기술을 찾아가야 한다."[25] 1990년대 말이 되자 이것이 진화해서 '참여적 디자인'이 되었다. 참여적 디자인은 이용자들에게 아이디어 공헌을 요청했다. 공동 디자인(codesign)은 여기에서 한 발 더 나아가 이용자들이 직접 디자이너가 되게 한 것이다.[26]

공동 디자인은 그 개념부터가 이용자가 자신이 사는 시스템에 대응해 꼭 맞는 솔루션을 개발하게 돕는 것이다. 이런 솔루션들은 많은 경우 아주 특이해서 그것을 만든 사람에게는 완벽하게 들어맞지만 대량 고객에게는 맞지 않을 것이다. 헨리 포드가 살았던 산업화 시대에는 이러한 점이 치명적이었을 수도 있지만, 현대에 와서는 디지털 제조 기술 덕분에 제품과 소프트웨어를 소규모 이용자에게 맞춤화하는 것도 점점 저렴해지게 됐다.

이런 접근법의 이점 중 하나는 회복력이 아주 높은 시스템을 만들어 낸다는 점이다. 회복력이 높은 시스템은 이용자들의 니즈가 바뀔 때 빠르게 대응할 수 있다. 모델 T 자동차를 모델 A로 대체했을 때의 포드처럼 설비를 완전히 바꾸지 않고서도 참여적 커뮤니티는 실시간에 가깝게 솔루션을 새로 디자인할 수 있다.

물론 공동 디자인이 시스템 지향 솔루션을 만들어 내는 유일한 방법도 아니고, 이런 원칙을 작업에 통합시키려고 노력하는 조직이 MIT 미디어랩뿐인 것도 아니다. 구글은 자사의 자율 주행차를 설명하면서 자동차 자체는 대상에 불과하다고 강조했다. 그 자동차를 운행하는 인공지능이 시스템이고, 이 시스템은 접촉하는 다른 시스템들과 매끄럽게 맞물려야만 한다. 따라서 구글 자율 주행차의 센서나 소프트웨어는 기존 도로 인프라에 맞게 디자인되고 있고, 음주 운전이나 거동이 불편한 사람의 수송 같은 흔한 문제들도 해결하게끔 디자인되고 있다. 무인 자동차에 대상 기반의 접근법을 취했다면 값비싼 장난감이나 기업 이윤 극대화를 위한 화물차 정도에 그쳤을 수도 있다. 그러나 구글은 시스템 기반의 접근법을 활용하면서 사람들의 삶을 정말로 바꿔 놓을 준비를 하고 있다.

PS.

빈 공간에서
일한다는 것

2016년 3월 MIT 미디어랩은 MIT 출판사와 함께《디자인 과학 저널》을 발간했다. 디자인과 과학을 서로 가깝게 만들려는 시도였다.

이렇게 둘을 연결하려면 '디자인의 과학'과 '과학의 디자인'을 점검해야 할 뿐 아니라 둘 사이의 역동적 관계도 살펴보아야 했다. 엄격하지만 유연한 접근법을 MIT 미디어랩만의 반학과적 스타일로 양성해 보자는 생각이었다.

우리가 만들어 낸 '공간'에 관해 생각할 때 나는 주로 '모든 과학'을 대표하는 커다란 종이를 떠올린다. 학과는 작은 검정색 점들이 넓게 위치한 선으로 표현된다. 점들 사이의 거대한 흰색 공간이 반학과적 공간이다. 많은 사람들이 흰색 공간에서 놀고 싶지만 흰색 공간에 대한 자금 지원은 아주 적다. 검은 점들 중 하나에 학과라는 일종의 닻을 내리지 않으면 정년이 보장되는 일자리를 얻기란 더더욱 어렵다.

게다가 사악하거나 완고한 문제는 물론이고 많은 흥미로운 문제를 전통 학과식 접근법으로 해결하기는 점점 더 어려워지는 듯하다. 인체의 복잡함을 해명하는 일이 바로 그런 경우다. 빠르게 돌파구를 찾으려면 협업적인 '하나의 과학'이 가장 확률이 높은 방법일 것이다. 그러나 우리는 '수많은 과학들'을 넘어서 움직이지는 못하는 것 같다. 이 복잡한 모자이크는 너무 많은 여러 학과들로 이루어져서, 우리는 종종 똑같은 문제를 보고 있으면서도 그렇다는 사실을 인지하지 못한다. 우리의 언어가 너무나 특화되어 있고 우리의 현미경이 너무나 서로 다르게 맞춰져 있기 때문이다.

자금 지원도, 학문적 영예도 학과에 초점이 맞춰져 있다 보니 독특한 공헌을 하려면 훨씬 큰 노력과 더 많은 자원이 필요하다. 학과 사이에 있는, 혹은 학과를 넘어선 공간은 학문적으로 리스크는 있을 수 있지만 경쟁은 덜하다. 또 더 적은 자원으로도 유망하고 비전통적인 접근법을 시도해 볼 수 있다. 그리고 서로 잘 연결되지 않던 기존 학과들 사이의 연관성을 알아내서 어마어마한 영향을 미칠 잠재력도 있다. 컴퓨터 작업, 시제품 제작, 제조 비용의 감소와 인터넷 덕분에 각종 연구에 드는 비용도 낮아졌다.

디자인은 이제 많은 사람들이 이것저것 온갖 것을 뭉뚱그려 부르는 말이 됐다. 너무나 이질적인 것들을 의미하기 때문에 아무 의미도 없다고 해야 할 정도다. 하지만 디자인은 많은 중요한 아이디어와 관행을 포괄하기도 한다. 디자인이라는 맥락에서 과학의 미래를 생각해 보는 것, 과학이라는 맥락에서 디자인을 생각해 보는 것 역시 흥미롭고 유익한 노력이다.

디자인은 또한 물리적, 비물질적 대상에 대한 디자인으로부터 시스템의 디자인, 복잡하고 적응적인 시스템의 디자인으로 진화해 왔다. 이 진화가 디자이너의 역할을 바꿔 놓고 있다. 디자이너는 더 이상 중심적인 기획자가 아니라 자신이 일하는 시스템 내의 참여자라고 보아야 한다. 이것은 새로운 가치 체계를 요구하는 근본적 변화다.

오늘날 많은 디자이너들이 기업이나 정부에서 주로 사회가 효율적으로 기능하는 데 초점을 맞춘 제품과 시스템을 개발하고 있다. 그러나 이런 노력의 범위는 기업과 정부의 니즈를 넘어 시스템을 포함하도록, 또는 신경 쓰도록 디자인되어 있지 않다. 미생물 시스템처럼 이렇게 관심에서 벗어난 시스템들은 곤란을 겪어 왔고, 지금도 디자이너들에게 상당한 어려움을 안기고 있다.

MIT 교수인 네리 옥스먼과 윤미진은 '다양한 규모의 디자인(Design Across Scales)'이라는 인기 과목을 가르친다. 이 수업에서는 미생물에서 천체 물리에 이르는 다양한 규모의 디자인에 관해 토론한다. 디자이너든 과학자든 온갖 규모의 복잡한 자기 적응적 시스템의 결과를 예측하는 것은 불가능한 일이다. 하지만 그 개별 시스템에 개입할 때 우리가 책임을 느끼고 이해하고 수행하는 것은 가능한 일이다. 이런 디자인의 결과를 우리가 온전히 다 통제할 수는 없을 것이다. 로봇이나 자동차를 디자인하는 일이 아니라 아이를 낳아 그 아이의 성장에 영향을 미치는 일과 비슷하기 때문이다.

MIT 미디어랩의 조교수 케빈 에스벨트(Kevin Esvelt)의 작업이 바로 그런 종류의 디자인 중 하나다. 에스벨트는 스스로를 진화적 조각가라고 설명한다. 그는 라임병을 옮기는 설치류나 말라리아를 옮기는 모기 같은 유기체 집단의 유전자를 편집해서 해당 병원체에 저항성을 갖게 만드는 방법을 연구 중이다. CRISPR 진 드라이브라고 하는 이 기술은 보인자(carrier)를 야생에 풀어놓았을 때 그 자손과 자손의 자손까지 모두 똑같은 변이를 물려받기 때문에 말라리아, 라임병 기타 매개체나 기생충을 통한 질병을 제거할 잠재력을 갖고 있다. 에스벨트의 초점은 유전자 편집이나 특정 유기체가 아니라 우리의 건강 체계와 생물권, 사회, 그리고 이런 종류의 개입을 생각할 수 있는 사회의 능력까지 포함하는 전체 생태계다.

참여적 디자이너로서 우리는 세상을 바꾸기 위해 우리 스스로를 바꾸고 우리가 일하는 방식을 바꾸는 데 초점을 맞추고 있다. 이렇게 새로운 관점으로 접근한다면 지금의 학계 시스템에는 잘 들어맞지 않지만 지극히 중요한 문제들을 보다 효과적으로 공략할 수 있을 것이다. 요컨대 우리는 우리 자신에게 영향을 끼쳐

세상에 영향을 미칠 수 있도록 우리의 사고방식을 다시 디자인할
방법을 찾고 있다.

조이 이토

결론

패턴 보는 법을 일단 배우고 나면 어디에서나 그 패턴 이 보이기 시작한다. 예컨대 살아 있는 모든 것이 단속적으로 진화 한다면(장기간 안정성을 유지하다가 짧은 기간 동안 폭발적 변화가 끼어 드는 이런 패턴을 보통 '단속 평형(斷續平衡)'이라 부른다.) 인간이 하는 게임도 똑같이 단속적으로 진화하는 게 놀랄 일일까? 예컨대 농 구 팬이라면 1980년 NBA 플레이오프에서 줄리어스 어빙(Julius Irving)이 리버스 레이업을 선보인 순간을 농구의 진화에서 결정적 순간으로 지목할 수 있다. 하키 팬이라면 스포츠에서 가장 훌륭한 행동은 퍽을 갖고 있지 않을 때 나온다는 것을 보여 준 웨인 그레 츠키(Wayne Gretsky)가 하키를 진정한 팀 스포츠로 거듭나게 했다 고 주장할지도 모른다.

진지하게 바둑을 배우는 사람이라면 바둑 기사 한 명이 게임을 바꿔 놓았던 비슷한 사례들을 지적할 수 있을 것이다. 다 만 바둑의 경우는 역사적 사례가 훨씬 더 많다. 당나라 시대 중국 의 어느 고수가 일본에서 온 왕자를 상대로 역전승을 거둘 때 처음 사용했던 축머리(바둑에서 상대편 돌이 도망갈 경로에서 기다리고 있는 돌)도 있고, 또 전설적인 1846년의 이적지수(耳赤之手, 묘수를 두자 상대방의 귀가 빨개졌다고 하는 일본의 일화에서 나온 말) 경기는 한 번의 위험천만한 수로 그다음 몇 세대 동안 사람들의 게임 방식을 바꿔 놓았다.[1] 이런 '묘수'(너무나 놀랍고 깜짝 놀랄 통찰을 보여 주어서 전설의 반열에 오르게 되는 수)가 한 번 등장하려면 수십 년이 걸릴 수도 있다.[2] 그래서 2016년 3월 초에 있었던 그 유명한 대결에서 묘수라 할 만한 수가 두 개나 나온 것은 더더욱 놀라운 일인 것이다.

바둑은 종종 체스와 함께 얘기되지만, 두 사람이 테이블을 사이에 두고 하는 전략 게임이라는 것 말고는, 바둑이 더 간단하면서도(규칙이 두 가지 밖에 없다.) 훨씬 복잡한 게임이다. 바둑에서 가능한 수(手)는 우주에 있는 원자의 수보다 수백 배 더 많다.[3] 고수인 바둑 기사는 가로세로 열아홉 줄로 된 격자 위에 백돌과 흑돌을 놓는다. 초보자는 더 간단하게 가로세로 아홉 줄이나 열세 줄을 사용할 수도 있다. 바둑판의 크기가 어떻든 목표는 영토를 최대한 많이, 그리고 상대의 돌을 최대한 많이 차지하는 것이다.

독일의 체스 명인 리하르트 타이히만(Richard Teich-mann)은 "체스는 99퍼센트가 전술이다."라고 했다. 이기려면 매 수마다 장기적 결과를 볼 수 있어야 한다. 그러나 지구상 그 어떤 지능으로도 텅 빈 바둑판을 마주한 상대가 택할 수 있는 361수의 가능한 결과를 계산할 수는 없다. 바둑 천재들은 어마어마한 패턴 인식 능력을 갖고 자신의 직관에 의존하는 경우가 많다. 기능적 자기 공명 영상(fMRI) 연구 결과를 보면 바둑 기사들은 뇌의 좌반구보다 시각 인식과 전체적 인식을 지배하는 부분인 우반구에 불이 더 강하게 들어온다.[4] 거의 무한한 가능성을 가진 바둑판은 실제로 체스 게임보다는 화가의 빈 캔버스와 공통점이 더 많다. 구약 성서가 쓰일 때쯤 이 게임을 발명했을 중국인도 틀림없이 그렇게 생각했을 것이다. 바둑은 그림, 서예, 거문고와 함께 군자가 연마해야 할 '사예(四藝)' 중 하나로 간주되었다.

　　최근까지도 바로 이런 특징들, 거의 무한에 가까운 가능성과 논리적이기보다는 직관적인 면 때문에 컴퓨터가 바둑을 두도록 프로그래밍 하는 것은 수학에서 '난제'로 알려져 있었다. 난제라는 말은 불가능하다는 뜻을 완곡하게 표현한 것이다. 표면적으로 비슷한 문제를 가졌던 체스에 적용한 것과 같은 방식으로 해결할 수도 없었다. IBM의 컴퓨터 과학자 팀은 12년이 걸려 체스 세계 챔피언을 무찌를 수 있는 컴퓨터 딥 블루(Deep Blue)를 만들어 냈다. 1997년 딥 블루는 6번기 대국에서 가리 카스파로프(Garry Kasparov)를 이겼다. 초당 2억 개의 수를 분석할 수 있는 딥 블루는 '무차별 대입' 알고리즘에 의존했다. 그냥 20수까지 내다보고, 각 수의 모든 가능한 결과를 평가해 본 것이다.

　　초당 2억 번의 계산이라고 하면 큰 숫자처럼 들리지만, 딥 블루는 바둑에서는 중간 실력의 8급 기사에게조차 도전하지 못했다. 360개의 백돌과 흑돌에 포함된 가능성은 그 크기만으로도 현기증을 일으킨다. 우리의 보잘것없는 뇌로 그런 질문을 생각이라도 해 보려고 만들어진 게임 이론과 수학만 해도 하나의 분야를 이룰 정도다. 딥 블루와 같은 무차별 대입 방식의 기계 지능이 바둑을 두려면 우주의 기대 수명인 1000조 년보다 더 긴 처리 시간이 필요하다.

　　그러다가 2006년 레미 쿨롱(Rémi Coulom)이라는 프랑스의 컴퓨터 과학자가 새로운 방식의 공격법을 암시하는 논문을 발표했다.[5] 1950년대에 연구자들은 핵폭발의 영향을 모형화하기 위해 탐색 알고리즘을 개발했다. 그리고 카지노로 유명한 도시 몬테카를로라는 이름을 붙였다. 몬테카를로는 가능한 모든 결과를 탐색할 수는 없었기 때문에 전체의 통계적 샘플을 탐색했다. 이 알고리즘 자체로 바둑을 둘 수는 없었지만, 쿨롱은 이 알고리즘을 다듬어 일부의 수는 다른 수보다 더 정밀한 조사가 필요하다는 것을 소프트웨어가 인식하게 만들었다. 일부의 수는 훨씬 더 많은 가능성을 낳는 노드였다. 쿨롱은 주어진 순서에서 어느 수가 가장 유망한지 찾아낸 다음, 바로 그 노드에서 출발하는 결과들에 집중하도록 그의 '몬테카를로 트리 탐색' 알고리즘을 프로그래밍 했다. 이렇게 하자 해당 소프트웨어는 인간 참가자들이 수많은 시간의 경기를 통해 무의식적으로 내면화하는 성공적 플레이 패턴을 '학습'할 수 있게 됐다.

　　이후 몇 년간 '크레이지 스톤(Crazy Stone)'이라는 이 쿨롱의 프로그램은 다른 소프트웨어 제품들과 붙어서 인상적인 승리를 거두기 시작했다. 2013년에는 세계에서 가장 뛰어난 프로 기사에게도 승리를 거뒀지만 4점 핸디캡을 받은 접바둑이었다. 사실 당시에는 바둑계나 기계 학습 전문가들이나 할 것 없이 다들 인공지능이 핸디캡 없이 최고의 바둑 기사와 경쟁하려면 오랜 세월이 걸릴 거라는 게 공통된 의견이었다. 최고 수준의 대국을 가능하게 하는 즉흥적이고 창의적인 천재성을 기계는 도저히 흉내 낼 수가 없었던 것이다.

　　그러다가 2016년 1월 과학 학술지 《네이처》에 충격적인 기사가 실렸다. 구글의 인공지능 프로젝트인 딥마인드(DeepMind)가 이 경쟁에 뛰어들었다는 보도였다.[6] 알파고(AlphaGo)라고 부르는 딥마인드의 프로그램은 우선 지나간 바둑 경기의 어마어마한 기록을 학습했다. 그다음에는 혁신적인 형태의 강화(reinforcement, 잘한 일을 더 자주 많이 하게 만드는 것) 학습을 통해 스스로 계속 경기를 치르면서 점점 더 훌륭해졌다. 기사는 그 전해 11월에 구글이 유럽 바둑 챔피언 판후이와 알파고의 5번기 대국을 주최했다고 밝혔다. 경기 결과는 기계 5 대 인간 0. 기계 학습 분야의 분수령이 된 순간이었다. 최초로 컴퓨터가 핸디캡 없이 프로 바둑 기사를 이긴 것이다. 기사에 따르면 레미 쿨롱은 기계가 바둑을 정말로 통달하는 데는 10년은 더 걸릴 줄 알았다고 했다. 또 다른 인공지능 연구자인 조너선 섀퍼(Jonathan Schaeffer)는 딥 블루가 1989년까지 종종 체스 챔피언들을 이기긴 했지만 가리 카스파로프를 이길 정도로 잘하는 데까지는 8년이 더 걸렸다고 했다.

알파고도 머지않아 '카스파로프 순간'을 맞게 될 예정이었다. 3월 《네이처》는 알파고가 생존하는 최고의 바둑 기사이자 스승으로 여겨지는 이세돌과 경기를 가질 예정이라고 밝혔다. 《네이처 뉴스》와의 인터뷰에서 섀퍼는 말했다. "알파고 팀을 존중하지만 저라면 인간이 이기는 쪽에 돈을 걸 것 같습니다. 알파고를 어린이 신동이라고 생각해 보세요. 아이가 갑자기 바둑을 정말 잘두는 법을 배운 거죠. 아주 빠르게 말이에요. 하지만 경험은 많지 않습니다. 우리가 체스나 체커에서 본 바로는 경험이 아주 중요합니다."[7]

기계가 우리 생활의 모든 측면을 가차 없이 침범하는 상황을 모두가 기뻐한 것은 아니었다. 《네이처》 기사가 나온 날, 마크 저커버그는 페이스북 역시 바둑에서 사람을 이길 수 있는 인공지능을 보유하고 있다는 글을 게시했다. "그 오래된 게임을 그냥 좀 놔두면 안 될까요? 인공지능 플레이어 없이 그대로 두면 안 되나요? 정말로 우리는 모든 것에 인공지능이 필요한가요?"[8] 6월까지 이 발언은 좋아요 8만 5000개와 댓글 4000개를 받았다.

———

유럽 바둑 챔피언 판후이가 알파고와 다섯 대국을 치를 때 관객은 심판과 《네이처》의 편집자 두 명이었다. 이세돌은 서울 포시즌스 호텔에서 첫 경기를 시작했는데 전 세계에서 온 수많은 텔레비전 카메라가 포진해 있었다. 다들 인간의 마지막 위대한 희망이 우리의 불완전하고 예측할 수 없는 인간성을 회복하려 애쓰는 모습을 지켜보고 싶어 했다. 이세돌은 위험하고 비전통적인 수를 여럿 구사했다. 방대한 양의 교과서적 기보를 탑재한 기계를 무방비 상태로 몰아갈 수 있을 법한 수들이었다. 하지만 알파고는 눈도 깜박하지 않고 이세돌의 공격을 물리치며 서서히 판세를 장악했고, 결국에는 승리를 가져갔다. 여러 프로 기사들의 말을 통해 즉시 분명해진 사실은 그 몇 개월 사이에 알파고가 런던에서 판후이를 물리칠 때보다 훨씬 더 능숙한 바둑 기사가 되었다는 점이다.

이세돌을 한 번 이긴 것만으로도 딥마인드 팀은 오랫동안 인간의 사고 과정을 비추는 거울로 여겨진 게임을 통달하는 어려운 문제를 이미 해결한 셈이었다. 갑자기 대국 전체를 이길 수 있다는 전망도 가능해 보였다.

2국에서 이세돌은 알파고를 진지한 시선으로 다시 보게 되었고, 조심스럽게 경기에 임하며 흠잡을 데 없는 바둑을 펼쳤다. 이 경기를 최종 시청한 2억 8000만 명을 열광시키려고 의도한 것은 아니었지만, 바둑 기사의 관점에서는 거의 완벽에 가까운 플레이였고, 이세돌은 조용하지만 분명한 자신감을 내비쳤다. 그러다가 경기가 중반에 돌입했을 때 알파고가 뜻밖의 행동을 했다. 바둑판의 우변 거의 비어 있는 영역에 흑돌을 둔 것이다. 달리 보면 일리가 있을 수도 있는 수였지만, 그 순간 그 판에서 알파고는 바둑판의 아래쪽에서 진행 중인 플레이를 거의 버리는 것처럼 보였다. 인간으로서는 도저히 둘 수 없는 역사적인 수였다. 알파고는 인간이 그 수를 둘 확률이 1만 분의 1이라고 계산했다.[9] 관중들은 순식간에 충격과 혼란에 빠졌다. 이세돌은 얼굴이 창백해지더니 휴식을 요청하고 꼬박 15분 동안 대국장을 떠났다가 돌아왔다.

영어 해설자들은 침묵에 빠졌고 누군가 겨우 이렇게 말했다. "정말 놀라운 수네요."

《와이어드》의 기자 케이드 메츠(Cade Metz)와 함께 경기를 지켜보던 판후이는 처음에는 다른 사람들처럼 어리둥절해하며 메츠에게 이렇게 말했다. "인간이 둘 수 있는 수가 아니에요. 사람이 이런 수를 두는 것은 한 번도 본 적이 없습니다." 나중에 메츠는[10] 2500년 동안 수집된 바둑계의 지식과 식견을 합해도 당시 2국의 37수를 예상할 수 있었던 사람은 아무도 없을 거라고 했다. 판후이만 빼고 말이다. 판후이는 그전 가을 알파고에게 패한 이후 구글 딥마인드 팀이 이세돌과의 경기를 대비해 소프트웨어를 훈련시키는 과정을 도왔다. 이 경험을 통해 판후이는 어떻게 그 수가 알파고가 추구하는 전략과 하변의 흑돌을 연결시키는지 이해할 수 있었다. "멋지네요." 판후이는 같은 말을 몇 번이나 되풀이했다. 단순한 '맥'(상대의 허를 찌르는 영리한 플레이)이 아니었다. 전략적인 기발함 못지않게 미학적 결과물이기도 했고, 어쩌면 묘수라고도 할 수 있었다. 이세돌은 거의 흠잡을 데 없는 바둑을 이어 갔지만, 특히 37수 이후에는 딥마인드의 소프트웨어가 보여 준 충격적인 창의력에 맞서기에 역부족이었다. 그날 저녁 빅 뉴스는 알파고가 2국을 이겼다는 사실이 아니라, 이기는 과정에서 그토록 몹시 인간적인 자질을 보여 주었다는 점이었다. 즉흥성, 창의성, 심지어 우아함까지. 알고 보니 이 기계에는 혼이 있었다.

─────

인간 대 기계 대결의 결말이 나고 몇 주 후, 구글 딥마인드의 인공지능 연구자 데미스 허사비스(Demis Hassabis)가 MIT를 방문했다. 그는 이번 대국과 알파고를 개발한 과정에 관한 이야기를 들려주었다. MIT에서도 가장 큰 강연장 중 한 곳에서 펼쳐진 행사에는 사람들이 꽉 들어차 발 디딜 틈이 없었다. 허사비스는 기계 학습에 대한 딥마인드 팀의 접근법을 상세히 설명하면서 컴퓨터가 이세돌 같은 대가를 이기려면 10년은 걸릴 거라던 전문가들의 예상이 틀렸음을 어떻게 증명해 냈는지 알려주었다.

핵심 열쇠는 딥 러닝(deep learnig)과 그냥 학습을 영리하게 조합한 결과였다. 딥 러닝은 인간의 뇌(혹은 구글)가 수많은 이미지를 본 후 고양이와 소방차를 알아보는 것과 비슷한 일종의 패턴 인식이다. 딥 러닝과 학습을 조합함으로써 알파고는 다음에 일어날 상황의 확률을 통계적으로 추측할 수 있었다. 그러니까 바둑의 경우 과거의 모든 경기를 고려할 때 인간인 바둑 기사가 특정 상황에서 어떤 수를 둘 것 같은지 추측해 낸 것이다. 이렇게 해서 과거 경기에서 학습한 패턴을 기초로 수를 추측하는 아주 원시적인 바둑 플레이어 모형이 만들어졌다. 그다음에 딥마인드 팀은 컴퓨터가 새로운 것을 시도할 수 있게 일종의 강화 학습을 추가했다. 뇌는 무언가를 성공적으로 해냈을 때 도파민이라는 보상을 받아서 일을 '제대로 해낸' 신경 경로를 강화하는 방식으로 학습을 한다. 마찬가지로 강화 학습은 컴퓨터가 여러 가지를 시도하게 하고 성공한 실험에 대해 보상을 함으로써 성공한 전략을 강화했다. 알파고는 스스로 기초 버전에서부터 시작해서 약간 다른 버전들을 만들어 내 복수의 전략들을 수백만 번씩 시도했다. 그리고 이긴 전략에 보상을 주면서 점점 더 나은 버전과의 경기를 통해 점점 더 강해졌다. 그리고 나중에는 인간 전문가와 경기를 한 후 인간과 알파고 자신을 더 강하게 만들며 계속해서 배워 나갔다.

강연에서 허사비스는 돌파구들을 차례로 공개했다. 그중 일부는 강연장에 모인 연구자늘이 불가능할 서라고 생각했던 일들이었다. 사람들의 흥분이 눈에 보였다. 허사비스는 알파고와 이세돌 사이 경기의 나머지 모습을 이미지와 영상으로 보여 주었다. 알고 보니 그 경기에서 극적인 순간은 37수가 끝이 아니었다.

2국을 마치고 이세돌은 연구를 했고 몬테카를로 트리 검색 알고리즘의 약점으로 알려진 부분을 기초로 전략을 개발했다. 이세돌은 '패싸움'을 할 수밖에 없는 방식으로 제3경기의 포문을 열었다. '패싸움'에서는 한쪽이 상대의 돌을 제거해 이미 시작된 것을 응수하든지 아니면 포기하든지 선택할 수밖에 없게 만든다. 이세돌 수준의 경기를 하는 사람이 이렇게 공격적으로 시작했다면 대부분의 상대는 완패했을 것이다. 그러나 알파고는 기발한 한 수 한 수를 모두 아무렇지도 않게 받아쳤다. 해설자 중 한 명은 시청자들이 바둑 경기 방식의 '제3차 혁명'을 목격하고 있는지도 모르겠다고 했다. 176수 후 이세돌은 패배를 인정했고, 챌린지 매치 패배와 함께 100만 달러의 상금도 놓쳤다. 경기 후 기자 회견에서 이세돌은 전 세계 시청자에게 사과했다. 마치 인간이라는 종 전체를 대표하는 무거운 짐을 어깨에 짊어진 사람처럼 보였다. 그는 인간은 바둑판과 바둑돌로만 게임을 하는 것이 아니라 심리 게임도 함께 견뎌 내야 한다고 말했다. 슬픈 목소리로 "압박감을 이기지 못했다."라고 말했다.

　　4국은 당연히 암울한 분위기에서 시작되었다. 천재성을 최고로 발휘한 이세돌을 그토록 손쉽게 이긴 알파고는 나머지 두 게임도 깨끗이 휩쓸 것처럼 보였다. 4국의 전반부가 다 흐를 때까지 다른 조짐은 보이지 않았다. 그런데 그때 이세돌이 뜻밖의 과격한 수를 두었다. 바둑판 한가운데에서 '끼우는' 수를 둔 것이다. 갑자기 알파고가 어떻게 응수해야 할지 전혀 모른다는 것이 전 세계 수백만 시청자들 눈에도 분명히 보였다. 알파고는 어설픈 수를 몇 번 두다가 패배를 인정했다. 해설자들은 이세돌이 걸작을 만들어 냈다고 말했다. 묘수가 될 수도 있는 수를 그 자신이 만들어 낸 것이다.

　　알파고는 결국 다섯 경기 중에 네 경기를 이겼다. 컴퓨터가 전설의 바둑 챔피언을 이겼으니, 바둑에 대한 인간의 관심이 줄어들거나 바둑을 두는 재미를 앗아 갔을 거라고 생각하는 사람도 있을 것이다. 실제로 이 영상을 온라인으로 시청한 사람의 수는 슈퍼볼 시청자보다 많았다.[11] 바둑판의 판매량은 급격히 늘어났고,[12] MIT 바둑 동호회 학생은 클럽 회원수가 두 배가 되었다고 발표했다. 강연에서 허사비스는 알파고와의 경기로 이세돌 역시 바둑에 대한 열정이 되살아났다고 전했다.

분명 알파고는 바둑의 재미를 앗아 간 것이 아니라 바둑이라는 게임과 바둑을 즐기는 사람들의 커뮤니티 및 학자들에게 폭발적인 창의력과 에너지를 주입했다. 알파고와 바둑 커뮤니티 사이의 긍정적 반응과 튼튼한 관계가 이어지는 것을 보면서(바둑 커뮤니티는 알파고에게 최고 등급인 명예 9단의 지위를 수여했다.) 조이 이토는 평소의 믿음이 더 강해졌다. 미래에 굳이 터미네이터 같은 지능이 나타나 인간은 나쁘니 없애야겠다고 판단하는 일은 없을 것이다. 오히려 미래 사회에서는 인간과 기계가 함께 일하고 서로에게 자극을 주고 보완하여 집단 지성을 더욱 성장시킬 수도 있다.

———

미래학자이자 우리에게 친숙한 강연가 레이 커즈와일(Ray Kurzweil)은 2005년에 출판한 『특이점이 온다』에서 '기하급수적 변화'라는 아이디어를 대중화했다. 커즈와일은 2029년이 되면 컴퓨터가 인간만큼 글을 잘 읽을 것이고, 특이점(singularity), 그러니까 기계가 인간보다 더 똑똑해지는 지점은 2045년이 될 것이라고 예측했다. 특이점 이론에 따르면 그때 우리는 '지성 폭발'을 목격하게 될 것이다. 기계는 그 어느 때보다 더 똑똑한 버전으로 스스로를 빠르게 디자인할 것이다. 마치 2013년에 개봉된 영화

「허(Her)」의 시나리오가 묘사하는 것처럼.

기계 학습 분야의 전문가들은 대부분 인공지능이 언젠가는 그 정도까지 발전할 거라고 믿지만, 대부분은 커즈와일처럼 구체적인 날짜를 제시하느니 차라리 속옷만 입고 노벨상 위원회 앞에서 연설을 할 것이다. 기술적으로 말해서 특이점은 어느 함수가 무한대의 가치를 갖는 지점이다. 블랙홀의 중심에서 시공간에 벌어지는 일처럼 말이다. 기술적 특이점 다음에는 무슨 일이 벌어질까? 커즈와일에 따르면 우리는 더 없이 행복한 초휴머니즘 (transhumanism)의 기간에 들어설 것이다. 그때가 되면 인간과 기계 사이의 경계를 구분하기 힘들어지고 지구를 돌아다니는 초지능이 인류의 모든 문제를 해결할 것이다. 페이팔 출신으로 테슬라 자동차를 만든 일론 머스크(Elon Musk)처럼 다르게 생각하는 사람들도 있다. 그들은 기계가 응당 인간을 지구를 오염시키는 일종의 암으로 인식하고 호모 사피엔스를 끝장낼 거라고 믿는다.

우리는 좀 더 넓은 시각을 권한다. 인공지능은 좋을 수도 있고 나쁠 수도 있다. 또 어쩌면 그건 별로 중요하지 않을 수도 있다. 앞으로 100년간 진행될 다른 위협이나 긍정적 결과들에 비한다면 말이다. 양성 피드백이라고 하는 북극의 기후 진행은 북극 지방의 해빙이 녹는 것을 촉진하고 있다. 예상보다 빠르게 움직인다면 전 세계적 재앙을 맞아 다시 암흑시대로 되돌아갈 수도 있다. 혹은 해커들로 구성된 허무주의자 그룹이 글로벌 금융 시장을 일거에 삭제해 버려 사람들은 패닉에 빠지고 곳곳에 충돌을 야기할 수도 있다. 혹은 14세기 흑사병 수준의 유행병이 돌지도 모른다.

멸망을 초래하는 사건이 벌어지는 것은 생각보다 그렇게 불가능하지 않다. 실제로 거의 그럴 뻔한 적도 있었다. 약 7만 년 전 화산 분출로 지구상의 인구는 시골 마을 하나 수준으로 줄어들었던 것으로 추정된다. 그래도 우리는 덜 비관적인 관점을 권할

것이다. 1896년에 '살아 있는 사진'을 보았던 사람들이 영화 「시민
케인」이 나올 것을 예상할 수 없었던 것처럼, 우리도 새 기술이 궁
극적으로 어디에 쓰일지는 알 수 없다. 이 책의 목적은 무시무시한
미래에 대한 비전으로 겁을 주려는 게 아니다. 케플러-62e 행성에
생명체가 사는 비전을 가져 보는 것도 유용한 일이다.

　　시리(Siri)에서 테슬라 자동차에 이르기까지 온갖 것을
'인공지능'이라 부르기 때문에, 이제 문제 해결 능력이 있는 종류
의 인공지능은 일반적 인공지능과 구분해서 '좁은' 인공지능 혹
은 '특수' 인공지능이라 부르겠다. 인공지능 전문가 벤 거첼(Ben
Goertzel)은 일반적 인공지능이 대학에 지원해서 입학하고 학위도
딸 수 있는 기계일 거라고 말한다.

　　특수 인공지능과 일반적 인공지능 사이에는 많은 차이
가 있지만 둘 다 프로그래밍 된 것은 아니다. 이것들은 '훈련'되거
나 '학습'한다. 특수 인공지능은 공학자들이 조심스럽게 훈련을
시킨다. 즉 공학자들이 데이터와 알고리즘을 손보고 계속해서 테
스트하며 해당 인공지능에게 요구되는 특수한 일을 하게 만든다.
이런 인공지능은 창의적이지 않다. 대신 고도의 감독을 받고 적용
되는 분야도 좁다.

　　우리와 일반적 인공지능 사이에는 아직도 기계 학습 등
의 분야에서 수십 건의 발전이 이뤄져야 한다. 하지만 알파고는 이
미 그중 여러 개를 현실화했다. 알파고는 창의적으로 보이고, 또
통계적 시스템을 통해 일종의 상징적 논리를 추론할 수 있는 것으
로 보인다. 이런 성과의 중요성은 아무리 강조해도 지나치지 않다.
딥 러닝으로 상징적 추론이 가능해질 거라고는 많은 사람이 믿지
않았기 때문이다.

　　그러나 알파고가 아주 똑똑하고 창의적이라 해도 바둑
에서 우리를 이길 수 있을 뿐이다. 알파고는 체커에서는 우리를 이

기지 못한다. 알파고가 표현하고 볼 수 있는 우주라고는 열아홉 줄로 된 격자와 백돌과 흑돌뿐이다. 알파고가 나이트클럽에 가거나 선거 출마에 관심을 가지려면 여전히 수많은 기술적 약진이 있어야 한다. 사실 나이트클럽에 가거나 선거에 출마하는 기계는 '영영' 생기지 않을지도 모른다. 그러나 알파고 비슷한 것이 가석방을 결정하고, 보석금을 정하고, 비행기를 운행하고, 아이들을 가르칠 날은 그리 멀지 않을 수도 있다.

인공지능이 발전하면서 기계는 우리 신체나 가정, 차량, 시장, 법정, 창의적 노력, 정치에 필수적인 일부가 될 것이다. 사회로서의 우리는 이미 우리 개개인보다 더 똑똑하다. 우리는 집단 지성의 일부다. 기계들이 우리 네트워크와 사회의 일부로 계속 통합된다면 우리 지성의 연장선상이 되어 지성을 확대시켜 줄 것이다.

특이점주의자들 중 일부는 머지않아 인공지능이 너무 훌륭해져 많은 사람들이 실업 상태에 놓일 거라고 생각한다. 그럴 수도 있다. 특히 단기적으로는 그렇다. 하지만 생산성의 증가로 보편적인 기초 수입이 생겨서, 기계 때문에 해고된 사람들을 지원할 수 있을 거라고 주장하는 사람들도 있다. 또 하나 많은 사람들이 걱정하는 부분은 일자리가 우리에게 존엄성과 사회적 지위와 체계를 부여한다는 점이다. 이들은 단순히 소득만 걱정할 것이 아니라 학문적 혹은 창의적 활동을 통해 우리가 어떻게 즐기고 무엇을 만들지를 더 걱정해야 한다고 말한다.

우리는 인간과 기계가 어떻게 함께 일할지에 대해서도 자문해 보아야 한다. 그리고 어떻게 해야 우리와 함께 사는 인공지능이 심지어 진화를 하면서도 우리의 가치를 공유하고 우리의 윤리를 반영한다고 느낄 수 있을지를 자문해 보아야 한다. 한 가지 유력한 접근법은 MIT 미디어랩에 있는 확장 가능한 협력 그룹의 수장 이야드 라완이 '사회 참여(society in the loop)' 기계 학습이라 부르는 것으로, 사회적 규준을 이용해 인공지능을 훈련하고 조종해서 인간과 기계 사이의 공동 진화 시스템을 만들어 내는 방법이다.[13]

올해 미국 국방부는 인공지능 예산으로 36억 달러를 배정했다. 그런데도 학계나 업계의 인공지능 연구자들은 기계를 훈련시키는 사람들과 기계, 일반인들이 함께하는 공개 토론이 필요하다고 말한다. 문제는 이것이다. 지금 우리는 일반 인공지능을 만들어 내려는 열린 사회와 보다 비밀스럽게 인공지능 개발을 조종하려는 군대 사이의 경쟁을 목격하고 있는가? 아니면 사기업들의 경쟁력이 커지고 보다 '정답'에 가까워짐에 따라 이 인공지능 공개 연구의 황금 시대는 서서히 저물 것인가?

앞으로 10년 내외로 이런 일들이 벌어질 테고, 이 책에 논의된 이상으로 세상에 영향을 미칠 것이다. 그러나 무슨 일이 일어나든 특이점주의자들이 한 가지는 옳다. 기하급수적인 속도로 움직이는 것은 기술만이 아니다. 변화 자체도 기하급수적으로 움직인다. 변화는 기술의 산물이지만 다른 발전들의 산물이기도 하다. 지난 25년간 우리는 간단한 시스템들이 지배하는 세상으로부터 복잡계들이 우리를 당황시키는 세상으로 옮겨 왔다. 서론에서 이렇게 바뀌게 된 배후 요인들을 설명했다. 복잡성, 비대칭성, 예측 불가능성. 21세기를 살아갈 매뉴얼을 제공하겠다는 우리의 야심 찬 목표를 이제 한마디로 요약하면 이렇다. 회복력, 기민함, 배울 것이 있는 실패를 중심으로 하는 조직을 만들어라.

———

이 책을 쓰려고 우리 두 사람이 처음 만난 것은 2012년 어느 바람 부는 봄날이었다. 일요일 오후라 MIT 미디어랩 주변

길은 텅텅 비어 있었다. 그 전해 가을에 조이 이토가 MIT 미디어랩의 소장으로 지명되었다. 미디어랩의 소장이라는 자리는 정보 경제의 원동력이 된 수많은 혁신이 시작된 지점이라고 이야기에 자주 등장한다. 조이는 보스턴 사우스엔드에 있는 임시 아파트에서 오토바이를 타고 왔다.(결국 조이는 케임브리지에 집을 샀지만, 그는 어디가 되었건 이삼일 이상 머무는 경우가 없다.) 우리의 만남을 추천한 사람은 출판 담당 에이전트인 존 브록먼(John Brockman)이었다. 우리는 조금 어색하게 악수를 하고 위층으로 올라가서 MIT 미디어랩의 유리로 된 수많은 회의실 중 하나에 자리를 잡고 함께 책을 쓰고 싶은지 이야기를 나누었다.

저녁이 되자 몇 가지 테마가 정해졌다. 우리는 둘 다 세상에 대해 폭넓은 호기심을 갖고 있었고, 둘 다 평범한 경로로 학계에 들어오지 않은 공통점이 있었다. 즉 우리는 평생 학자로 살아온 사람들이 갖기 쉬운, 자기 학과에만 얽매인 터널처럼 좁은 시야를 갖고 있지 않았다. 조이는 대학을 중퇴하고 기업가와 블로거로서 훌륭한 지성을 쌓은 사람이었다. 제프는 《와이어드》에 오랫동안 글을 기고해 오다 하버드 펠로 프로그램을 계기로 노스이스턴 대학에 교수로 재직하게 되었다.

우리 둘 다 지난 몇 년간 《포천》 500대 기업의 책임자부터 FBI 수사 요원, 해외 리더에 이르기까지 많은 의사 결정자들 앞에서 강연을 했다. 또 우리 둘 다 인류 역사의 중요한 시기, 즉 우리가 처한 이 역사적 순간을 대형 기관들이 견뎌 낼 능력이 있을지를 깊이 걱정한 경험이 있었다. 그렇게 걱정할 수밖에 없었던 것은 우리 둘 다 미래에는 일반적인 경영자들이 생각하는 것보다 훨씬 더 급진적이고 거센 변화가 올 거라고 믿었기 때문이다.

그 첫날 또 한 가지 알게 된 것은 우리 둘 다 미래학이라는 분야에 회의적이라는 점이다. 인류는 미래 사건을 예측하는 데에서는 형편없는 기록을 보유하고 있고, 앞으로 그런 예언자 놀이는 점점 힘들어지기만 할 것이다.

어쩌면 가장 중요한 것은 우리 둘 다 정말로 '걱정한다'는 사실을 발견한 일이다. 새로운 아이디어를 다루는 책들은 종종 객관적이고 냉철한 치료책과 강연 요청을 받기 위한 모호한 내용 사이에서 중심을 못 잡는 경우가 있다. 우리는 학자로서의 엄밀함에 훨씬 더 개인적인 열정을 결합해서 새로운 책을 써 보고 싶었다.

왜냐하면 그 첫날 우리가 이야기했던 아이디어와 이 책의 구성 원칙이 된 여러 생각에는 아주 구체적인 중요성이 있기 때문이다. 사람들의 생계가 달린 일이고, 산업 전체가 위험에 처해 있다. 막대한 경제 사회적 가치를 지닌 기관들이 단번에 쓰러지는 모습을 지켜보는 것이 우리에게는 너무나 충격적인 일이어서, 저녁 만찬장에서 나누는 얘기가 아니라 대형 화재 경보처럼 느껴졌다.

우리는 출근하면 하루를 이렇게 보내라거나 다이어트 요령을 알려 주려는 것이 아니다. 또 미래에 대한 우리의 비전을 믿으라는 것도 절대 아니다. 왜냐하면 우리에게는 그런 비전이 없기 때문이다. 우리는 그저 미래가 지금 우리가 사는 세상과는 아주 아주 다를 거라고 확고히 믿을 뿐이다. 그러나 해 주고 싶은 말이 있다. '소셜 미디어를 어떻게 써야 판매 1위를 달성할 수 있는지 공부하는 것은 혁신이 아니다.' 전 세계가 네트워크로 연결된 세상에 맞춰 사업을 수정하려면, 경영진이 쓸 값비싼 화상 회의 시스템을 구매하는 정도로는 어림없을 것이다. 우리는 그보다 더 깊은, 더 근본적인 변화가 필요하다고 생각한다. 완전히 새로운 사고방식. 네발짐승이 뒷다리로 서는 법을 배우는 수준에 육박하는 인식의 진화가 필요하다.

이 책에 나오는 원칙들은 다음과 같은 사실을 관찰한 결과로 생각할 수 있다. 간단하면서도 심오한 두 가지 발전을 통해 인간이 세계와 상호 작용하는 방법에서 강력한 변화가 시작되었다. 첫째는 당연히 인터넷의 발달이다. 인터넷은 이전 그 어떤 통신 기술과도 달리 일대다뿐만 아니라 다대다 연결을 제공했다. 영국의 경제학자 로널드 코스(Ronald Coase)는 공개 시장에서 회사가 어떻게 독립 에이전트보다 자원을 더 잘 할당하고 관리할 수 있는지 설명한 것으로 유명하다. 「코스의 펭귄, 또는 리눅스와 회사의 본질(Coase's Penguin, or Linux and the Nature of the Firm)」에서 요하이 벤클러(Yochai Benkler)는 리눅스나 위키피디아 같은 프로젝트에서 보듯이 협업 비용이 감소하고 사람들이 프로젝트에 자기 자신을 할당할 수 있게 되면 톱다운 방식의 구조화된 기업보다 효과적으로 자산과 조직을 만들어 낼 수 있음을 보여 주었다. 그는 이것을 "동료 생산(peer production)에 기초한 공유재"라 부른다.[14] 이렇게 대차 대조표에 나타나지 않고, 레이더에 잡히지도 않으며, GDP의 일부도 아닌 창의성의 폭발이 세상을 점점 더 많이 접수하고 있다. 여기 관여하는 사람들은 모두 생산자이자 소비자이며, 직원이자 관리자다. 관심과 명성, 네트워크, 학습, 창의성, 집요함을 필요로 하고 또 보상하는 세상에서 돈은 우리가 성공하고 행복하기 위해 필요한 수많은 화폐 중 하나일 뿐이다. 갑자기 우리는 모두가 방송국이자 출판사이자 잠재적 선동가가 되었다.

대부분의 학과에서 이제 발전은 시시각각으로 일어나고, 새로운 발견 위에 또 새로운 발견이 현기증 나는 속도로 쌓이는 듯하다. 그러나 민간 부문에 비하면 이는 아무것도 아니다. 지난 10년간 시장 가치가 가장 높았던 스타트업은 실리콘밸리에서 장난처럼 시작되었다. 6년이 지나 우버(Uber)의 가치는 625억 달러다. 허츠(Hertz)를 비롯한 대형 자동차 렌탈 업체 전부를 합친 것보다 더 큰 가치다. 어지간한 섬나라보다 더 큰 시장 가치를 지닌 다른 대부분의 기업과는 달리 우버는 겨우 1000명이라는 거의 뼈다귀만 남은 직원으로 꾸려 가는 듯하다. 1000명이면 월마트 직원 수와 같다. 펜실베이니아 주 리하이밸리에 있는 월마트 물류 센터한 곳의 직원 수 말이다.

이 모든 상황이 분명히 보여 주는 것은 인터넷과 무어의 법칙이 합쳐질 때 무슨 일이 벌어지는가 하는 점이다. 인터넷과 무어의 법칙은 속도, 비용, 크기 같은 몇 가지 양적 지표를 질적 요소로 바꿔 놓았다. 선전에 있는 엔지니어들 몇몇이 거대한 규모로, 그러나 적은 비용으로 신제품의 시제품을 제작하고, 포커스 그룹 인터뷰를 하고, 제품 유통까지 시킬 수 있다면 이건 단순한 정도의 차이가 아니다. 몇 년 전 이들에게 중소기업 대출을 해 주었을 은행들이 생각하듯 '새로운 매출 모델'도 아니다. 이들은 또한 더 큰 기업이라면 장애가 되었을 각종 규제도 비켜 갈 수 있었다. 이제 은행과 정부는 이 고리에서 완전히 배제되었다. 이것은 양적 변화가 아니라 '질적' 변화다.

다음은 뭘까? 모르겠는가? 그런데 사실 아무도 모른다. 아무도 미래를 예측할 수 없다. 실제로 전문가나 소위 미래학자라는 사람들의 그간 성적을 살펴보면 최악에 가깝다. 그들의 영원한 경쟁자 '무작위 찍기'보다 못하다.

그리고 그건 좋은 점이다. 왜냐하면 불확실성과 건강한 관계를 유지하자는 것이 이 책의 원칙들을 관통하는 큰 테마이기 때문이다. 지난 몇 년간 인류는 겸손을 배웠다. 하지만 앞으로 마주칠 것들에 비하면 아무것도 아니다. 예컨대 성공하는 기업이라면 분기 매출 예상치에 전부를 걸지는 않을 것이다. 바로 다음 골목을 지나면 블랙 스완이 있을 수도 있다는 걸 알기 때문이다. 성공하는 기업들은 오히려 큰 도박은 일절 하지 않고 포트폴리오 전략을 택할지도 모른다. 다양한 상품이나 시장, 아이디어에 조금씩 도박을 거는 것이다.

산업화 시대가 지휘 통제식 경영 시스템과 위계질서, 사실에 관한 시대였다면, 네트워크 시대의 논리는 세상 속에서 우리(미국인들, 하지만 인류 전체도 마찬가지다.)의 위치를 재평가했던 지난 수십 년을 반영한다. 우리는 우리가 날씨를 지휘하거나 통제할 수 없다는 사실을 알게 됐다. 사실 우리가 만든 복잡계조차 우리는 제대로 통제하지 못했다. 민감한 네트워크를 사이버 공격으로부터 보호하는 일도 그랬고, 시장에 영향을 미치기 위해 통화 정책을 펼칠 때도 그랬다. 이 책에 나오는 여러 연구자, 과학자, 사상가들이 모두 동의할 수 있는 사실이 하나 있다면, 그것은 이제야 겨우 우리가 아는 것이 얼마나 없는지 깨달을 만큼 뭔가를 알게 됐다는 점이다. 1894년 노벨상을 수상한 물리학자 앨버트 마이컬슨(Albert Michelson)이 "과학의 기저에 있는 큰 원칙들은 이제 대부분 확고히 정립된 것 같다."라고 말했다니 믿기지 않을 따름이다.[15] 아마도 그는 이제 남은 것이라고는 몇몇 빠진 부분을 채워 넣는 것뿐이라고 생각한 듯하다. 그로부터 30년도 안 되어 상대성이론이 나와서 그런 발언이 얼마나 말도 안 되는 오만의 표출이었는지 보여 주었다.

세상은 근본적인 구조적 변화의 한가운데에 와 있다. 우리는 기존에 해 오던 것과 맞지 않기 때문에 자칫 무시하기 쉬운 것들을 지켜보고, 적응할 능력을 장착해야 한다. 우리는 세상이 완전히 바뀌는 단계를 통과하는 중이고, 세상은 인공지능으로 인해 우리 생전에 다시 한번 완전히 바뀔지도 모른다.

인간에게는 기본적으로 적응력이 있다. 그런데 우리가 만들어 낸 사회는 적응력보다는 생산성에 초점이 맞춰져 있었다.

이 책의 아홉 가지 원칙들은 우리가 새로운 역할을 배우고, 또 그 역할이 더 이상 효과가 없을 때는 버릴 수 있을 만큼 유연해지게 도와줄 것이다. 우리를 운송하는 수단을 운동화에서 초음속 제트기로 바꿨을 때 우리 사회가 처음의 충격만 견뎌 낼 수 있다면, 제트기에서 바라보는 풍경은 우리가 계속 찾아다녔던 바로 그 풍경일지도 모른다.

주

서론

1   Emmanuelle Toulet, *Birth of the Motion Picture* (New York: Harry N.
    Abrams, 1995), p. 21.

2   뤼미에르 형제는 유명 화가 앙리 브리스포(Henri Brispot)를 고용해 해
    당 장면을 그림으로 그렸고, 이것이 세계 최초의 영화 포스터다.

3   Martin Loiperdinger and Bernd Elzer, "Lumière's Arrival of the Train:
    Cinema's Founding Myth," *The Moving Image* 4, no. 1(2004), pp. 89-118,
    doi:10.1353/mov.2004.0014.

4   Daniel Walker Howe, *What Hath God Wrought* (Oxford: Oxford
    University Press, 2007), p. 7.

5   David L. Morton Jr, *Sound Recording: The Life Story of a Technology*
    (Baltimore: Johns Hopkins University Press, 2006), pp. 38-39.

6   Paul A. David, "The Dynamo and the Computer, an Historical Perspective
    on the Modern Productivity Paradox," *American Economic Review*, 80, no.
    2 (1990), pp. 355-361.

7   Ashley Lutz, "20 Predictions from Smart People That Were Completely
    Wrong," *Business Insider*, May 2, 2012, http://www.businessinsider.com/
    false-predictons-2012-5?op=1#ixzz3QikI1PWu.

8   David Lieberman, "CEO Forum: Microsoft's Ballmer Having a 'Great
    Time,'" *USA Today*, April 30, 2007, http://usatoday30.usatoday.com/
    money/companies/management/2007-04-29-ballmer-ceo-forum-usat_

N.htm.

9 Michel Foucault, *The Archaeology of Knowledge* (New York: Pantheon, 1972).

10 Thomas S. Kuhn, *The Structure of Scientific Revolutions: 50th Anniversary Edition* (University of Chicago Press, 2012).

11 Ibid.

12 Daniel Šmihula, "The Waves of the Technological Innovations," *Studia Politica Slovaca*, issue 1(2009), pp. 32-47; Carlota Perez, *Technological Revolutions and Financial Capital: The Dynamics of Bubbles and Golden Ages* (Northampton, MA: Edward Elgar Publishing, 2002).

13 Frank J. Sonleitner, "The Origin of Species by Punctuated Equilibria," *Creation/Evolution Journal* 7, no. 1(1987), pp. 25-30.

14 Chris Mack, "The Multiple Lives of Moore's Law," *IEEE Spectrum* 52, no. 4 (April 1, 2015): 31-31, doi:10.1109/MSPEC.2015.7065415.

15 Janet Browne, *Charles Darwin: Voyaging* (New York: Knopf, 1995).

16 Ibid.; Janet Browne, *Charles Darwin: The Power of Place* (New York: Knopf, 1995); Adrian Desmond and James Moore, *Darwin* (London: Michael Joseph, 1991).

17 Dietrich Stoltzenberg, *Fritz Haber: Chemist, Nobel Laureate, German, Jew; A Biography* (Philadelphia: Chemical Heritage Foundation, 2004).

18 Marc Goodman, *Future Crimes: Everything Is Connected, Everyone Is Vulnerable and What We Can Do About It* (New York: Doubleday, 2015).

19 Peter Hayes, *From Cooperation to Complicity: Degussa in the Third Reich* (New York: Cambridge University Press, 2007).

20 "Through Deaf Eyes," PBS, http://www.pbs.org/weta/throughdeafeyes/deaflife/bell_nad.html.

21 이 부분 인용은 출처 불명임을 밝힌다.

22 Mark Cousins, *The Story of Film* (London: Pavilion, 2012), Kindle Edition, chapter 1: "Technical Thrill (1895-1903), The sensations of the first movies."

23 Richard Brody, "The Worst Thing About 'Birth of a Nation' Is How Good It Is," *New Yorker*, February 1, 2013, http://www.newyorker.com/culture/richard-brody/the-worst-thing-about-birth-of-a-nation-is-how-good-it-is.

24 이 '우주 달력'의 시작은 고(故) 칼 세이건(Carl Sagan)의 책 *The Dragons* *of Eden* (New York: Ballantine, 1977)인데 이후 널리 쓰이기 시작해서, PBS의 시리즈물「It has since been expanded and revisited in Sagan's PBS series Cosmos: A Personal Voyage」(1980)에도 등장했고,《내셔널 지오그래픽》의 2014년 시리즈물로 닐 타이슨이 나온「Cosmos: A Spacetime Odyssey」에서도 사용되었다.

25 John Hagel III, John Seely Brown, and Lang Davison, "The Big Shift: Measuring the Forces of Change," *Harvard Business Review*, July–August 2009, https://hbr.org/2009/07/the-big-shift-measuring-the-forces-of-change.

26 Šmihula, "The Waves of the Technological Innovations"; Perez, *Technological Revolutions and Financial Capital*.

27 John Hagel III, John Seely Brown, and Lang Davison, "The New Reality: Constant Disruption," *Harvard Business Review*, January 17, 2009, https://hbr.org/2009/01/the-new-reality-constant-disru.html.

28 최근 사례를 하나 들자면 다음을 참조하기 바란다. Devlin Barrett, Danny Yadron, and Damian Paletta, "U.S. Suspects Hackers in China Breached About 4 Million People's Records, Officials Say," *Wall Street Journal*, June 5, 2015, http://www.wsj.com/articles/u-s-suspects-hackers-in-china-behind-government-data-breach-sources-say-1433451888.

29 James O'Shea, *The Deal from Hell: How Moguls and Wall Street Plundered Great American Newspapers* (New York: PublicAffairs, 2012).

30 Matt Levine, "Guy Trading at Home Caused the Flash Crash," *Bloomberg View*, April 21, 2015, http://www.bloombergview.com/articles/2015-04-21/guy-trading-at-home-caused-the-flash-crash.

31 Melanie Mitchell, *Complexity: A Guided Tour* (New York: Oxford University Press, 2009), p. 10.

32 Ibid., p. 176.

33 Ibid., p. 13.

34 페이지는 가짜 다큐멘터리「This Is Spinal Tap」에 나오는 유명한 장면을 인용한 것이다. 해당 장면에서 정신이 오락가락하는 리드 기타리스트 니겔 터프넬(Nigel Tufnel)은 앰프의 볼륨 다이얼이 전통적인 볼륨 10을 넘어서는 게 중요하다는 설명을 하려고 애쓴다. "어, 하나 더 크잖아요. 안 그래요?"

35 다음 문서에서 인용. Joichi Ito and Jeff Howe, "The Future: An Instruction Manual," *LinkedIn Pulse*, October 2, 2012, https://www.linkedin.com/

pulse/20121002120301-1391-the-future-an-instruction-manual.

36 Nate Silver, *The Signal and the Noise: Why So Many Predictions Fail* (New York: Penguin, 2012); Louis Menand, "Everybody's an Expert," *New Yorker*, December 5, 2005, http://www.newyorker.com/magazine/2005/12/05/everybodys-an-expert; Stephen J. Dubner, "The Folly of Prediction," *Freakonomics* podcast, September 14, 2011, http://freakonomics.com/2011/09/14/new-freakonomics-radio-podcast-the-folly-of-prediction/.

37 National Council for Science and the Environment, *The Climate Solutions Consensus: What We Know and What to Do About It*, edited by David Blockstein and Leo Wiegman (Washington, D.C.: Island Press, 2012), p. 3.

38 *Oxford Advanced Learner's Dictionary*, http://www.oxforddictionaries.com/us/definition/learner/medium.

39 MIT 미디어랩의 웹사이트를 방문하면 연구소의 자금 지원 모델과 현재 진행 중인 연구, 역사 등에 대한 종합적인 개관을 볼 수 있다. http://media.mit.edu/about/about-the-lab.

40 Olivia Vanni, "An Ex-Apple CEO on MIT, Marketing & Why We Can't Stop Talking About Steve Jobs," BostInno.com. April 8, 2016. http://bostinno.streetwise.co/2016/04/08/apples-steve-jobs-and-john-sculley-fight-over-ceo/.

41 2016년 5월 현재 MIT 미디어랩에서 진행 중인 생물학 분야의 영향을 받은 프로젝트를 몇 가지만 나열하면 다음과 같다. 케빈 에스벨트(Kevin Esvelt)의 진화 조각(Sculpting Evolution) 그룹은 유전자 드라이브와 생태 공학을 연구 중이다. 네리 옥스먼(Neri Oxman)의 조정 물질(Mediated Matter) 그룹은 마이크로유체기술(microfluidics) 및 3D 프린팅 생체 물질을 실험 중이다. 이시이 히로시의 탠저블 미디어(Tangible Media) 그룹은 박테리아를 이용해서 착용한 사람의 체온에 따라 물질 내의 구멍이 열리고 닫히게 만든 '살아 있는 나노 액추에이터(living nanoactuators)'를 가진 섬유를 만들어 냈다.

42 Malcolm Gladwell, "Creation Myth: Xerox PARC, Apple, and the Truth about Innovation," *New Yorker*, May 16, 2011, http://www.newyorker.com/magazine/2011/05/16/creation-myth.

1
권위보다
창발

1   Steven Johnson, *Emergence: The Connected Lives of Ants, Brains, Cities, and Software* (New York: Scribner, 2001), p. 64.

2   Balaji Prabhakar, Katherine N. Dektar, and Deborah M. Gordon, "The Regulation of Ant Colony Foraging Activity without Spatial Information," edited by Iain D. Couzin, *PLoS Computational Biology* 8, no. 8 (August 23, 2012): e1002670. doi:10.1371/journal.pcbi.1002670. Bjorn Carey, "Stanford Biologist and Computer Scientist Discover the 'Anternet,'" *Stanford Engineering: News and Updates*, August 24, 2012, http://engineering. stanford.edu/news/stanford-biologist-computer-scientist-discover-anternet.

3   F. A. Hayek, "The Use of Knowledge in Society," *American Economic Review* 35, no. 4 (1945): 519-30.

4   2015년 11월 15일 현재 32억 명 이상(세계 인구의 40퍼센트)의 사람들이 인터넷에 접속할 수 있다. http://www.internetlivestats.com/internet-users/.

5   Jim Giles, "Internet encyclopaedias go head to head," *Nature* 438 (December 15, 2005), pp. 900-901.

6   Prabhakar, Dektar, and Gordon, "The Regulation of Ant Colony Foraging Activity without Spatial Information."

7   World Health Organization, "Tuberculosis: Fact Sheet No. 104," reviewed March 2016, http://www.who.int/mediacentre/factsheets/fs104/en/.

8   Thomas M. Daniel, "The History of Tuberculosis," *Respiratory Medicine* 100, issue 11 (November 2006): 1862-70, http://www.sciencedirect.com/science/article/pii/S095461110600401X.

9   Mark Nicas, William W. Nazaroff, and Alan Hubbard, "Toward Understanding the Risk of Secondary Airborne Infection: Emission of Respirable Pathogens," *Journal of Occupational and Environmental Hygiene* 2, no. 3 (2005): 143-54, doi:10.1080/15459620590918466, PMID15764538.

10 Centers for Disease Control and Prevention (CDC), "Tuberculosis Morbidity: United States, 1994," *Morbidity and Mortality Weekly Report* 44, no. 20 (May 26, 1995): 387-89, 395, http://www.ncbi.nlm.nih.gov/

pubmed/7746263.

11 World Health Organization, "What Is Multidrug-Resistant Tuberculosis (MDR-TB) and How Do We Control It?" updated October 2015, http://www.who.int/features/qa/79/en/.

12 World Health Organization, "WHO's First Global Report on Antibiotic Resistance Reveals Serious, Worldwide Threat to Public Health," press release, April 30, 2014, http://www.who.int/mediacentre/news/releases/2014/amr-report/en/.

13 Team Bettancourt, "Fight Tuberculosis with Modern Weapons," http://2013.igem.org/Team:Paris_Bettencourt.

14 Ibid.

15 제프 하우와 인터뷰.

16 이 책을 거의 완성했을 즈음 로런스 버클리 국립 연구소(Lawrence Berkeley National Laboratory)의 조인트 바이오에너지 연구소(Joint BioEnergy Institute, JBEI) 소속 연구진은 바이오매스와 대장균을 이용해 상업적 이용이 가능한 바이오 연료를 만들어 내는 데 큰 진전을 보았다고 발표했다. 워싱턴 대학교의 《컨서베이션(*Conservation*)》에 따르면 새로운 프로세스가 활용하는 대장균은 식물성 물질을 분해하기 위해 사용한 용융 염(molten salt)을 견뎌 낼 수 있을 뿐만 아니라 소금에 내성을 지닌 효모를 생산해 내도록 가공된다고 한다. 최종 목표는 저가의 '원팟 프로세스(one-pot process)'를 이용해 바이오 연료를 생산하는 것이다. JBEI의 연료 합성 사업부 부사장인 아인드릴라 무크호파드야이(Aindrila Mukhopadhyay)는 다음과 같이 말한다. "바이오 연료 경제로 옮겨 가기 위해서는 한순간 모든 것을 다 같이 집어넣고 갔다가 돌아왔을 때 연료가 완성되어 있어야 한다." 다음을 참조. Prachi Patel, "Green Jet Fuel in One Easy Step," *Conservation magazine*, May 12, 2016, http://conservationmagazine.org/2016/05/green-jet-fuel-one-easy-step; Marijke Frederix, Florence Mingardon, Matthew Hu, Ning Sun, Todd Pray, Seema Singh, Blake A. Simmons, Jay D. Keasling, and Aindrila Mukhopadhyay, "Development of an *E. Coli* Strain for One-Pot Biofuel Production from Ionic Liquid Pretreated Cellulose and Switchgrass," *Green Chemistry*, 2016, doi:10.1039/C6GC00642F.

17 Nathaniel Rich, "The Mammoth Cometh," *New York Times Magazine*, February 27, 2014, http://www.nytimes.com/2014/03/02/magazine/the-mammoth-cometh.html.

18 제프 하우와 인터뷰.

19 DIYBio, https://diybio.org/.

20 Ryan Mac, "Already Backed with Millions, Startups Turn to Crowdfunding Platforms for the Marketing," *Forbes*, August 6, 2014, http://www.forbes.com/sites/ryanmac/2014/08/06/backed-with-millions-startups-turn-to-crowdfunding-for-marketing/#6cfda89c56a3.

21 크라우드소싱과 관련해 좀 더 광범위한 논의에 관해서는 제프 하우의 다음 책 참조. *Crowdsourcing: Why the Power of the Crowd Is Driving the Future of Business* (New York: Crown Business, 2009).

22 사례의 경우 다음을 참조. Christina E. Shalley and Lucy L. Gilson, "What Leaders Need to Know: A Review of Social and Contextual Factors That Can Foster or Hinder Creativity," *Leadership Quarterly* 15, no. 1 (2004): 33–53, doi:10.1016/j.leaqua.2003.12.004: "연구진은 분야에 관계없이 일부 개인을 다른 사람들보다 창의적으로 만드는 꽤 안정적인 일련의 핵심적인 성격 특성이 있는 것을 확인했다. …… 이러한 특성에는 광범위한 관심 분야, 독립적 판단, 자율성, 스스로가 창의적이라는 확신 등이 포함된다. 창의적 성과를 내기 위해서는 성격적 특성 외에도 창의성에 맞는 특별한 기술들이 필요하다. …… 창의적으로 생각하고, 대안을 만들어 내고, 다양한 사고를 하고, 판단을 유보할 수 있는 능력 등이다. 이런 기술이 필요한 이유는 창의적이 되려면 다양한 정보의 수집과 응용, 정확한 기억, 효과적인 체험 활용, 장시간 깊이 집중할 수 있는 능력과 성향 등을 포함하는 인지 지각 스타일이 필요하기 때문이다. 다양한 대안과 해결 예시, 관련 가능성이 있는 아이디어 등을 접할 때 창의성을 발휘할 수 있는 연결점을 찾아낼 가능성이 더 크다."

23 제프 하우와 인터뷰.

24 Harold J. Morowitz, "The Understanding of Life: Defining Cellular Function at a Molecular Level and Complete Indexing of the Genome," 발표 시기는 미상이나 1984년일 가능성이 있음. 톰 나이트(Tom Knight)가 제공한 논문.

25 James J. Collins, Timothy S. Gardner, and Charles R. Cantor, "Construction of a Genetic Toggle Switch in Escherichia Coli," *Nature* 403, no. 6767 (January 20, 2000): 339–42, doi:10.1038/35002131.

26 Michael B. Elowitz and Stanislas Leibler, "A Synthetic Oscillatory Network of Transcriptional Regulators," *Nature* 403, no. 6767 (January 20, 2000): 335–38, doi:10.1038/35002125.

27 Tom Knight, Randall Rettberg, Leon Chan, Drew Endy, Reshma Shetty, and Austin Che, "Idempotent Vector Design for the Standard Assembly of Biobricks," http://people.csail.mit.edu/tk/sa3.pdf.

28 제프 하우와 인터뷰.

2
푸시보다
풀 전략

1 "Nuclear Meltdown Disaster," *Nova* (PBS), season 42, episode 22.

2 Nassim Nicholas Taleb, *The Black Swan: The Impact of the Highly Improbable* (London: Penguin UK, 2008).

3 David Nakamura and Chico Harlan, "Japanese Nuclear Plant's Evaluators Cast Aside Threat of Tsunami," *Washington Post*, March 23, 2011, https://www.washingtonpost.com/world/japanese-nuclear-plants-evaluators-cast-aside-threat-of-tsunami/2011/03/22/AB7Rf2KB_story.html.

4 Yuki Sawai, Yuichi Namegaya, Yukinobu Okamura, Kenji Satake, and Masanobu Shishikura, "Challenges of Anticipating the 2011 Tohoku Earthquake and Tsunami Using Coastal Geology," *Geophysical Research Letters* 39, no. 21 (November 2012), doi:10.1029/2012GL053692.

5 Gwyneth Zakaib. "US Government Advises Wider Evacuation Radius around Crippled Nuclear Plant," *Nature News Blog*, March 16, 2011, http://blogs.nature.com/news/2011/03/us_residents_advised_to_evacua_1.html.

6 모스는 MIT 미디어랩의 소장으로 임명되었을 당시 MIT의 학생 신문 《더 테크(*The Tech*)》와의 인터뷰에서 "여러모로 [미디어랩은] 비즈니스 죠."라고 말했다. 미디어랩이 기업 후원사들의 구미에 맞는 프로젝트를 연구해야 한다는 뜻을 피력한 것이다. "학문적 자유 및 남다른 종류의 연구를 하는 것과 연구가 상업화되기를 바라는 기업들의 후원 연구 사이에 균형을 잘 맞추어야 합니다. 미디어랩은 과거에 했던 것에서 한 발 더 나아가 후원사들과 함께 시제품을 제작해야 할 수도 있습니다."

7 해당 기관의 웹사이트는 다음과 같다. http://www.safecast.org.

8 "Nuclear Fears Spark Rush for Radiation Detectors," *Agence France-Presse*, March 29, 2011.

9   항상 소문자 b로 쓴다.

10 Andrew "bunnie" Huang, "Hacking the Xbox (An Introduction to Reverse Engineering)," n.d., http://hackingthexbox.com/.

11 세이프캐스트와 관련된 정보는 각종 언론에 이미 나왔던 내용 및 설립자들과의 대화를 참조.

12 처음 이 아이디어가 등장한 것은 다음의 서적 참조. Jacob Schmookler, in *Invention and Economic Growth* (Boston: Harvard University Press, 1966). 슈무클러의 업적에 관한 개관은 다음의 문서 참조. F. M. Scherer, "Demand-Pull and Technological Invention: Schmookler Revisited," *The Journal of Industrial Economics* 30, no. 3 (1982): 225-37, http://www.jstor.org/stable/2098216.

13 다음 참조, https://aws.amazon.com/what-is-cloud-computing/.

14 David Weinberger, *Small Pieces Loosely Joined: A Unified Theory of the Web* (New York: Basic Books, 2003).

15 Dan Pink, "The Puzzle of Motivation," TED Talk, July 2009, https://www.ted.com/talks/dan_pink_on_motivation.

16 IETF, "Mission Statement," https://www.ietf.org/about/mission.html.

17 2016년 5월 현재 익스페리먼트닷컴을 통해 연구 자금을 모집한 곳은 제프 하우가 일하는 노스이스턴 대학교를 포함해 연구소와 기업 여든 군데가 넘는다. 해당 사이트에 따르면 해당 플랫폼을 통해 자금을 모집해서 발표된 과학 논문이 스무 편이라고 한다. https://experiment.com/how-it-works.

18 제프 하우와 인터뷰.

19 소송 내용 등 해당 사건에 관한 보다 자세한 정보는 다음을 참조. "Rubin v. New Jersey (Tidbit)," Electronic Frontier Foundation(EFF), https://www.eff.org/cases/rubin-v-new-jersey-tidbit.

20 현재는 비트코인 재단 사이트에서 PDF로 볼 수 있다. https://bitcoin.org/bitcoin.pdf.

21 Erik Franco, "Inside the Chinese Bitcoin Mine That's Grossing $1.5M a Month," *Motherboard*, February 6, 2015, http://motherboard.vice.com/read/chinas-biggest-secret-bitcoin-mine?utm_source=motherboardyoutube.

22 인용 부분 다음 참조. Maria Bustillos, "The Bitcoin Boom," *New Yorker*, April 1, 2013.

23 Joshua Davis, "The Crypto-Currency: Bitcoin and Its Mysterious Inventor," *The New Yorker*, October 10, 2011.

24 Ethan Zuckerman, "The Death of Tidbit and Why It Matters," ···
My Heart's in Accra, May 28, 2015, http://www.ethanzuckerman.com/
blog/2015/05/28/the-death-of-tidbit-and-why-it-matters/.

25 John Hagel III, John Seely Brown, and Lang Davison, *The Power of Pull:
How Small Moves, Smartly Made, Can Set Big Things in Motion* (New
York: Basic Books, 2012)

26 Mark S. Granovetter, "The Strength of Weak Ties," *American Journal
of Sociology* 78, no. 6 (1973): 1360-80, http://www.jstor.org/stable/
2776392.

27 Malcolm Gladwell, "Small Change: Why the Revolution Will Not Be
Tweeted," *New Yorker*, October 4, 2010, http://www.newyorker.com/
reporting/2010/10/04/101004fa_fact_gladwell?printable=true.

28 Yves-Alexandre de Montjoye et al., "The Strength of the Strongest Ties
in Collaborative Problem Solving," *Scientific Reports* 4 (June 20, 2014),
doi:10.1038/srep05277.

29 Doug McAdam, "Recruitment to High-Risk Activism: The Case of
Freedom Summer," *American Journal of Sociology* 92, no. 1 (1986): 64-90,
http://www.jstor.org/stable/2779717.

30 "2013 Everett M. Rogers Award Colloquium," YouTube, https://www.
youtube.com/watch?v=9l9VYXKn6sg.

31 Ramesh Srinivasan and Adam Fish, "Internet Authorship: Social and
Political Implications within Kyrgyzstan," *Journal of Computer-Mediated
Communication* 14, no. 3 (April 1, 2009): 559-80, doi:10.1111/j.1083-
6101.2009.01453.x.

32 Ethan Zuckerman, *Digital Cosmopolitans: Why We Think the Internet
Connects Us, Why It Doesn't, and How to Rewire It* (W. W. Norton &
Company, 2013).

33 서론에 나왔던 윌리엄 깁슨의 인용문과 마찬가지로, 유명한 이 문구도 그
기원이 불분명하다. 미드가 1944년 설립하여 2009년 문을 닫은 문화 조사
연구소(Institute for Cultural Studies)는 다음과 같이 말하고 있다. "언제
어디서 처음으로 인용되었는지 확인할 수 없었다. 아마도 비공식적인 자리
에서 즉흥적으로 나온 말이 신문 보도를 통해 회자되었을 것이라고 본다.
그러나 이 말은 그녀의 작업에 확고한 뿌리를 두고 있고, 그녀가 여러 맥락
및 문구에서 자주 표현하였던 신념을 반영하고 있다는 점은 확실하다."

34 Maria Popova, "Autonomy, Mastery, Purpose: The Science of What

Motivates Us, Animated," *Brain Pickings*, http://www.brainpickings.org/index.php/2013/05/09/daniel-pink-drive-rsa-motivation/.

3
지도보다
나침반

1 제프 하우와 인터뷰.

2 James Aley, "Wall Street's King Quant David Shaw's Secret Formulas Pile Up Money. Now He Wants a Piece of the Net," *Fortune*, 1996, 3-5, http://money.cnn.com/magazines/fortune/fortune_archive/1996/02/05/207353/index.htm.

3 Rob Copeland, "Two Sigma Readies New Global Equity Fund," *Institutional Investor Magazine*, November 1, 2011, http://www.institutionalinvestor.com/article/2925681/asset-management-equities/two-sigma-readies-new-global-equity-fund-magazine-version.html#/.V0PhbpMrK34.

4 2014년 HFObserver에서 보도. 해당 웹사이트는 이후 회원 전용으로 전환되었고, 현재 해당 웹페이지는 이용할 수 없는 상태다.

5 "Silk Pavillion Environment | CNC Deposited Silk Fiber & Silkworm Construction | MIT Media Lab," accessed May 24, 2016, http://matter.media.mit.edu/environments/details/silk-pavillion.

6 "CNSILK: CNC Fiber Deposition Shop-Bot Deposited Silk Fibers, MIT Media Lab," accessed May 24, 2016, http://matter.media.mit.edu/tools/details/cnsilk.

7 "The Year in Review," *Metropolis*, December 2013, http://www.metropolismag.com/December-2013/The-Year-in-Review/.

8 Programme for International Student Assessment(PISA), "PISA 2012 Results—OECD," http://www.oecd.org/pisa/keyfindings/pisa-2012-results.htm.

9 Paul E. Peterson et al., "Globally Challenged: Are U.S. Students Ready to Compete?" PEPG Report No. 11-03 (Cambridge, MA: Program on Education Policy and Governance, Harvard University), http://hanushek.stanford.edu/publications/globally-challenged-are-us-students-readycompete.

10 Christina Clark Tuttle et al., "KIPP Middle Schools: Impacts on Achievement and Other Outcomes" (Washington, D.C.: Mathematica Policy Research, February 27, 2013), https://www.mathematica-mpr. com/our-publications-and-findings/publications/kipp-middle-schools-impacts-on-achievement-and-other-outcomes-full-report.

11 다음을 참조. "Standards in Your State | Common Core State Standards Initiative," accessed May 26, 2016, http://www.corestandards.org/ standards-in-your-state/.

12 Anu Partanen, "What Americans Keep Ignoring About Finland's School Success," *Atlantic*, December 29, 2011, http://www.theatlantic.com/ national/archive/2011/12/what-americans-keep-ignoring-about-finlands-school-success/250564/.

13 제프 하우와 인터뷰.

14 "The United States Standard Screw Threads," accessed May 26, 2016, https://www.asme.org/about-asme/who-we-are/engineering-history/ landmarks/234-the-united-states-standard-screw-threads.

15 Tom Knight, "Idempotent Vector Design for Standard Assembly of Biobricks," *MIT Libraries*, 2003, 1-11, http://dspace.mit.edu/handle/ 1721.1/45138.

16 "About Me(redith)," http://www.thesmartpolitenerd.com/aboutme.html.

17 제프 하우와 인터뷰.

18 Nicholas Wade, ed., *The New York Times Book of Genetics* (Guilford, CT: Lyons Press, 2002), p. 250.

19 Human National Human Genome Research Institute, "The Human Genome Project Completion:Frequently Asked Questions," https://www. genome.gov/11006943.

20 "MIT Independent Activities Period (IAP)," http://web.mit.edu/iap/.

21 "iGEM 2004—The 2004 Synthetic Biology Competition—SBC04," http://2004.igem.org/index.cgi.

22 Anselm Levskaya et al., "Synthetic Biology : Engineering Escherichia Coli to See Light," *Nature* 438, no. 7067 (November 24, 2005): 441-42, doi: 10.1038/nature04405.

23 iGEM, "Main Page—Registry of Standard Biological Parts," accessed May 26, 2016, http://parts.igem.org/Main_Page.

24 "Team:Paris Bettencourt/Acceptance—2015.igem.org," accessed May 26, 2016, http://2015.igem.org/Team:Paris_Bettencourt/Acceptance.

25 "Team:NYMU-Taipei—2013.igem.org," accessed May 26, 2016, http://2013.igem.org/Team:NYMU-Taipei.

26 "Team:EPF Lausanne/Perspectives—2013.igem.org," accessed May 26, 2016, http://2013.igem.org/Team:EPF_Lausanne/Perspectives.

27 네그로폰테에 따르면 옛날 미디어랩 건물의 4층 벽시계에 이 문구가 씌어 있었다고 한다. 스튜어트 브랜드가 미디어랩에 관한 책에 이 문구를 포함하면서 모토가 탄생했다. 다음을 참조. Joichi Ito, "Deploy: How the Media Lab's 'Demo or Die' Evolved to 'Deploy,'" *PubPub*, January 31, 2016, http://www.pubpub.org/pub/deploy.

28 Ibid.

29 "Seymour Papert," accessed May 26, 2016, http://web.media.mit.edu/~papert/.

30 Seymour Papert, "Papert on Piaget," March 29, 1999, http://www.papert.org/articles/Papertonpiaget.html. 최초의 출판은《타임 매거진》의 다음 서적을 참조. *The Century's Greatest Minds*, March 29, 1999.

31 Seymour A. Papert, *Mindstorms: Children, Computers, And Powerful Ideas* (New York: Basic Books, 1993).

32 Ibid., xvi.

33 Eric Hintz, "Remembering Apple's '1984' Super Bowl Ad," *National Museum of American History*, January 22, 2014, http://americanhistory.si.edu/blog/2014/01/remembering-apples-1984-super-bowl-ad.html.

34 미치 레스닉과 인터뷰.

35 "About Us," *Scratch Foundation*, accessed May 27, 2016, http://www.scratchfoundation.org/about-us/.

4
안전보다
리스크

1 물론 지금은 더 많은 애플 스토어가 있다. 최근의 통계에 따르면 전 세계적으로 400개가 넘는다. "Apple Retail Store—StoreList," Apple, http://www.apple.com/retail/storelist/.

2 2012년 4월 3일 리암 케이시와 제프 하우의 인터뷰.

3 이후로 줄리아 후는 사업의 초점을 하드웨어에서 순전히 소프트웨어 쪽으로 옮겼다. 다음을 참조. Lyndsey Gilpin, "Julia Hu: Lark Founder. Digital Health Maven. Hip-Hop Dancer," *TechRepublic*, July 27, 2015, http://www.techrepublic.com/article/julia-hu-lark-founder-digital-health-maven-hip-hop-dancer/.

4 그리고 2020년까지 3조 달러 규모까지 커질 것으로 예상된다. 다음을 참조. Michael De Waal-Montgomery, "China and India Driving $3T Consumer Electronics Boom, Smart Home Devices Growing Fastest," *VentureBeat*, n.d., http://venturebeat.com/2015/11/05/china-and-india-driving-3t-consumer-electronics-boom-smart-home-devices-growing-fastest/.

5 Steven Levy, "Google's Larry Page on Why Moon Shots Matter," *Wired*, January 17, 2013, http://www.wired.com/2013/01/ff-qa-larry-page/.

6 David Rowan, "Chinese Pirates Are Tech's New Innovators," *Wired UK*, June 1, 2010.

7 David Barboza, "In China, Knockoff Cellphones Are a Hit," *New York Times*, April 27, 2009, http://www.nytimes.com/2009/04/28/technology/28cell.html.

8 Robert Neuwirth, "The Shadow Superpower," *Foreign Policy*, accessed May 29, 2016, https://foreignpolicy.com/2011/10/28/the-shadow-superpower/.

9 Douglas S. Robertson et al., "K-Pg Extinction: Reevaluation of the Heat-Fire Hypothesis," *Journal of Geophysical Research: Biogeosciences* 118, no. 1 (March 1, 2013): 329-36, doi:10.1002/jgrg.20018.

10 Bjorn Carey, "The Perils of Being Huge: Why Large Creatures Go Extinct," *Live Science*, July 18, 2006, http://www.livescience.com/4162-perils-huge-large-creatures-extinct.html.

11 "MLTalks: Bitcoin Developers Gavin Andresen, Cory Fields, and Wladimir van Der Laan" (MIT Media Lab, November 17, 2015), http://www.media.mit.edu/events/2015/11/17/mltalks-bitcoin-developers-gavin-andresen-cory-fields-and-wladimir-van-der-laan.

12 안드레센은 수정권을 철회한 것에 관해서 즉시 블로그에 포스트를 올려 호주의 프로그래머 크레이그 라이트(Craig Wright)가 사토시 나카모토라는 주장을 믿는다고 했다. 다른 핵심 개발자들은 이것이 안드레센

이 해킹을 당한 증거라고 봤다. 해당 논란에 관해서는 다음을 참조. Maria Bustillos, "Craig Wright's 'Proof' He Invented Bitcoin Is the 'Canadian Girlfriend of Cryptographic Signatures'," *New York*, May 3, 2016, http:// nymag.com/selectall/2016/05/craig-wright-s-proof-he-invented-bitcoin-is-basically-a-canadian-girlfriend.html.

13   "2009 Exchange Rate—New Liberty Standard," February 5, 2010, http:// newlibertystandard.wikifoundry.com/page/2009+Exchange+Rate.

14   John Biggs, "Happy Bitcoin Pizza Day!," *TechCrunch*, May 22, 2015, http://social.techcrunch.com/2015/05/22/happy-bitcoin-pizza-day/.

15   Robert McMillan, "The Inside Story of Mt. Gox, Bitcoin's $460 Million Disaster," *Wired*, March 3, 2014, http://ww.wired.com/2014/03/bitcoin-exchange/.

16   Cade Metz, "The Rise and Fall of the World's Largest Bitcoin Exchange," *Wired*, November 6, 2013, http://www.wired.com/2013/11/mtgox/.

17   Ibid.

18   AP, "Tokyo Court Starts Mt. Gox Bankruptcy Pro-ceedings—The Boston Globe," *BostonGlobe.com*, April 25, 2014, https://www.bostonglobe.com/ business/2014/04/25/tokyo-court-starts-gox-bankruptcy-proceedings/1 dcuC1YTYb1jJrd8ut8JjJ/story.html.

19   Metz, "The Rise and Fall of the World's Largest Bitcoin Exchange."

20   Jon Southurst, "Mt. Gox Files for Bankruptcy, Claims $63.6 Million Debt," *CoinDesk*, February 28, 2014, http://www.coindesk.com/mt-gox-files-bankruptcy-claims-63-6m-debt/.

21   "MtGox Finds 200,000 Missing Bitcoins in Old Wallet," *BBC News*, accessed May 29, 2016, http://www.bbc.com/news/technology-26677291.

22   Jon Southurst, "Missing Mt Gox Bitcoins Likely an Inside Job, Say Japanese Police," *CoinDesk*, January 1, 2015, http://www.coindesk.com/ missing-mt-gox-bitcoins-inside-job-japanese-police/.

23   Tim Hornyak, "Police Blame Fraud for Most of Mt. Gox's Missing Bitcoins," *Computerworld*, December 31, 2014, http://www.computerworld. com/article/2863167/police-blame-fraud-for-most-of-mt-goxs-missing-bitcoins.html.

24   "MtGox Bitcoin Chief Mark Karpeles Charged in Japan," *BBC News*, September 11, 2015, http://www.bbc.com/news/business-34217495.

25   Adrian Chen, "The Underground Website Where You Can Buy Any

Drug Imaginable," *Gawker*, June 1, 2011, http://gawker.com/the-underground-website-where-you-can-buy-any-drug-imag-30818160.

26 Sarah Jeong, "The DHS Agent Who Infiltrated Silk Road to Take Down Its Kingpin," *Forbes*, January 14, 2015, http://www.forbes.com/sites/sarahjeong/2015/01/14/the-dhs-agent-who-infiltrated-silk-road-to-take-down-its-kingpin/#6250111369dd.

27 Andy Greenberg, "Silk Road Mastermind Ross Ulbricht Convicted of All 7 Charges," *Wired*, February 4, 2015, https://www.wired.com/ 2015/02/silk-road-ross-ulbricht-verdict/.

28 Riley Snyder, "California Investor Wins Federal Government's Bitcoin Auction," *Los Angeles Times*, July 2, 2014, http://www.latimes.com/business/technology/la-fi-tn-bitcoin-auction-20140702-story.html.

29 John Biggs, "US Marshals to Sell 44,000 BTC at Auction in November," *TechCrunch*, October 5, 2015, http://social.techcrunch.com/2015/10/05/us-marshals-to-sell-44000-btc-at-auction-in-november/.

30 "FAQ—Bitcoin," Bitcoin.org, accessed May 29, 2016, https://bitcoin.org/en/faq.

31 Eric Hughes, "A Cypherpunk's Manifesto," *Electronic Frontier Foundation*, March 9, 1993, https://w2.eff.org/Privacy/Crypto/Crypto_misc/cypherpunk.manifesto.

32 Joichi Ito, "Shenzhen Trip Report: Visiting the World's Manufacturing Ecosystem," *Joi Ito's Web*, September 1, 2014, http://joi.ito.com/weblog/2014/09/01/shenzhen-trip-r.html.

33 "Phantom Series: Intelligent Drones," *DJI*, http://www.dji.com/products/phantom.

34 "The World's First and Largest Hardware Accelerator," *HAX*, https://hax.co/.

5
순종보다
불복종

1 David A. Hounshell and John Kenly Smith, *Science and Corporate Strategy: Du Pont R and D, 1902-1980* (Cambridge University Press, 1988).

2 Pap Ndiaye, Nylon and Bombs: *DuPont and the March of Modern America* (Baltimore: JHU Press, 2007).

3 Hounshell and Smith, *Science and Corporate Strategy*.

4 Ibid.

5 Gerard Colby, *Du Pont: Behind the Nylon Curtain* (Englewood Cliffs, NJ: Prentice-Hall[1974], 1974).

6 Hounshell and Smith, *Science and Corporate Strategy*.

7 "Wallace Carothers and the Development of Nylon: National Historic Chemical Landmark," *American Chemical Society*, n.d., http://www.acs.org/content/acs/en/education/whatischemistry/landmarks/carotherspolymers.html.

8 Thomas S. Kuhn, *The Structure of Scientific Revolutions: 50th Anniversary Edition* (University of Chicago Press, 2012).

9 Zachary Crockett, "The Man Who Invented Scotch Tape," *Priceonomics*, December 30, 2014, http://priceonomics.com/the-man-who-invented-scotch-tape/.

10 Tim Donnelly, "9 Brilliant Inventions Made by Mistake," *Inc.com*, August 15, 2012, http://www.inc.com/tim-donnelly/brilliant-failures/9-inventions-made-by-mistake.html.

11 David R. Marsh et al., "The Power of Positive Deviance," *BMJ* 329, no. 7475 (November 11, 2004): 1177–79, doi:10.1136/bmj.329.7475.1177.

12 Tina Rosenberg, "When Deviants Do Good," *New York Times*, February 27, 2013, http://opinionator.blogs.nytimes.com/2013/02/27/when-deviants-do-good/.

13 David Dorsey, "Positive Deviant," *Fast Company*, November 30, 2000, http://www.fastcompany.com/42075/positive-deviant.

14 "Austin Hill—Venture Partner @ Montreal Start Up," *CrunchBase*, accessed May 30, 2016, https://www.crunchbase.com/person/austin-hill#/entity.

15 Mathew Ingram, "Austin Hill, Internet Freedom Fighter," *The Globe and Mail*, October 4, 1999.

16 Joseph Czikk, "'A Straight Out Scam': Montreal Angel Austin Hill Recounts First Business at FailCampMTL," *Betakit*, February 25, 2014, http://www.betakit.com/montreal-angel-austin-hill-failed-spectacularly-before-later-success/.

17 Konrad Yakabuski, "Future Tech: On Guard," *Globe and Mail*, August 25, 2000, sec. Metro.

18 David Kalish, "Privacy Software Reason for Concern," *Austin American-Statesman*, December 14, 1999.

19 죄수의 딜레마는 1950년 랜드(RAND Corporation)의 메릴 플러드(Merrill Flood)와 멜빈 드레셔(Melvin Dresher)가 개발하고 프린스턴 대학교의 수학자 앨버트 터커(Albert Tucker)가 정립했다. 죄수의 딜레마가 가정하는 상황은 두 명의 참가자가 서로 의논하지 않고 결정을 내려야만 하지만, 상대의 결정에 따라 일부 결과가 달라질 수 있다는 점을 알고 있는 경우다. 전형적인 사례는 두 명의 죄수가 자백을 제안받는 경우다. 둘 중 한 명이 자백하면 자백한 사람은 풀려나고 상대방은 감옥에 간다. 두 사람 다 침묵을 지키면 두 사람 다 가벼운 죄목으로 기소된다. 두 사람 다 자백하면 둘 다 감옥에 가지만 형량은 줄어든다. 가장 이득이 되는 선택은 두 사람 다 침묵을 지키는 것이지만 가장 흔한 선택은 자백하는 것이다. 두 사람 모두 상대의 자백으로 자신이 감옥에 가는 것을 원하지 않기 때문이다. 경제학 및 도덕과 관련한 질문들을 탐색하기 위해서 다양한 형태의 죄수의 딜레마가 활용된다. "Prisoner's Dilemma," *Stanford Encyclopedia of Philosophy*, revised August 29, 2014, http://plato.stanford.edu/entries/prisoner-dilemma/.

20 Austin Hill, "On Your Permanent Record: Anonymity, Pseudonymity, Ephemerality & Bears Omfg!," *Medium*, March 17, 2014, https://medium.com/@austinhill/on-your-permanent-record-f5ab81f9f654#.ak8ith7gu.

21 Felix Martin, *Money: The Unauthorized Biography* (New York: Knopf Doubleday Publishing Group, 2015).

22 Ibid., p. 43.

23 Ibid., pp. 55-60.

24 Simon Singh, *The Code Book: The Science of Secrecy from Ancient Egypt to Quantum Cryptography* (New York: Knopf Doubleday Publishing Group, 2011). Kindle Edition, chapter 1: "The Cipher of Mary, Queen of Scots."

25 Ibid.

26 Pierre Berloquin, *Hidden Codes & Grand Designs: Secret Languages from Ancient Times to Modern Day* (New York: Sterling Publishing Company, Inc., 2008).

27 Singh, *The Code Book*.

28 Ibid.

29 Singh, *The Code Book*, chapter 2: "Le Chiffre Indéchiffrable"; Richard A. Mollin, *An Introduction to Cryptography* (Boca Raton, FL: CRC Press, 2000).

30 Singh, *The Code Book*.

31 Singh, *The Code Book*, chapter 6: "Alice and Bob Go Public."

32 C. E. Shannon, "A Mathematical Theory of Communication," *SIGMOBILE Moble Computing Communications Review* 5, no. 1 (January 2001): 3-55, doi:10.1145/584091.584093.

33 C. E. Shannon, "Communication Theory of Secrecy Systems," *Bell System Technical Journal* 28, no. 4 (October 1, 1949): 656-715, doi:10.1002/j.1538-7305.1949.tb00928.x.

34 B. Jack Copeland, *Colossus: The Secrets of Bletchley Park's Code-Breaking Computers* (OUP Oxford, 2006).

35 Russell Kay, "Random Numbers," April 1, 2002.

36 Singh, *The Code Book*.

37 David R. Lide, ed., *A Century of Excellence in Measurements, Standards, and Technology: A Chronicle of Selected NIST Publications 1901-2000*, NIST Special Publication 958 (Washington, D.C.: U.S. Department of Commerce, National Institute of Standards and Technology, 2001).

38 W. Diffie and M. Hellman, "New Directions in Cryptography," *IEEE Transactions in Information Theory* 22, no. 6 (November 1976): 644-54, doi:10.1109/TIT.1976.1055638.

39 Steven Levy, "Battle of the Clipper Chip," *New York Times Magazine*, June 12, 1994, http://www.nytimes.com/1994/06/12/magazine/battle-of-the-clipper-chip.html.

40 R. L. Rivest, A. Shamir, and L. Adleman, "A Method for Obtaining Digital Signatures and Public-Key Cryptosystems," *Communications of the ACM* 21, no. 2 (February 1978): 120-26, doi:10.1145/359340.359342.

41 AP, "Firm Shuts Down Privacy Feature," *Calgary Herald*, October 9, 2001.

42 CCNMatthews (Canada), "Radialpoint CEO a Finalist for Ernst & Young Entrepreneur of the Year Awards," *MarketWired*, July 29, 2005.

43 Roberto Rocha, "What Goes Around Comes Around: Montreal-Based Akoha.com Encourages Acts of Kindness by Turning Altruism into a Game," *Gazette*, July 14, 2009.

44 The Akoha Team, "Akoha Shutting Down August 15 2011," *Akoha Blog*, August 2, 2011, https://blog.akoha.com/2011/08/02/akoha-shutting-down-august-15-2011/.

45 Michael J. Casey, "Linked-In, Sun Microsystems Founders Lead Big Bet on Bitcoin Innovation," *Moneybeat blog*, *Wall Street Journal*, November 17, 2014, http://blogs.wsj.com/moneybeat/2014/11/17/linked-in-sun-microsystems-founders-lead-big-bet-on-bitcoin-innovation/.

46 "Enabling Blockchain Innovations with Pegged Sidechains," r/Bitcoin, Reddit, http://www.reddit.com/r/Bitcoin/comments/2k070h/enabling_blockchain_innovations_with_pegged/clhak9c.

47 Timothy Leary, "The Cyber-Punk: The Individual as Reality Pilot," *Mississippi Review* 16, no. 2/3 (1988).

48 T.F. Peterson, *Nightwork* (Cambridge, MA.: The MIT Press, 2011), https://mitpress.mit.edu/books/nightwork.

49 장 내 세균을 포함해 인간의 미생물과 관련한 연구는 아직 계속 진화 중이지만 신체의 세균이 우리의 건강뿐만 아니라 행동에도 강력한 영향력을 미친다는 흥미로운 증거가 있다. 다음의 자료 참조. Charles Schmidt, "Mental Health: Thinking from the Gut," *Nature* 518, no. 7540 (February 26, 2015): S12-15, doi:10.1038/518S13a.; Peter Andrey Smith, "Can the Bacteria in Your Gut Explain Your Mood?," *The New York Times*, June 23, 2015, http://www.nytimes.com/2015/06/28/magazine/can-the-bacteria-in-your-gut-explain-your-mood.html.; and David Kohn, "When Gut Bacteria Changes Brain Function," *The Atlantic*, June 24, 2015, http://www.theatlantic.com/health/archive/2015/06/gut-bacteria-on-the-brain/395918/.

6
이론보다
실제

1 요기 베라가 한 말이라고 전해지지만 아닐 수도 있다.

2 이 부분의 상세한 내용은 2014년 1월 퀘스트 투 런을 방문한 결과다.

3 *Quest to Learn(Q2L)—Middle School and High School*, http://www.q2l.org/.

4 Pap Ndiaye, *Nylon and Bombs, DuPont and the March of Modern America* (Baltimore: Johns Hopkins University Press, 2006), p. 164.

5 Jessica Guynn, "Google Gives Employees 20% Time to Work on Diversity," *USA TODAY*, May 14, 2015, http://www.usatoday.com/story/tech/2015/05/13/google-twenty-percent-time-diversity/27208475/.

6 이 부분의 상세한 내용은 2013년 12월 투시그마를 방문한 결과다.

7 Dave Winer, "Why You Should Learn to Code," *Scripting News*, February 27, 2013, http://threads2.scripting.com/2013/february/whyyoushouldlearntocode.

8 다음을 참조. Diana Franklin et al., "Assessment of Computer Science Learning in a Scratch-Based Outreach Program," in *Proceeding of the 44th ACM Technical Symposium on Computer Science Education*, SIGCSE '13 (New York, NY, USA: ACM, 2013), 371-76, doi:10.1145/2445196.2445304.; and Shuchi Grover and Roy Pea, "Computational Thinking in K-12: A Review of the State of the Field," *Educational Researcher* 42, no. 1 (January 1, 2013): 38-43, doi:10.3102/0013189X12463051.

9 2014년 4월 19일 제임스 지와 제프 하우의 인터뷰.

10 Tim Mansel, "How Estonia Became E-Stonia," *BBC News*, May 16, 2013, http://www.bbc.com/news/business-22317297.

11 Stuart Dredge, "Coding at School: A Parent's Guide to England's New Computing Curriculum," *Guardian*, September 4, 2014, http://www.theguardian.com/technology/2014/sep/04/coding-school-computing-children-programming.

12 Michael Barber et al., "The New Opportunity to Lead: A Vision for Education in Massachusetts in the Next 20 Years" (Massachusetts Business Alliance for Education, 2014), http://www.mbae.org/wp-content/uploads/2014/03/New-Opportunity-To-Lead.pdf.

13 2014년 1월 29일 사드 리즈비와 제프 하우의 인터뷰.

14 John Dewey, *Interest and Effort in Education* (New York: Houghton Mifflin, 1913), referenced in Mizuko Ito, "Seamless and Connected—Education in the Digital Age," *HFRP—Harvard Family Research Project*, April 24, 2014, http://www.hfrp.org/publications-resources/browse-our-publications/seamless-and-connected-education-in-the-digital-age.

15 이 분야 최신 연구와 관련해서는 다음을 참조. Andrea Kuszewski, "The

Educational Value of Creative Disobedience," *Scientific American Blog Network*, July 7, 2011, http://blogs.scientificamerican.com/guest-blog/the-educational-value-of-creative-disobedience/; and Mizuko Ito et al., "Connected Learning: An Agenda for Research and Design" (Digital Media and Learning Research Hub, December 31, 2012), http://dmlhub.net/publications/connected-learning-agenda-for-research-and-design/.

16 2015년 봄 미디어랩 멤버 행사에서 조이 이토 및 미즈코 이토, 미치 레스닉은 이 문제에 관해 장시간 폭넓은 토론을 펼쳤다. 해당 영상은 다음과 같이 온라인에서 이용 가능하다. *Spring 2014 Member Event: Learning over Education* (MIT Media Lab, 2014), http://www.media.mit.edu/video/view/spring14-2014-04-23-3.

17 Tania Lombronzo, "'Cheating' Can Be an Effective Learning Strategy," NPR, May 30, 2013, http://www.npr.org/sections/13.7/2013/05/20/185131239/cheating-can-be-an-effective-learning-strategy; Peter Nonacs, "Why I Let My Students Cheat on Their Exam," *Zócalo Public Square*, April 15, 2013, http://www.zocalopublicsquare.org/2013/04/15/why-i-let-my-students-cheat-on-the-final/ideas/nexus/.

18 이 문제와 관련해 댄 핑크가 쓴 폭넓은 논의는 다음을 참조. Daniel H. Pink, *Drive: The Surprising Truth About What Motivates Us* (New York: Penguin, 2011); Dan Pink, "The Puzzle of Motivation," 2009, https://www.ted.com/talks/dan_pink_on_motivation.

19 Maria Popova, "Autonomy, Mastery, Purpose: The Science of What Motivates Us, Animated," *Brain Pickings*, http://www.brainpickings.org/index.php/2013/05/09/daniel-pink-drive-rsa-motivation/.

20 Faith Wallis, *Medieval Medicine: A Reader* (University of Toronto Press, 2010).

7
능력보다
다양성

1 Firas Khatib et al., "Critical Structure of a Monometric Retroviral Protease Solved by Folding Game Players," *Nature Structural and Molecular Biology* 18 (2011): 1175-77, http://www.nature.com/nsmb/journal/v18/n10/

full/nsmb.2119.html; "Mason Pfizer Monkey Virus," *Microbe Wiki*, http://microbewiki.kenyon.edu/index.php/Mason_pfizer_monkey_virus.

2 "Solve Puzzles for Science," *Foldit*, accessed June 1, 2016, http://fold.it/portal/.

3 Ewan Callaway, "Video Gamers Take on Protein Modellers," *Nature Newsblog*, accessed June 1, 2016, http://blogs.nature.com/news/2011/09/tk.html.

4 "Welcome to Eterna!," http://eterna.cmu.edu/eterna_page.php?page=me_tab.

5 조란 포포비치 및 에이드리언 트로일리의 인용문을 비롯하여 이 부분 초기 버전은 《슬레이트》에 실렸다. 다음을 참조. Jeff Howe, "The Crowdsourcing of Talent," *Slate*, February 27, 2012, http://www.slate.com/articles/technology/future_tense/2012/02/foldit_crowdsourcing_and_labor_.html.

6 Jeff Howe, "The Rise of Crowdsourcing," *Wired*, June 1, 2006, http://www.wired.com/2006/06/crowds/.

7 Todd Wasserman, "Oxford English Dictionary Adds 'Crowdsourcing,' 'Big Data,'" *Mashable*, June 13, 2013, http://mashable.com/2013/06/13/dictionary-new-words-2013/.

8 "Longitude Found: John Harrison," *Royal Museums Greenwich*, October 7, 2015, http://www.rmg.co.uk/discover/explore/longitude-found-john-harrison.

9 Michael Franklin, "A Globalised Solver Network to Meet the Challenges of the 21st Century," *InnoCentive Blog*, April 15, 2016, http://blog.innocentive.com/2016/04/15/globalised-solver-network-meet-challenges-21st-century/.

10 Karim R. Lakhani et al., "The Value of Openess in Scientific Problem Solving" (Cambridge, MA: Harvard Business School, January 2007), http://hbswk.hbs.edu/item/the-value-of-openness-in-scientific-problem-solving.

11 Scott E. Page, *The Difference: How the Power of Diversity Creates Better Groups, Firms, Schools, and Societies* (Princeton, NJ: Princeton University Press, 2008).

12 Katherine W. Phillips, "How Diversity Makes Us Smarter," *Scientific American*, October 1, 2014. www.scientificamerican.com/how-diversity-

makes-us-smarter/.

13 Kerwin Charles and Ming-Ching Luoh, "Male Incarceration, the Marriage Market, and Female Outcomes," *The Review of Economics and Statistics*, 92, no. 3 (2010); 614-627.

14 4년 후 인종 박해에 찬성하는 독일인의 수는 여전히 5퍼센트였지만, '반대'의 뜻을 기꺼이 표현하려는 사람은 26퍼센트로 1938년의 63퍼센트와 비교되었다. Sarah Ann Gordon, *Hitler, Germans, and the "Jewish Question"* (Princeton, NJ: Princeton University Press, 1984), 262-263.

15 Obergefell v. Hodges, 135 S. Ct. 2071 (Supreme Court of the United States 2015).

16 미국 신문 편집자 협회(American Society of Newspaper Editors, ASNE)는 뉴스룸 내의 다양성을 측정하는 인구 통계를 매년 발행한다. 미디어 다양성과 대침체 사이의 관계를 탁월하게 분석한 글을 보고 싶다면 리바 골드(Riva Gold)가 《애틀랜틱》에 게재한 다음의 기사를 참조. "Newsroom Diversity: A Casualty of Journalism's Financial Crisis." (July 2013) http://www.theatlantic.com/national/archive/2013/07/newsroom-diversity-a-casualty-of-journalisms-financial-crisis/277622/.

8
견고함보다
회복력

1 "YouTube—Broadcast Yourself.," *Internet Archive Wayback Machine*, April 28, 2005, https://web.archive.org/web/20050428014715/http://www.youtube.com/.

2 Jim Hopkins, "Surprise! There's a Third YouTube Co-Founder," *USA Today*, October 11, 2006, http://usatoday30.usatoday.com/tech/news/2006-10-11-youtube-karim_x.htm.

3 Amy-Mae Elliott, "10 Fascinating YouTube Facts That May Surprise You," *Mashable*, February 19, 2011, http://mashable.com/2011/02/19/youtube-facts/.

4 Keith Epstein, "The Fall of the House of Schrader," *Keith Epstein. Investigation | Communication | Insight*, April 23, 2001, http://www.kepstein.com/2001/04/23/the-fall-of-the-house-of-schrader/.

5 Ellen McCarthy, "After the Glamour, a Modest Return," *Washington Post*, July 18, 2005, sec. Business, http://www.washingtonpost.com/wp-dyn/content/article/2005/07/17/AR2005071700718.html.

6 네트워크 보안에 대한 면역 체계식 접근법을 모든 사람이 현실적이라고 생각하는 것은 아니지만, 지난 몇 년 사이 이 방법은 차츰 주류가 되어 가고 있다. Nicole Eagan, "What the Human Body Teaches Us about Cyber Security," *World Economic Forum*, August 20, 2015, https://www.weforum.org/agenda/2015/08/good-immune-system-wards-off-cyber-threats/; Shelly Fan, "How Artificial Immune Systems May Be the Future of Cybersecurity," *Singularity HUB*, December 27, 2015, http://singularityhub.com/2015/12/27/cyberimmunity-ai-based-artificial-immune-systems-may-be-cybersecurity-of-the-future/; "Workshop on Bio-Inspired Security, Trust, Assurance and Resilience (BioSTAR 2016)"(37th IEEE Symposium on Security and Privacy, IEEE S&P 2016 Workshop), San Jose, CA, May 26, 2016, http://biostar.cybersecurity.bio/.

7 『코드 북(*Code Book*)』에서 사이먼 싱(Simon Singh)은 다음과 같은 예를 제시한다. 앨리스와 밥이 각각 노란색 페인트 한 통으로 시작한다. 앨리스는 자신의 통에 보라색 1리터를 넣고, 밥은 빨간색 1리터를 넣은 후, 두 사람은 통을 맞바꾼다. 이제 앨리스는 밥의 통에 또 보라색 1리터를 넣고, 밥은 앨리스의 통에 빨간색 1리터를 넣는다. 이제 밥과 앨리스는 똑같이 칙칙한 갈색 페인트를 갖고 있다. 하지만 이브(도청자)는 두 사람이 사용한 페인트에 접근할 수 있다고 해도 이 색깔을 재현할 수 없다. 물론 이브가 색깔 정보를 컴퓨터에 입력하면 컴퓨터가 가능한 색상 조합을 계산할 수는 있겠지만, 각 통은 세 가지 색상이 아니라 100만 가지 혹은 수십 억, 수천 조 가지의 색상을 포함하고 있을 수도 있다. 아무리 강력한 프로세서가 있어도 각 색상을 분리해 내려면 태양이 다 타 버리기 전에는 힘들 수도 있다. Singh, *The Code Book*, Kindle edition, chapter 6: "Alice and Bob Go Public."

8 제대로 된 최초의 비대칭 암호를 만들어 낸 사람은 리베스트와 샤미르, 애들먼이라고 일반적으로 알려져 있지만, 영국 정부 통신 본부(GCHQ)의 암호학자 제임스 엘리스(James Ellis)와 클리포드 콕스(Clifford Cocks), 말콤 윌리엄슨(Malcolm Williamson)이 이미 비슷한 접근법을 개발했다는 사실을 당시에는 아는 사람이 없었다. 하지만 이들의 연구는 1997년까지는 발표되지 않았기 때문에 공개 키 암호 개발에 큰 영향을 미치지는 않

왔다. Ibid.

9 Amy Thomson and Cornelius Rahn, "Russian Hackers Threaten Power Companies, Researchers Say," *Bloomberg News*, July 1, 2014, http://www. bloomberg.com/news/articles/2014-06-30/symantec-warns-energetic- bear-hackers-threaten-energy-firms.

10 Martin Giles, "Defending the Digital Frontier," *Economist*, July 12, 2014, http://www.economist.com/news/special-report/21606416-companies- markets-and-countries-are-increasingly-under-attack-cyber-criminals.

11 Forrest, Hofmeyr, and Edwards, "The Complex Science of Cyber Defense," *Harvard Business Review*, June 24, 2013, https://hbr.org/2013/ 06/embrace-the-complexity-of-cybe.

12 "The World's Firt All-Machine Hacking Tournament," http://www. cybergrandchallenge.com.

13 Stephanie Forrest, Steven Hofmeyr, and Benjamin Edwards, "The Complex Science of Cyber Defense."

14 John M. Barry, *The Great Influenza: The Epic Story of the Deadliest Plague in History* (New York: Penguin, 2005), p. 267.

15 Stephanie Forrest, Steven Hofmeyr, and Benjamin Edwards, "The Complex Science of Cyber Defense."

16 Ibid.

17 Andrea Peterson, "Why One of Cybersecurity's Thought Leaders Uses a Pager instead of a Smart Phone," *Washington Post*, August 11, 2014, https://www.washingtonpost.com/news/the-switch/wp/2014/08/11/ why-one-of-cybersecuritys-thought-leaders-uses-a-pager-instead-of- a-smart-phone/.

9
대상보다 시스템

1 조이 이토와 연락한 내용.

2 제프 하우와 인터뷰.

3 Ferris Jabr and Scientific American staff, "Know Your Neurons: What Is the Ration of Glia to Neurons in the Brain?" *Scientific American*, June 3,

2012.

4   Paul Reber, "What Is the Memory Capacity of the Human Brain?," *Scientific American*, May 1, 2010, http://www.scientificamerican.com/article/what-is-the-memory-capacity/.

5   Nate, "How Much Is A Petabyte?," *Mozy Blog*, July 2, 2009, https://mozy.com/blog/misc/how-much-is-a-petabyte/.

6   Mark Fischetti, "Computers versus Brains," *Scientific American*, November 1, 2011, http://www.scientificamerican.com/article/computers-vs-brains/.

7   Elwyn Brooks White, *Here Is New York* (New York Review of Books, 1949), p. 19.

8   Edward Boyden, "A History of Optogenetics: The Development of Tools for Controlling Brain Circuits with Light," *F1000 Biology Reports* 3 (May 3, 2011), doi:10.3410/B3-11.

9   Boyden, "A History of Optogenetics."

10   "Edward Boyden Wins 2016 Breakthrough Prize in Life Sciences," *MIT News*, November 9, 2015, http://news.mit.edu/2015/edward-boyden-2016-breakthrough-prize-life-sciences-1109.

11   John Colapinto, "Lighting the Brain," *New Yorker*, May 18, 2015, http://www.newyorker.com/magazine/2015/05/18/lighting-the-brain.

12   Quinn Norton, "Rewiring the Brain: Inside the New Science of Neuroengineering," *Wired*, March 2, 2009, http://www.wired.com/2009/03/neuroengineering1/.

13   Katherine Bourzac, "In First Human Test of Optogenetics, Doctors Aim to Restore Sight to the Blind," *MIT Technology Review*, February 19, 2016, https://www.technologyreview.com/s/600696/in-first-human-test-of-optogenetics-doctors-aim-to-restore-sight-to-the-blind/.

14   Anne Trafton, "Seeing the Light," *MIT News*, April 20, 2011, http://news.mit.edu/2011/blindness-boyden-0420.

15   Karl Deisseroth, "Optogenetics: Controlling the Brain with Light [Extended Version]," *Scientific American*, October 20, 2010, http://www.scientificamerican.com/article/optogenetics-controlling/.

16   Ibid.

17   Ernst Bamberg, "Optogenetics," *Max-Planck-Gesellschaft*, 2010, https://www.mpg.de/18011/Optogenetics.

18 Udi Nussinovitch and Lior Gepstein, "Optogenetics for in Vivo Cardiac Pacing and Resynchronization Therapies," *Nature Biotechnology* 33, no. 7 (July 2015): 750-54, doi:10.1038/nbt.3268.

19 Deisseroth, "Optogenetics: Controlling the Brain with Light [Extended Version]."

20 "1985 | Timeline of Computer History," *Computer History Museum*, accessed June 7, 2016, http://www.computerhistory.org/timeline/1985/.

21 다음에서 인용. Tom Collins, *The Legendary Model T Ford: The Ultimate History of America's First Great Automobile* (Fort Collins, CO.: Krause Publications, 2007), p. 155.

22 Henry Ford, *My Life and Work* (New York: Doubleday, 1922), p. 73.

23 David Gartman, "Tough Guys and Pretty Boys: The Cultural Antagonisms of Engineering and Aesthetics in Automotive History," *Automobile in American Life and Society*, accessed June 7, 2016, http://www.autolife. umd.umich.edu/Design/Gartman/D_Casestudy/D_Casestudy3.htm.

24 Elizabeth B-N Sanders, "From User-Centered to Participatory Design Approaches," *Design and the Social Sciences: Making Connections*, 2002, pp. 1-8.

25 다음에서 인용. Drew Hansen, "Myth Busted: Steve Jobs Did Listen to Customers," *Forbes*, December 19, 2013, http://www.forbes.com/sites/ drewhansen/2013/12/19/myth-busted-steve-jobs-did-listen-to- customers/.

26 Sanders, "From User-Centered to Participatory Design Approaches."

결론

1 덜 회자되지만 더 멋진 수가 나왔던 1835년의 '토혈지국(吐血之局)'도 있다.

2 Sensei's Library, "Excellent Move," last edited May 31, 2016, http:// senseis.xmp.net/?Myoshu.

3 믿기지 않겠지만 사실이다. 이와 관련한 수학적 설명을 보고 싶으면 다음을 참조. Eliene Augenbraun, "Epic Math Battles: Go versus Atoms," *Scientific American 60-Second Science Video*, May 19, 2016, http://www. scientificamerican.com/video/epic-math-battles-go-versus-atoms.

4 Xiangchuan Chen, Daren Zhang, Xiaochu Zhang, Zhihao Li, Xiaomei

Meng, Sheng He, Xiaoping Hu, "A Functional MRI Study of High-Level Cognition: II. The Game of GO," *Cognitive Brain Research*, 16, issue 1 (March 2003): 32-37, ISSN 0926-6410, http://dx.doi.org/10.1016/S0926-6410(02)00206-9.

5   Rémi Coulom, "Efficient Selectivity and Backup Operators in Monte-Carlo Tree Search," *Computers and Games, 5th International Conference, CG 2006, Turin, Italy*, May 29-31, 2006, *revised papers*, H. Jaap van den Herik, Paolo Ciancarini, H. H. L. M. Donkers, eds., Springer, 72-8, http://citeseerx.ist.psu.edu/viewdoc/summary?doi=10.1.1.81.6817.

6   David Silver, Aja Huang, Chris J. Maddison, Arthur Guez, Laurent Sifre, George Van Den Driessche, Julian Schrittwieser et al., "Mastering the Game of Go with Deep Neural Net-works and Tree Search," *Nature* 529, no.7587 (2016): pp. 484-489.

7   Elizabeth Gibney, "Go Players React to Computer Defeat," *Nature News*, January 27, 2016, http://www.nature.com/news/go-players-react-to-computer-defeat-1.19255.

8   Mark Zuckerberg, Facebook post dated January 27, 2016, https://www.facebook.com/zuck/posts/10102619979696481?comment_id=10102620696759481&comment_tracking=%7B%22tn%22%3A%22R0%22%7D.

9   Cade Metz, "In Two Moves, AlphaGo and Lee Sedol Redefined the Future," *Wired*, March 16, 2016, http://www.wired.com/2016/03/two-moves-alphago-lee-sedol-redefined-future/.

10 Cade Metz, "The Sadness and Beauty of Watching Google's AI Play Go," *Wired*, March 11, 2016, http://www.wired.com/2016/03/sadness-beauty-watching-googles-ai-play-go/.

11 2016년 슈퍼볼 시청자 수는 1억 1190만 명이었고 이세돌과 알파고의 경기를 시청한 사람은 2억 8000만 명이었다. Frank Pallotta and Brian Stelter, "Super Bowl 50 Audience Is Third Largest in TV History," *CNN Money*, February 8, 2016, http://money.cnn.com/2016/02/08/media/super-bowl-50-ratings/.

12 Baek Byung-yeul, "Lee-AlphaGo Match Puts Go Under Spotlight," *Korea Times*, March 10, 2016, http://www.koreatimes.co.kr/www/news/nation/2016/04/663_200122.html.

13 Iyad Rahwan, "Society-in-the-Loop: Programming the Algorithmic

Social Contract," *Medium*, August 13, 2016. http://medium.com/mit-media-lab/society-in-the-loop-54ffd71cd802#.2mx0bntqk.

14 Yochai Benkler, "Coase's Penguin, or, Linux and the Nature of the Firm," *Yale Law Journal* (2002): pp. 369-446.

15 Melanie Mitchell, *Complexity: A Guided Tour* (New York: Oxford University Press, 2009), ix.

감사의 말

조이 이토

이 책은 공동 저자 제프 하우 그리고 조사원 치아 에버스(Chia Evers)의 다년간에 걸친 노고의 산물이다. 두 사람이 없었다면 이 책은 세상에 나오지 못했을 것이다. 서로 다른 능력과 배경, 관점을 가진 우리 세 사람의 멋진 협업 덕분에 부분의 합보다 훨씬 훌륭한 최종 원고가 나왔다고 생각한다.

나는 1997년 도쿄에 있는 한 카페에서 존 브록먼과 그의 아내 카팅카 맷슨(Katinka Matson)을 만났다. 두 사람은 내게 책을 꼭 써 보라며 자신들이 대리인이 되어 주겠다고 했다. 그때부터 줄곧 존은 나의 에이전트였다. 15년이 지나 존의 아들 맥스 브록먼(Max Brockman)이 함께 일하고 있던 제프 하우를 내게 소개해 주었다. 두 사람이 만나 공동 집필을 논의해 보면 좋겠다고 하면서 말이다. 언제나 내게 믿음을 가져 준 브록먼 부부와 빛나는 통찰력으로 나와 제프 하우를 연결시켜 준 맥스에게 감사한다. 편집상 귀한 의견들을 준 그랜드 센트럴 출판사의 편집자 그레천 영(Gretchen Young), 그레천과 함께 최고의 책을 만들기 위해 사력을 다한 캐서린 스토파에게도 거듭 고맙다는 말을 전한다.

　　　옥스퍼드에서 케임브리지로 가는 버스 안에서 나를 돌아보며 혹시 미디어랩의 소장이 될 생각이 없냐고 물어 주었던 메건 스미스(Megan Smith)에게도 고맙다.

　　　더할 나위 없이 훌륭한 멘토이자 언제나 더 크게 생각하도록 일깨워 주는 니컬러스 네그로폰테에게도 감사한다. 니컬러스는 언제나 원칙을 고수했고, 점진주의나 적당주의와 굳건히 맞서 싸웠다. 그런 그의 노력이 지금의 미디어랩을 만들었고 내가 열심히 따를 수 있는 기준이 되었다.

　　　미디어랩의 교수진에게도 고맙다. 덕분에 나는 호기심의 범위도, 세상 온갖 것에 대한 이해가 더 넓어졌고 학계에 대한 관심도 비로소 생겼다. 이 책에 나오는 아홉 가지 법칙이 개발되는 데는 교수진 엠티에서의 논쟁과 토론, 그리고 끝없이 주고받은 이메일 등 우리 교수진의 역할이 결정적이었다.

　　　지난 5년간 미디어랩은 학생들이며 직원들, 교수진 등 여러모로 내게 큰 가족처럼 되었다. 한 명 한 명 이름을 불러야 할 사람이 너무 많지만, 끝없는 창의력과 에너지, 열정에 대해, 그리고 그 많은 시간 동안의 도움과 끊임없이 나의 생각을 자극해 준 점에 대해 모두에게 고맙다고 말하고 싶다. 또한 나의 평범하지 않은 배경과 미디어랩의 평범하지 않은 접근법을 놀라울 만큼 열심히 지지해 준 MIT 중앙행정부에도 고맙다. 특히 현 MIT 총장 라파엘 리프(Rafael Reif)에게 감사를 표하고 싶다. 그는 교무처장으로 있을 당시 나와 최종면접을 치르고 대학 중퇴자인 내가 미디어랩의 연구소장이 되는 것을 승인했다. 또 훌륭한 멘토로서 내가 MIT라는 사랑스럽지만 때로는 복잡한 생태계를 잘 헤쳐 나가도록 도와준 밥 랭어(Bob Langer) 교수를 비롯해 교무처장 마티 슈밋(Marty Schmidt), 재무담당 부총장 이즈리얼 루이스(Israel Ruiz),

학과장 하심 사키스(Hashim Sarkis), 연구담당 부총장 마리아 주버(Maria Zuber)에게도 감사한다.

미디어랩에 관한 책이라면 당연히 그 공로를 인정해야 할 사람들이 있다. '해당사항 없음 학과'를 만들어야 한다고 MIT를 설득했던 고(故) 제리 위즈너(Jerry Wiesner)도 그렇고 제리, 니컬러스와 함께 미디어랩의 최초 DNA를 만든 마빈 민스키와 시모어 페퍼트(두 분 모두 올해에 돌아가셨다.)와 뮤리얼 쿠퍼는 미디어랩의 '선구자 3인방'이다.

하버드 대학의 조지 처치(George Church)는 친절하게도 재치 있는 조언과 함께 영감을 제공하며, "지금 하는 작업에 경쟁자가 있다면, 재미없는 작업을 하고 있는 것"이라고 끊임없이 우리를 일깨워 주었다. 리드 호프먼은 내가 무슨 생각을 하든 항상 나의 '생각 파트너'였는데, 미디어랩과 미디어랩의 원칙에 관해 생각할 때도 용기와 지원을 아끼지 않았다. 『끌어당김의 힘』을 쓴 존 실리 브라운과 존 헤이글에게도 고맙고, '현직 철학자'로서 내게 우아하게 반항하는 법과 "권위에 도전하고 스스로 생각"하는 법을 알려 주며 뒤늦게 내 대부가 되어 준 티머시 리리(Timothy Leary)에게도 감사한다. 또한 나의 메시지를 "전개하라"로 수정하게 도와준 버락 오바마에게도 고맙다.

세스 고딘, J. J. 에이브럼스, 월터 아이작슨, 파올라 안토넬리(Paola Antonelli), 빈첸초 이오조(Vincenzo Iozzo), 제러미 루빈, 로널드 리베스트, 스콧 페이지, 미치 레스닉, 데미스 허사비스, 숀 보너, 콜린 레이니(Colin Raney), 스콧 해밀턴, 엘런 호프먼(Ellen Hoffman), 내털리 솔티엘(Natalie Saltiel)을 비롯해 이 책을 리뷰하고, 수정하는 데 도움을 준 많은 이들에게도 감사한다.

나의 수석 조교 다나카 미카, 전 비서 헤더 드맨비(Heather deManbey)는 내가 이 책을 작업하는 내내 고맙다는 말도 변변히 듣지 못하고 내 스케줄과 작업 흐름을 정리해 주었다. 하야 시 치아키는 도쿄에서 필요한 일들을 모두 정돈해 주었고 내게 언제나 지치지 않고 긍정적인 힘을 불어넣어 주었다. 웨스 네프(Wes Neff)는 나의 그 많은 연설 약속을 정리하느라 고생했다. 나 때문에 많이 힘들었을 마크 스톨팅(Mark Stoelting)과 그 팀원들은 세계 최고의 여행사 직원들이다.

우리 가족 중 유일하게 진짜 학자인 내 여동생 미미와 나를 처음으로 미디어랩과 연결해 준 미미의 남편 스콧 피셔(Scott Fisher)에게도 고맙다. 나를 세상에 낳아 주시고 지금의 내가 되어 내 길을 개척할 수 있도록 자신감을 불어넣고 지원을 아끼지 않으셨던 돌아가신 어머니께도 감사드린다. 마지막으로 이 책을 쓰는 내내 사랑과 지원을 쏟아 주고 나의 이 정신없는 삶을 참아 준 아내 미즈카에게 고맙다.

제프 하우

2012년 어느 봄날 에이전트에게 전화가 와서 다른 저자와 공동으로 책을 한 권 써 보지 않겠느냐고 물었다. 내가 가장 먼저 한 말은 "아뇨."였다. 작가들이 모여 전쟁 이야기를 할 때 가장 끔찍한 이야기 중 하나가 바로 크리에이티브 협업이 잘못된 경우들이다. "누구랑 쓰는 건데요?" 나는 그저 호기심에서 한 번 물어보았다. "조이 이토요." 에이전트가 말했다. "아, 그러면 해야죠." 나는 2003년 《와이어드》에 조이 이토에 관한 짧은 프로필을 쓴 적이 있었다. 그는 인터넷 초창기에 인터넷이 투명성과 민주성을 확보할 수 있도록 가이드 역할을 했던 몇 안 되는 사람 중 한 명이었다. 또 경이로운 것들과 괴상한 것들에 큰 경외심을 가진 사람이기도 했다. 더욱 인상적인 것은 그가 동료나 친구들에게 정말 큰 헌신을 이끌어 낸다는 점이었다. 만약 《포브스》가 금전적 자본이 아니라 사회적 자본을 측정한다면 조이가 명단의 제일 위에 있을 것이다. 4년이 지나고 보니 나도 그 이유를 쉽게 알 수 있었다. 조이는 세계 최고 수준의 연구소 리더에게 우리가 바랄 수 있는 명민함을 모두 다 갖추고 있다. 하지만 그보다 훨씬 더 대단한 것은 그가 세상을 바라보는 시각이다. 조이는 정말로 신명나는 기쁨과 경이로움으로 세상을 바라본다. 그리고 그런 태도를 주위 사람들에게까지 옮기고 다닌다. 이 책을 쓰는 동안 어려울 때도 있었지만 조이 덕분에 '언제나' 즐거웠다.

만약 우리가 예상하는 것처럼 인간이 정말로 죽음에 대한 치료책을 발견한다고 하더라도 내가 치아 에버스에게 진 이 엄청난 빚을 다 갚지는 못할 것이다. 그녀는 부지런하고 영리하면서도 평온한 태도로 모든 일을 대했다. 끝없는 호기심을 가진 그녀는 이 책에도 어마어마한 기여를 했다. 이 책은 정말이지 서로 보완적인 세 사람의 협업의 산물이다.

조이와 나에게 책을 함께 써 보라고 제안한 존 브록먼, 그리고 이 책을 작업하는 동안 수많은 우여곡절이 있을 때마다 우리를 지지하고 귀중한 조언을 해 주었던 맥스 브록먼에게도 거듭 감사의 마음을 전한다.

'감사의 글'에는 으레 편집자에게 감사를 표하는 것이 관습이지만, 그랜드 센트럴 출판사의 우리 팀원이 잘 알듯이 이 책의 편집 과정에서 관습적인 것이라고는 하나두 없었다. 이 책을 받아들여 준 릭 울프(Rick Wolf)와 열렬히 용기를 심어 준 미치 호프먼(Mitch Hoffman), 그리고 누구보다도 쉽지 않았을 믿음으로 이 책을 완성시켜 준 그레천 영에게 고맙다. 편집적으로나 그 외적으로나 많은 지혜를 빌려주며 가장 힘들었던 지난 몇 년에 마침

내 내게 빛을 비춰 준 카일 포프(Kyle Pope)를 비롯해 캐서린 스토 파, 제프 홀트(Jeff Holt), 지미 프랭코(Jimmy Franco), 앤드루 덩컨 (Andrew Duncan) 등 그랜드 센트럴 출판사의 환상적인 팀에게 거 듭 감사드린다.

　　MIT 미디어랩은 우리 시대 가장 독창적인 여러 인재 를 끌어모은 것만으로도 높은 명성을 누릴 자격이 있다. 하지만 이 책에 가장 큰 도움이 되었던 것은 미디어랩의 시작부터 그 특 징을 이룬 근본적 인본주의였다. 미디어랩의 직원과 교수진, 학생 들은 기술의 가치란 이용자의 삶을 얼마나 향상하느냐를 기준으 로 측정해야 한다는 사실을 지속적으로 보여 주고 있다. 미치 레스 닉은 교육 분야뿐만 아니라 훨씬 더 넓은 범위에서 이 책에 영향을 주었다. 또 박학다식한 만큼이나 사회 정의를 위해 열정적으로 헌 신하는 데이비드 공도 마찬가지다. 미디어랩의 직원, 교수진, 학 생들은 그들의 가장 소중한 자원, 바로 그들의 '시간'을 몇 번이고 공짜로 내게 내주었다. 어떤 식으로든 흔적이 이 책 속에 남아 있 을 엘런 호프먼, 네리 옥스먼, 나디아 피크(Nadya Peek), 데브 로이 (Deb Roy), 제러미 루빈, 스테이시 슬롯닉(Stacie Slotnick), 필립 슈 밋(Philipp Schmidt), 제시카 수자(Jessica Sousa)를 비롯한 많은 이들 에게 이루 말할 수 없는 고마움을 표한다. 톰 나이트, 스콧 페이지 를 비롯해 수많은 시간을 들여서 지극히 복잡한 아이디어를 지극 히 둔한 저널리스트조차 이해할 수 있는 언어로 번역해 준 미디어 랩 외부의 많은 분들에게도 감사드린다.

　　책 한 권을 쓴다는 것은 때로 무지막지하고 이기적이고 비정한 일일 수도 있다. 그런 작업을 완수하려면 친구, 가족, 동료 의 지원 없이는 불가능하다. 이 책을 쓰는 데는 내가 형언할 수 없 는 자부심을 느끼는 내 동료들과 노스이스턴 대학의 어마어마한 지원이 있었다. 4년간 참 많은 일이 있었지만, 이 책을 아직 반도

쓰지 못했을 때 스티브 버가드(Steve Burgard)가 노스이스턴 대학에서 저널리즘을 가르치는 일을 주지 않았다면 이 책은 결코 세상에 나오지 못했을 것이다. 그리고 현재 우리 연구소장 조너선 코프먼(Jonathan Kaufman)과 미디어 혁신 프로그램의 디나 크래프트(Dina Kraft), 알레수 바학(Aleszu Bajak)에게도 나는 큰 신세를 졌다. 나의 공식적인 멘토 앨런 슈뢰더(Alan Schroeder)와 마음씨 좋은 비공식 멘토들 마이크 보데(Mike Beaudet), 수전 커노버(Susan Conover), 척 파운틴(Chuck Fountain), 칼린 헴펠(Carlene Hempel), 댄 케네디(Dan Kennedy), 로럴 레프(Laurel Leff), 글래디스 매키(Gladys McKie)와 링크 맥키(Link McKie), 존 위비(John Wihbey)는 고비마다 현명한 조언과 아낌없는 격려를 보내 주었다.

　　지난 몇 년을 돌아보면 마찬가지로 수많은 발자국이 보이지만 내 것은 별로 없다. 빛이 어둑해지고 몸이 피곤해질 때마다 나를 응원해 주었던 재능과 품격을 겸비한 내 친구들에게도 헤아릴 수 없는 감사와 사랑을 보낸다. 마사 버빙어(Martha Bebinger), 할런 보스마지언(Harlan Bosmajian), 개리 나이트(Gary Knight), 앤드리아 마이어(Andrea Meyer), 밸러리 스티버스(Valerie Stivers), 피오나 터너(Fiona Turner), 팻 웨일런(Pat Whalen)이 없었다면 나는 이 책을 끝내기 한참 전에 벌써 그 무게에 짓눌려 무너졌을지도 모른다. 지난 6년간 다른 모든 것이 가능하게끔 우리 가족을 지치지 않는 사랑으로 돌봐 준 디어슬린 로드리게스(Dircelene Rodriguez)에게도 마찬가지의 고마움을 느낀다.

　　이 책에 배움에 대한 사랑과 그 사랑을 다른 이들에게 전하는 기쁨이 조금이라도 드러난다면 그건 그런 일에 평생을 바쳤던 내 아버지 로버트 하우 덕분이다. 그리고 이 책에 인간 본성에 대한 근본적인 믿음이 드러난다면 그건 이 책의 완성 전에 돌아가셨지만 내게 깊은 영향을 주신 내 어머니 앨마 덕분이다. 또 이 책의 구성에 조금의 기술적인 역량이 묻어난다면 그건 평생을 학생들에게 헌신하고 학생들이 꿈을 실현할 수 있게 도왔던 내 누나 제닌 하우 덕분이다.

언제나 그렇듯이 내가 가장 크게 빚진 사람은 너그럽기 짝이 없는 내 딸 애너벨과 장난꾸러기 아들 핀, 그리고 아름답고 재주 많은 아내 알리시아 애벗(Alysia Abbott)이다. 책을 쓰고 있는 작가, 그것도 직업으로 글을 쓰는 사람과 한 집에 산다는 것은 예삿일이 아니다. 중요한 프로젝트를 위해 개인의 행복을 희생할 수는 있어도 내가 가장 사랑하는 사람들을 희생시키는 것은 거의 비양심적인 행동에 가깝다. 인내하고 용서하고 기적에 가까운 유머 감각까지 가진 가족들을 내가 얼마나 고맙게 생각하는지 영어라는 언어로는 미처 다 표현할 길이 없다.

이 책은, 적어도 부분적으로는, 존 멜피(John Melfi)를 기리기 위해 썼다. 친구, 내가 가면 함께 낚시나 하세나.

옮긴이 이지연
서울대학교 철학과를 졸업하고 삼성전자 기획팀, 마케팅팀에서 근무했다. 현재
전문 번역가로 활동 중이다. 옮긴 책으로『제로 투 원』,『위험한 과학책』,『볼드』,
『기하급수 시대가 온다』,『빅데이터가 만드는 세상』,『디스커버리, 더 나은
세상을 위한 호기심』,『우주에 관한 거의 모든 것』,『어떻게 사람을 이끌 것인가』,
『빈곤을 착취하다』,『킬 더 컴퍼니』,『행복의 신화』,『단맛의 저주』,『플라스틱 바다』,
『다크 사이드』,『미드나이트 걸』,『매달리지 않는 삶의 즐거움』외 다수가 있다.

나인

더 빨라진
미래의
생존원칙

1판 1쇄 펴냄 2017년 7월 21일
1판 7쇄 펴냄 2019년 8월 13일

지은이 조이 이토·제프 하우
옮긴이 이지연
발행인 박근섭·박상준
펴낸곳 ㈜민음사

출판등록   1966. 5. 19. 제16-490호
주소   서울시 강남구 도산대로 1길 62 (신사동)
            강남출판문화센터 5층 (우편번호 06027)
대표전화   02-515-2000 | 팩시밀리 02-515-2007
홈페이지   www.minumsa.com

ISBN 978-89-374-3412-9 (03320)